古典文獻研究輯刊

三四編

潘美月・杜潔祥 主編

第1冊

《三四編》總目

編 輯 部 編

《四庫全書總目》史評類研究

閻超凡 著

國家圖書館出版品預行編目資料

《四庫全書總目》史評類研究／閻超凡 著 -- 初版 -- 新北市：
花木蘭文化事業有限公司，2022〔民111〕
序 4+ 目 4+260 面；19×26 公分
（古典文獻研究輯刊 三四編；第 1 冊）
ISBN 978-986-518-856-6（精裝）
1.CST：四庫全書 2.CST：目錄 3.CST：研究考訂
011.08   110022678

ISBN-978-986-518-856-6

9 789865 188566

古典文獻研究輯刊
三四編 第一冊   ISBN：978-986-518-856-6

《四庫全書總目》史評類研究

作　　者　閻超凡
主　　編　潘美月、杜潔祥
總 編 輯　杜潔祥
副總編輯　楊嘉樂
編輯主任　許郁翎
編　　輯　張雅淋、潘玟靜、劉子瑄　美術編輯　陳逸婷
出　　版　花木蘭文化事業有限公司
發 行 人　高小娟
聯絡地址　235 新北市中和區中安街七二號十三樓
　　　　　電話：02-2923-1455／傳真：02-2923-1452
網　　址　http://www.huamulan.tw 信箱 service@huamulans.com
印　　刷　普羅文化出版廣告事業
初　　版　2022 年 3 月
定　　價　三四編 51 冊（精裝）台幣 130,000 元
版權所有・請勿翻印

《三四編》總目

編輯部　編

《古典文獻研究輯刊》三四編　書目

佛教文獻研究專輯

域外漢學研究專輯

《古典文獻研究輯刊》三四編
各書作者簡介·提要·目次

第一冊 《四庫全書總目》史評類研究

作者簡介

閻超凡，1988 年 7 月生，山西省平遙縣人。2008 年入海南大學，就讀於漢語言文學專業，2012 年獲得文學學士學位。2016 年入武漢大學，就讀於中國傳統文化研究中心中國史專業，2019 年獲得歷史學碩士學位。2019 年入武漢大學，就讀於中國傳統文化研究中心中國史專業，攻讀歷史學博士學位。

提　要

史評起源自先秦時的經史諸子著作，至魏晉時期形成獨立的史評類著作。宋代時的《郡齋讀書志》第一次在目錄學上創立了史評類。自明代中後期開始，史評類漸成為目錄學的一種固定類目。至《四庫全書總目》最終確立其在目錄學中的地位。無論是在史評類的歸類原則上，還是具體範疇上（包括史學義例、史考、史論、敘史詩四類內容），《四庫全書總目》史評類均成為後世目錄學中史評類的一種規範。此外，《總目》史評類雖被劃入史部，但帶有濃厚的子部學色彩，這也是史評類在《總目》史部中地位低下的一個重要原因。《總目》史評類各正目與存目提要對乾隆以前的史評作了一番學術梳理，從這些提要中看出當時朝廷對史評的政治評價與學術評價有密切關係；《總目》史評類本身是一種評論史評的史評，《總目》崇漢抑宋的大原則在史

評類中表現為多認可史考而貶低史論，同時《總目》又有自己的一套史學義理標準，並在暗中攻駁朱熹的義理，這些關係既體現出《總目》史評類持以考證為準的史學本體意識，又表現出乾隆時朝廷對學術的政治操控。

目　次

第二冊　宋初吳淑《事類賦》及其自注研究

作者簡介

　　吳影，北京大學中文系文藝學博士，主修中國文學批評史方向。博士修學期間曾參加歐洲漢學研究協會雙年度會議、加拿大 UBC 大學明代研究會議、美國哥倫比亞大學研究生東亞會議等，涉及的研究問題包括漢代文士的身份焦慮、湯顯祖山水賦、清代《古樂經傳》樂論研究、《紅樓夢》與中古體液氣質論等。博士論文研究以宋初吳淑的《事類賦》及其賦注為主要對象和參照點，以進一步發掘中國傳統文化中的物類觀念，以及賦與經學、類書與文學之間的潛在關聯性。

提　要

　　宋初吳淑所撰《事類賦》及其賦注，因為兼具類書屬性與藝文特徵，而成為一個位於傳統類書和文學史研究之間的邊際文本。長期以來，《事類賦》既沒有成為類書研究的重點考察對象，更沒有被當作純正的文學作品予以文學史的研究，而處於被忽視、被遺忘甚至行將湮滅的尷尬處境當中。本書研究嘗試對吳淑《事類賦》及其賦注，展開盡可能全面、深入而又細緻的考察，並希望在隨時可能吞沒歷史的忘川中，打撈一個凝聚和銘刻著豐富傳統文化基因的獨特文本，照亮中國文學史和文化史上一段即將沉入湮滅的陰影地帶。

　　《事類賦》成書於唐宋類書編纂的鼎盛之際，賦體風格既沿承古賦與律賦的體式特徵，又獨創新制，專以事類為賦，博採成文。根源於中國古人「以類辨物、以禮為序」的認知邏輯和排序標準，《事類賦》以一百個字題為賦，綜輯經史事類，蘊含了一系列諸如物類取象天地、契應陰陽、生於自然與彰顯於人文等獨具中國特色的思維與文化觀念。由於吳淑由南唐入仕宋朝的特殊文士身份，《事類賦》主要採用「隱諫」的方式將經世治道融合於所賦事類，並希望借由賦注實現向經學的隱形引導。《事類賦》及其賦注的研究價值不僅在於所注引的豐富文獻，而且為進一步研究賦與經學、類書與文學之間的潛在融合關係、賦體傳統創新、宋初君臣的博弈等問題都提供了重要的參照。

目　次

第三、四冊　21世紀遼金史論著目錄（2016～2020年）

作者簡介

周峰，男，漢族，1972 年生，河北省安新縣人。中國社會科學院民族學與人類學研究所研究員，歷史學博士，博士生導師。主要從事遼金史、西夏學的研究。出版《完顏亮評傳》《21 世紀遼金史論著目錄（2001～2010 年）》《西夏文〈亥年新法・第三〉譯釋與研究》《奚族史略》《遼金史論稿》《五代遼宋西夏金邊政史》《貞珉千秋——散佚遼宋金元墓誌輯錄》等著作 14 部（含合著），發表論文 90 餘篇。

提　要

本書是對筆者所編《21 世紀遼金史論著目錄（2001～2010 年）》（花木蘭文化出版社，2016 年）、《21 世紀遼金史論著目錄（2011～2015 年）》（花木蘭文化出版社，2017 年）的續編，共收錄中文、日文、英文、韓文四種文字的遼金史論著 4929 條。將全部目錄分為專著、總論、史料與文獻、政治、經濟、民族、人物、元好問、社會、文化、文學、宗教、醫學、歷史地理、考古、文物等共 16 大類，每類下再分細目，如歷史地理下再分概論、地方行政建置、疆域、都城、城址、長城、山川、交通等細目。每條目錄按照序號、篇名、作者、文獻來源的順序編排。

目　次

第五冊　阮元《周易注疏校勘記》成書新探

作者簡介

樊寧，男，1992 年生，河南新鄉人，碩士、博士分別畢業於南開大學歷史學院、武漢大學文學院，先後獲歷史學碩士、文學博士學位，現為華中師範大學歷史文化學院歷史文獻學研究所講師，主要研究方向為版本目錄學與清代經學史，主持省部級科研項目 1 項，在《文獻》《文史》《周易研究》《經學文獻研究集刊》《北京大學中國古文獻研究中心集刊》等專業刊物發表論文二十多篇，曾獲教育部全國高校古委會中國古文獻學獎學金一等獎、教育部博士生國家獎學金等稱號。

提　要

本書以阮元《周易注疏校勘記》為中心，以新見盧文弨《周易注疏》校本為依據，通過文本比勘的方法，試圖深入探究《周易注疏校勘記》的成書過程。具體分為兩個方面：承襲方面，《周易注疏校勘記》不僅從盧氏校本中轉引大量版本異文，如錢求赤鈔本、武英殿本、《七經孟子考文補遺》的宋本、古本、足利本等，還轉引諸多前人校勘著作，如浦鏜《十三經注疏正字》、李鼎祚《周易集解》等，尤其是盧氏校本引據材料本身有誤，《周易注疏校勘記》未翻檢原書，徑直承襲盧氏錯誤，此類例子是探討二書關係最有力的證據，足見《周易注疏校勘記》存在大量承襲盧氏校本的痕跡。推進方面，《周易注疏校勘記》新增 6 種版本異文、增加參考著作的數量、使用葉鈔本《周易釋文》校勘文字、對部分條目按斷考辨。據此可對《周易注疏校勘記》的成書過程有更為全面的認識：一方面，盧氏校本不僅在校勘步驟、校勘方法上給予《周易注疏校勘記》諸多參考便利，還提供了基本的工作思路；另一方面，

《周易注疏校勘記》並不是完全承襲，而是在盧氏校本的基礎上，增補大量校記，其中有不少獨到的見解，大大推進了《周易》的校勘工作。綜上，每一部書絕非憑空出現，都是在借鑒、吸收、批判前人成果的基礎上，推陳出新，取得更多創獲，以此形成一條縱向脈絡，推動學術不斷向前發展。因此，除了本體研究外，我們更應該從學術史的角度入手，進行比較研究，釐清《十三經注疏校勘記》與前、後著作之間的關係，對前代成果有何承襲與推進，對後代著述又有何影響，只有這樣才能更清楚更準確地認識到《十三經注疏校勘記》的學術地位與價值，給予一個合理的評價，這對於清代經學與學術史而言，有著相當重要的意義。

目　次

第六至十七冊　續經義考・周易之部

作者簡介

周懷文，男，1980 年出生於安徽省安慶市宿松縣。1999～2003 年就讀於安徽師範大學漢語言文學專業，獲文學學士學位；2003～2006 年就讀於安徽師範大學中國古典文獻學專業，獲碩士學位；2006～2010 年就讀於山東大學文史哲研究院中國古代史專業，獲史學博士學位。畢業後任教於安徽機電職業技術學院，主講《中國傳統文化》等課程。主要研究方向為古典文獻學、中國經學史。曾參與《山東文獻集成》、《清代尚書文獻研究》、《邢子才集校注》等國家級、省部級項目 6 項，主持安徽省高校人文社科重大項目《清代安徽經學研究》、安徽省質量工程項目《江南文化研究中心》等省級項目 5 項，發表學術論文 9 篇，出版學術專著 1 部，主編《古代漢語》教材 1 部。

提　要

本書仿朱彝尊《經義考》體例而略加變通，對晚明至近代國內易學著述數千種進行了綜合整理，每種著錄作者、書名、卷數、存佚、版本，逐錄整理原書序跋，繫以作者小傳。在作者著錄方面，取通行姓氏名號，並考訂了一些誤收、失收、多收、佚名作者的問題。所附作者小傳，解決一些著錄中的棘手或易致疑之處，同時可藉小傳考知作者之生平、學術特色與學術影響。在書名方面，根據古籍著錄規則，取原書序跋、目錄或正文題名；同時，對一書之異名，也在條目中加以著錄，既詳實可靠，又極大便利了研究者。在卷數方面，取卷數完備者著錄，對因版本不同而卷數有異者，於條目中加以說明。在存佚方面，各書注明存、佚、缺、未見。在版本方面，能在收羅眾本的同時，注意記載各本差異。全書用力處尤在各書序跋之排比、整理。逐錄原書本書目錄、體例凡例、序跋，施以標點；又從表譜牒錄、方志、文集、筆記談叢中爬梳剔抉出不見於原書本書之序跋，並略錄諸家載記評論，力求使讀者能對所著錄之書有盡可能全面的瞭解，能一覽而知晚明至近代易學著作存亡之狀態、收藏之情形、內容之大略、成書之經過、版本之差異、流傳之梗概、學術之影響，有助於學者辨章學術考鏡源流。《易經之部》外，其餘諸經資料亦收整完畢，將漸次展開，依次付梓，最終形成《續經義考》系列著作，為清代經學研究提供基礎性研究資料。

第十八冊　明司馬熊公廷弼年譜

作者簡介

　　熊飛，本名熊賢漢，武漢市江夏區（原武昌縣）人。華中師範大學中文系畢業，即分配在高校任教。1992 年，破格評聘為副教授。1997 年評聘為教授。1999 年，獲全國高等師範院校曾憲梓獎三等獎。2012 年，獲韶關學院第二屆「十大師德模範」。2013 年，獲廣東省優秀社科普及專家。2020 年，獲韶關市文化宣傳領軍人才。現任韶關學院文學與傳媒學院教授。

　　長期從事文史教學研究工作，先後主持國家社科後期資助項目一項、國家重大招標項目子課題一項，主持省市社科重點科研課題多項。在《文學遺產》《辭書研究》《敦煌研究》《學術研究》《北師大學報》《文獻》等數十家刊物發表文史論文百餘篇。近年主要從事「盛唐二張」研究及其文集的整理工作，先後出版專著有：《懷素草書與唐代佛教》《張九齡集校注》《張九齡年譜新編》《張說年譜新編》《張九齡大傳》《張說集校注》《張九齡與九齡文化》等。其於唐代文化名人張說、張九齡及懷素等人的研究，在學術界有相應影響。

提　要

　　熊廷弼（1569～1625），字飛百，一作非伯，又作非之，號芝崗，湖廣武昌府江夏縣（今湖北省武漢市江夏區）人。廷弼公生於江夏一貧寒之家。啟蒙後，曾一度輟學。舉鄉試第一，次年，中進士，解褐保定府推官。擢工部主事，出授浙江道御史，巡按遼東。改差南直隸提督學政，革職家居。陞大理寺左寺丞兼河南道監察御史，宣慰遼東。尋擢兵部右侍郎兼右僉都御史，經略遼東。再次聽勘回籍。次年六月，陞兵部尚書兼都察院右副都御史，再次經略遼東，被參革職下獄。天啟五年八月，受誣陷被殺。清乾隆間，諡「襄愍」。

　　關於熊廷弼生平，有管雪齋《熊經略》（華中圖書公司，1936）、梁乙真《熊廷弼評傳》（東方書社，1943）、朱耀榮《熊廷弼傳》（附錄《熊廷弼年譜》，中國電影出版社，2008）、李紅權《熊廷弼年表》（《熊廷弼集》附錄三，學苑出版社，2011）等作。這些譜傳著作，要麼過於簡略，要啥沒啥；要麼以訛傳訛，難以據信。熊飛於整理熊廷弼文集之同時，手編這部詳盡之廷弼公《年譜》。該譜條目清晰，內容詳實，觀點新穎，見解獨特，材料使用精當，考證

理據充分。特別是對熊公作品之繫年，用力尤巨，幾乎涵蓋其集今存所有作品（包括新搜輯所得）。一編在手，文史盡得。

第十九、二十、二一冊　明史雲南廣西土司傳考證

作者簡介

楊勝祥，1994 年 10 月生，白族，雲南大理人。山東大學中國古典文獻學專業博士研究生，師從杜澤遜教授。研究方向為中國古典文獻學、邊疆少數民族研究。曾在《清史研究》、《圖書資訊學刊》、《歷史文獻研究》等刊物發表論文多篇。

提　要

明代是土司研究的重要階段。《明史》的《雲南》《廣西土司》二傳，系統記載明代雲南、廣西二布政司的土司情況，保存較為豐富的資料，不僅具有重要的土司學和民族學價值，還有重要的邊疆學價值。成為研究土司制度、西南史地、邊疆政策、民族問題等的重要參考。由於《土司傳》是《明史》之首創，無成例可循，書成眾手，歷時漫長。不足之處有二，一是存在一些錯誤，二是某些地方敘述不清晰。針對這些不足，本文以武英殿本《明史》為底本，選擇《雲南》《廣西土司》二傳作為考證對象，從史源上入手，以實證為要旨，廣泛採取各方面材料，全面運用各學科方法，對《明史雲南廣西土司傳》進行訂誤、考異、解釋、補充。同時，充分尊重並吸收前人成果，對前人工作做一個總結。力圖為《明史雲南廣西土司傳》的日臻完善作出努力，給讀者提供一個系統全面考證《明史雲南廣西土司傳》的作品，同時讓學界對歷來的考證成果有一個總體的認識。凡得考證五百零三條。

目　次

上　冊

第二二至三一冊　陳景雲《文選舉正》疏證

作者簡介

　　范志新，男，1948 年生，蘇州人。蘇州大學文學院教授。1982 年（七七級）畢業於江蘇師院，留校任教。初從王永健先生，事戲曲小說教學、研究，兼事古籍文獻之整理注釋之學。九十年代初，蒙王師鼓勵，研究工作乃側重於選學。潛心選學之版本、目錄、校勘、選學史諸領域。著有《文選版本論稿》、《文選版本擷英》和《文選何焯校集證》（三卷本）。別有涉《選》論文數十篇。流年似水，治《選》忽忽垂卅載，成就僅此，但有增愧惕而已。

提　要

　　舉正，本義糾正。清初，陳景雲《文選舉正》取以名書，例隸古籍校勘傳統之「舉正體」一流。其主體是摘《選》文及李善注之字句異同為標的，考核訂正，為一家之言。本書則承流嚮風，對《舉正》再加疏理考正，因名《文選舉正疏證》。所謂「字句異同」，無非譌倒衍奪，此本書與《舉正》及其所宗祖唐人《周易舉正》等並無二致，然本書在形式結構、內涵分三義項及全書冠《自序》等，薄有改革。所謂「三義項」，是以《陳校》、《集說》和《疏證》三分天下，並各有職司。《陳校》項，職在鎖定校勘對象和輯佚辨偽。《舉正》舊以抄本流傳，文、注錯綜，又陳所摘文字或過略，卒有標的錯位失序，歸屬無門。解決之道，在於有文無注或有注無文者，輒補出相應上下文。此舉除輔鎖定標的，於理解下項諸家校勘評議，亦收事半功倍之效。兼營輯佚辨偽，蓋為何（焯）陳師徒校《選》每有混淆。其間，發掘陳校多有存余氏《音義》、顧氏《考異》、梁氏《旁證》之中，則是輯佚辨偽，意外斬獲。《集說》、《疏證》兩項之革新，共在所輯資料之富贍有過前賢。《集說》司集校選名家、名著。自清迄晚近，有何焯余蕭客李詳祝廉先等十六家；《疏證》職主比勘《文選》諸版本，參校所用，遍及刊本寫本、稿本傳錄本、批校本影印本，林林總總，無慮十六七本。《疏證》別有一職，對陳校與諸家校議，分辨是非，率有決斷，庶幾成一家之說。首冠長篇《自序》，可佐知人論校，或亦有導讀之助。

第三二至三五冊　杜詩闡

作者簡介

　　陳開林（1985～），湖北麻城人。2009 年畢業於重慶工商大學商務策劃學院，獲管理學學士學位（市場營銷專業商務策劃管理方向）。2012 年畢業於湖北大學文學院，獲文學碩士學位（中國古代文學先秦方向）。2015 年畢業於華中師範大學文學院，獲文學博士學位（中國古代文學元明清方向）。現為鹽城師範學院文學院副教授。主要從事易類、子部、集部文獻的整理與研究。出版專著《〈全元文〉補正》《劉毓崧文集校證》《〈周易玩辭困學記〉校證》《〈純常子枝語〉校證》，並在《圖書館雜誌》《文獻》《中國典籍與文化》《古典文獻研究》《圖書館理論與實踐》《中國詩學》等刊物發表論文 90 餘篇，另有「史

源學考易」系列、清代別集系列數種待刊。

提　要

　　清代是繼宋代之後的又一個杜詩學研究的高峰時期，注杜之作大量湧現。盧元昌的《杜詩闡》是清初非常重要的杜詩注本。其解杜的獨特方式和學術價值得到了學界的高度肯定。仇兆鰲的《杜詩詳注》曾大量徵引盧元昌的觀點。《杜集書錄》稱：「在仇《注》以前清初之杜學家，吳見思之《杜詩論文》及盧氏《杜詩闡》，均是獨創風格」；並指出「可取資者不少」、「正有發人所未發也」。然而令人遺憾的是，學界關於《杜詩闡》的研究雖然有一些成果，包括期刊論文和學位論文，在相關的清代杜詩學的研究專著中也有論及，然而基礎的文獻整理工作尚付之闕如。

　　本書是《杜詩闡》的首個整理本。校點工作以清康熙二十五年刻本為底本，以清康熙二十一年刻本為參校本。遇有與通行本之異文，則取《錢注杜詩》《杜詩詳注》《讀杜心解》《杜詩鏡銓》等加以校勘。書中徵引杜詩及其他文獻，均查找史源，加以注明。另外，學界通常認為《杜詩闡》之「注、釋、評，均出以己語，概不據引前敘人舊注」，此說實則有誤。經過考索，書中對宋人、清人之注時有引錄，或明引，或暗引，絕大多數不加注明，在整理過程中亦盡力查出。

第三六、三七冊　上海博物館藏戰國楚竹書（七）研究

作者簡介

　　蔡樹才，1976 年 7 月，江西鷹潭人，閩南師範大學文學院副教授。江西師範大學文學院文藝學古代文論方向碩士、華中師範大學文學院古典文獻學博士，主要研究方向為中國古典文學與思想，特別是出土簡帛與先秦思想、出土簡帛和先秦文學及詩學的關係。另有多部著作即將出版。先後在《史學理論研究》《周易研究》《江漢論壇》《中國文化研究》《華中學術》等刊物發表學術論二十餘篇。主持國家社科基金項目兩項、教育部基金項目一項，其他項目若干。

提　要

　　本書在對《上博七》五篇簡文的釋讀、編聯問題重新討論之後，通過史料考辨，集中探討版本、學術體例、思想淵源、作者、創製年代、傳承、文

體等問題，並嘗試發掘簡文與先秦諸多學術思潮、傳世文獻之間的關係，以更好瞭解戰國早中期的學術與思想史發展脈絡。

緒論簡述研究進展，確定研究對象、範圍及重點，說明研究意義和方法。

第一章首先對竹書《武王踐阼》甲本做適當校釋，並比勘和對讀甲、乙和今本，判斷甲本屬於黃帝學大熱之前的作品，成篇時間相對較早。乙本作者尋求一種可行百世的「道」治，把太公望地位抬高，屬於齊學太公望、兵權謀與黃老道家系統的版本，同甲本、古「禮記」版本代表的儒家系統構成先秦時期《武王踐阼》的兩大創製與傳承系列。今本有依據多個版本合校雜糅的痕跡。在春秋以前即已存在與《武王踐阼》內容相關的器物銘文。

第二章先對《鄭子家喪》甲本進行校釋，然後比勘、對讀甲乙兩本，並著重對簡書所涉及子家弒其君鄭靈公、鄭子家喪、楚莊王率軍圍鄭、兩棠之戰等歷史事件進行了考證和辨析。簡文根據需要對史實重新處理，其重心不在記事而在說理。簡文可能是要為當代君王提供治國的借鑒和參考。我們推測作者可能是鐸椒，或即《鐸氏微》中的一篇。

第三章在釋讀簡文基礎上，稽考《左傳》《國語》等史籍材料，推斷《君人者何必安哉》中的軛（范）戊、軛（范）乘確是范無宇。然後依據范無宇年齡，楚王子嗣，簡書創製時代，楚平王、楚昭王生平經歷等，推斷簡書中的「君王」不是楚昭王，而應是楚平王。簡文中范戊以玉為喻，表面是稱美楚王有三大美德，其實是對君王提出嚴厲警告。范戊認為民眾是邦國的根本，君主是為了滿足百姓意願而置立的，而不是反過來讓百姓為君主的意志服務。最後，我們推測簡書創製應該在楚聲王以後。

第四章著重研究《凡物流形》，認為其中的「問物」並非孤立現象，是先秦「形名」哲學的重要部分。其貴「心」說也非認識論問題，其修身、心性論應同時繼承了早期儒、道兩家的思想。簡書貴「一」，是戰國早中期盛行的文化現象，在政治哲學上倡言「一」和「取天下」「治天下」，當與追求「道」治以及魏惠王等相繼「稱王」的政治運動有關聯。簡文可能創製於戰國中期偏早，作者為三晉名士，可能是受形名學思想影響，以儒道結合為主幹的作品。

第五章著重探討簡書《吳命》。我們提出兩種簡文編聯和理解可能。接著討論了簡文與《國語‧吳語》的可能關係，以及先秦勞禮問題。就學術體例而言，《吳命》當屬先秦流行的「語」類史書。

目　次

上　冊

第三八至四六冊　肩水金關漢簡分類校注

作者簡介

王錦城，1988 年生，甘肅定西人。華東師範大學文學博士。曾任浙江理工大學中文系講師，現為中山大學中國語言文學系博士後。主要從事出土文獻與古文字學的研究，在《文獻》《古漢語研究》《古代文明》等刊物發表論文十餘篇。

提　要

本書是對肩水金關漢簡的分類校注。以甘肅簡牘保護研究中心等主編、於 2011～2016 年出版的《肩水金關漢簡》為對象，參照簡牘文書的分類方法，將肩水金關漢簡分為了書檄、簿籍、律令科品、錄案刺課、符券、檢楬、藝文七大類。

在分類的基礎上，對肩水金關漢簡作了校釋和集注。具體包括標點斷句、釋文校訂、斷簡綴合、簡冊遍連、字詞注解等。在充分吸收已有相關研究成果的基礎上，校釋簡文 2100 餘條，綴合斷簡 450 餘枚，編連散簡 80 餘個，集釋注解常用語詞 1300 餘個。

第四七冊　散見宋金元墓誌地券輯錄三編

作者簡介

周峰，男，漢族，1972 年生，河北省安新縣人。中國社會科學院民族學與人類學研究所研究員，歷史學博士，博士生導師。主要從事遼金史、西夏學的研究。出版《完顏亮評傳》《21 世紀遼金史論著目錄（2001～2010 年）》《西夏文〈亥年新法・第三〉譯釋與研究》《奚族史略》《遼金史論稿》《五代

遼宋西夏金邊政史》《貞珉千秋——散佚遼宋金元墓誌輯錄》等著作 16 部（含合著），發表論文 90 餘篇。

提　要

　　本書為《散見宋金元墓誌地券輯錄》《散見宋金元墓誌地券輯錄二編》的續編，共收錄宋金元三代的墓誌、地券 102 種，其中宋代 80 種，金代 3 種，元代 19 種。每種墓誌地券內容包括兩部分：拓本或照片、錄文。拓本及照片絕大部分來源於網路，大部分沒有公開發表過。墓主大部分為不見經傳的普通百姓，為我們瞭解宋金元時期民眾的生活提供了第一手的寶貴資料。

第四八冊　散見明代墓誌地券輯錄

作者簡介

　　周峰，男，漢族，1972 年生，河北省安新縣人。中國社會科學院民族學與人類學研究所研究員，歷史學博士，博士生導師。主要從事遼金史、西夏學的研究。出版《完顏亮評傳》《21 世紀遼金史論著目錄（2001～2010 年）》《西夏文〈亥年新法‧第三〉譯釋與研究》《奚族史略》《遼金史論稿》《五代遼宋西夏金邊政史》《貞珉千秋——散佚遼宋金元墓誌輯錄》等著作 16 部（含合著），發表論文 90 餘篇。

提　要

　　本書共收錄明代的墓誌、地券 100 種，其中墓誌 95 種，地券 5 種。每種墓誌地券內容包括兩部分：拓本或照片、錄文。除了自藏拓本 18 種外，其餘的拓本及照片都來源於網路，大部分沒有公開發表過。墓主大部分為不見經傳的普通百姓，為我們瞭解明代民眾的生活提供了第一手的寶貴資料。

第四九冊　法藏敦煌遺書P.2325號《法句經疏》校釋研究

作者簡介

　　張遠，出生北京，祖籍湖北，2013 年至今在中國社會科學院外國文學研究所、梵文研究中心工作。北京大學英語系學士（2006），中國社會科學院外文系碩士（2009），北京大學南亞系博士（2013），哈佛大學南亞系聯合培養博士生、訪問學人（2011～2012，2015）。師從中國社會科學院黃寶生研究員、

北京大學王邦維教授、哈佛大學 Michael Witzel 教授，研究興趣為印度古典文學、梵語戲劇、中印交流史。出版專著《戒日王研究》（入選「中國社會科學院青年學者文庫」；社會科學文獻出版社，2018 年 4 月）。主持國家社科基金青年項目課題《梵語戲劇家跋娑作品研究》，承擔國家社科基金特別委託項目「梵文研究及人才隊伍建設」子課題《戒日王戲劇翻譯與研究》。在國內外發表中英文學術論文、譯文等數十篇。

提　要

　　本書為法國國家圖書館藏敦煌遺書 P.2325 號《法句經疏》的校釋和研究。全書依照 P.2325 號《法句經疏》原圖，並勘英藏敦煌遺書 S.6220 號《法句經疏》（殘卷）原圖，提供對於《法句經疏》全本之精校錄文、必要注釋和系統研究。敦煌遺書本《法句經》現於初唐，全文五千餘字，以寶明菩薩問名號由來起始，分兩會說法，以佛陀為寶明菩薩授記收場，並說聞經因緣，應奉經、護經如眼，頗具文學性和可讀性，深受時人喜愛與重視。如陳寅恪先生在《金明館叢稿二編》之《敦煌本心王投陀經及法句經跋尾》中所言，「倫敦博物館藏敦煌寫本……斯坦因第貳仟貳壹號《佛說法句經》一卷。又，巴黎國民圖書館藏敦煌寫本伯希和第貳叄貳伍號《法句經疏》一卷，今俱刊入大正續藏疑似部中。……經文雖偽撰，而李唐初葉即已流行民間矣。」其傳播之廣、影響之深在特定時期甚至超過了藏內《法句經》。P.2325 號《法句經疏》篇幅約為敦煌《法句經》的三倍，是現存唯一的對於敦煌《法句經》的完整注疏。疏文採用先總論，再分釋的形式，細至句詞，條分縷析，是研究敦煌《法句經》及其流傳的不可多得的重要史料，對於考察唐代佛教的發展狀況，敦煌文獻的書寫儀式，大乘空觀和般若思想的演變，攝論宗等中國部派佛教的沿革，禪宗思想的形成與發展，佛教與中國文人的關聯，以及「偽經」或編譯經在佛教典籍漢化與流傳過程中的地位和作用，乃至敦煌寫卷特別是敦煌草書寫卷的書寫特色等方面，都具有無可替代的學術價值。本書校釋部分按總紙數依次標注頁號，按總行數依次標注行號，對寫卷原圖分行釋文、逐字校勘，盡可能使用寫卷中出現的原字，以最大限度保持寫卷原貌，凡遇錯、漏、衍等均予更正、出校，並補入必要注釋以饗讀者。本書研究部分涵蓋寫卷概覽、書寫特色、異體字、通假字、形近字、錄文勘誤、結構框架、疏文釋義、藏內引文、書寫儀式、學術價值等內容。此等對法藏敦煌遺書 P.2325 號《法句經疏》之校釋與研究，無論在國內還是國外都尚屬首次。

目 次

第五十冊　春風瑤草盡文章——幽溪傳燈遺文釋論與校箋

作者簡介

　　黃啟江，美國紐約州 Hobart and William Smith Colleges 教授。台大歷史系學士，歷史研究所碩士，美國亞歷桑那大學（University of Arizona）博士。學術研究領域：中國佛教歷史與文學、兩宋佛教史、明代詩僧及僧詩研究等等。中文著作有《北宋佛教史論稿》、《一味禪與江湖詩》、《無文印的迷思與解讀》、《靜倚晴窗笑此生》（以上商務印書館）；《因果、淨土與往生》、《泗州大聖與松雪道人》、《南宋六文學僧紀年錄》、《北宋黃龍慧南禪師三鑰：宗傳、書尺與年譜》（以上學生書局）；《文學僧藏叟善珍與南宋末世的禪文化》、《孤明獨

照無盡燈：幽溪傳燈遺詩校箋》（新文豐出版公司）。另有中、英文論文甚多，不一一臚列。

提　要

　　本書是明代佛教天台宗大師幽溪傳燈（1554～1628）在其《幽溪別志》內各種自撰文體之整理、析論和校注。這些遺文雖然只是他所有著作之少部分，但見微知著，可藉以略窺傳燈之學力和文字涵養之功夫。傳燈之文多深粹而典正，雅馴而有法，與其遺詩一樣，足以見其多才與博識。本書析論傳燈遺文之內涵與特色，指出他兼擅古文及四六文，於後者尤情有獨鍾。其文筆相當洗鍊，風格也很高雅，其堅實的文學素養及遣詞用句之技巧，昭然可見。對他來說，山水泉石、春風瑤草既是他的知音，也是他撰文之源頭活水，所以其沈辭儷句都不待雕琢，而渾然天成,可以成家。

目　次

第五一冊　越南嗣德皇帝《御製越史總詠集》之研究

作者簡介

　　阮福安，男，1984 年。現在越南胡志明市國家大學人文與社會科學大學

文學系任職。曾於本校中國語文系就讀並獲得學士學位。

2009～2012 年於台灣元智大學中語系研究所就讀並以〈越南五種漢文傳奇小說研究〉題目獲得碩士學位，本論文已經更改及補充，同時翻譯成越南語於越南出版。

2013～1019 年於台灣國立成功大學中國文學系就讀博士，並以〈越南嗣德皇帝《御製越史總詠集》之研究〉題目畢業。

已經出版著作：阮福安譯：《生命密碼》，洪德出版社，2013 年。阮福安譯：《越南阮朝所藏中國漢籍與使華詩文》，師範大學出版社，2018 年。阮福安著：《越南南部才子音樂考與論》，越南胡志明市，胡志明市綜合出版社，2018 年。阮福安著：《副榜明川黃燕及其《琴學尋源》》，越南胡志明市，文化文藝出版社，2019 年。阮福安、皇親著：《以越南南部才子音樂的曲子敘述《翹傳》》，越南胡志明市，胡志明市綜合出版社，2019 年。阮福安著：《越南中代文學——越南漢文傳奇小說》，越南胡志明市，胡志明市綜合出版社，2020 年。阮福安著：《《知新雜誌》中花朋與其文學史著作研究》，越南胡志明市，文化文藝出版社，2020 年。阮福安譯：《三國人物傳說》，青年出版社，2021 年。阮福安譯：《複眼人》，文學家會出版社，2021 年。

提　要

越南歷史中的阮朝，從來被片面消極的認同，尤其是現代學者踴躍控訴阮朝使越南陷入法國人之手，亡國之罪被灌到嗣德皇帝身上，因此阮朝相關資料時代離現代非常近而似乎很少被公開研究，學者們因某種政治思維的引發而沒辦法脫離原來的道路走。

從以上的條件下，我對本論文集中研究阮朝嗣德皇帝本身的人，包括他詩人的人以及他政治人物的人。嗣德皇帝因為特殊狀況，又是皇帝，又是詩人，在政治崗位上，他被時代的確切拘束，幸虧秉性擁有藝術的性靈，他因此想藉由藝術、文學、詩歌等等方面來抒發內心的抑制。所以，我們著手研究嗣德皇帝的作品的同時，發現嗣德皇帝不只是一位普通的詩人，而且實在能稱謂一位偉大的詩人，一位有強大創作力的作家。嗣德皇帝本身學識又淵博，雖然日常生活對國家政治非常用功而疲勞，不過在創作上我們不難發現他一點都沒有疲勞，或者說嗣德皇帝作家以創作為政治疲勞的補缺、消遣的工具。

創作力強，使得大量作品問世，又是皇帝身分所以在刊印方面沒有阻礙，嗣德皇帝給世人留下非常多的著作，包括漢文作品以及喃字作品。可是問題

卻在於它們作品現在不得以留世，這方面要算到不識傳統文字的喃文和漢文問題，不過除了大部分不識字的人外還有小部分識字的人，不過因為越南在嗣德皇帝時代失於法國人手上，所以皇帝本身被控訴、歧視，他的作品在文學角度上也同時被連累。

我希望可以慢慢接近嗣德皇帝的作品，逐漸認識嗣德皇帝詩人本身以及逐步接觸他每一步作品，在日後記過一段研究的事件，趁機會認識他全部作品，以及將之公開讓學界能夠體會一位非常優秀的詩人又是一位非常詩人的皇帝。

目　次

《四庫全書總目》史評類研究

閻超凡 著

作者簡介

閻超凡，1988 年 7 月生，山西省平遙縣人。2008 年入海南大學，就讀於漢語言文學專業，2012 年獲得文學學士學位。2016 年入武漢大學，就讀於中國傳統文化研究中心中國史專業，2019 年獲得歷史學碩士學位。2019 年入武漢大學，就讀於中國傳統文化研究中心中國史專業，攻讀歷史學博士學位。

提　　要

　　史評起源自先秦時的經史諸子著作，至魏晉時期形成獨立的史評類著作。宋代時的《郡齋讀書志》第一次在目錄學上創立了史評類。自明代中後期開始，史評類漸成為目錄學的一種固定類目。至《四庫全書總目》最終確立其在目錄學中的地位。無論是在史評類的歸類原則上，還是具體範疇上（包括史學義例、史考、史論、敘史詩四類內容），《四庫全書總目》史評類均成為後世目錄學中史評類的一種規範。此外，《總目》史評類雖被劃入史部，但帶有濃厚的子部學色彩，這也是史評類在《總目》史部中地位低下的一個重要原因。《總目》史評類各正目與存目提要對乾隆以前的史評作了一番學術梳理，從這些提要中看出當時朝廷對史評的政治評價與學術評價有密切關係；《總目》史評類本身是一種評論史評的史評，《總目》崇漢抑宋的大原則在史評類中表現為多認可史考而貶低史論，同時《總目》又有自己的一套史學義埋標準，並在暗中攻駁朱熹的義理，這些關係既體現出《總目》史評類持以考證為準的史學本體意識，又表現出乾隆時朝廷對學術的政治操控。

序

司馬朝軍

  閻超凡同學 1988 年 7 月生於山西平遙——一個有著極高知名度的旅遊城市，同時也是一個文化積澱非常深厚的城市。2008 年，他考入海南大學文學院，攻讀漢語言文學專業，2012 年獲得文學學士學位。工作四年之後，超凡毅然決然地報考研究生，立志於做學問。自 2016 年夏季起問學於我。他為人剛毅木訥，好學深思，屬於沉潛一流。我在武漢大學時期曾經多次組織讀書班，引導研究生一邊讀原典，一邊嘗試做項目。而他在某次聽了著名史學史專家瞿林東先生的講座之後，暗中得到瞿先生的指點，對於史評發生了濃厚的興趣，於是在碩士論文選題時選擇以《四庫全書總目》史評類為研究方向，《〈四庫全書總目〉史評類研究》就是他的碩士論文選題。碩士畢業之後他繼續留在武漢大學攻讀博士學位，我鼓勵他繼續擴充完善碩士論文，於是就有了這部處女作。

  此書是閻超凡在研究道路上的初步嘗試，雖然很多地方尚顯稚嫩，但經過一番努力，仍就一些學界之前所忽視的問題提出了自己的新見解，大致可留意者如下。

  關於史評的概念，一般人往往會望文生義，以為史評指的就歷史評論。這是一種現代語境下對「史評」的誤讀。如果置於目錄學的視野下，史評並不單指歷史評論。本書以《四庫全書總目》史評類為中心，參考其他目錄學著作，詳細區分了史評類著作的不同類別，指出「史評」可包含史學義例、史論、史考、敘史詩、詠史詩，四者既各有特色，又相互交融。如果只是將史評視作一種歷史評論，那麼難免會有割裂史論與史考的傾向。有鑑於此，本書在探討史評的起源與早期發展時，不僅考察《左傳》中的

「君子曰」、《史記》中的「太史公曰」，也考察了諸子著作中的史論，漢代興起的史注，它們一起在魏晉時期匯聚發展為獨立的史評著作。

目錄學中史評類產生於「文史類」，似乎已成定論。但這種判斷顯然不夠全面，因為文史類中往往只收錄像《史通》這樣論史體的史評著作，卻不收錄其他史論與史考著作。此書依照後世史評類著作在早先目錄學中的歸類情況來探究目錄學中史評類的起源，發現史論、史考著作在早先的目錄學中多歸於正史類、編年類，之後又有一些被歸於雜史類，在文史類產生之後，史論與史考著作的歸類情況仍未有根本的改變。當然，此書也不否認文史類在史評類產生歷程中所起的特別作用，它使史評著作在目錄學中有了新的參照點，使後世之人逐步發現史考、史論著作同像《史通》這樣的史學義例著作的相關性，這為目錄學中史評類的最終產生奠定了基礎。

本書從《四庫全書總目》史評類出發，指出史評類是一種「兼史兼子」的類目。在古代目錄學中，史部主要錄入記事之書，而議論與雜考證之書則通常歸於子部。史評類著作所論所考，都不離史書與史事，從這個角度上講，它是史學的一部分；但在傳統目錄學傳統中，議論與雜考經史之作又常常歸於子部，在這個意義上，史評又是諸子學的一部分。而將目光置於《四庫全書總目》子部，無論是儒家類，還是雜家類，有很多著作考論經史子集內容，其中還有一些筆記著作的內容以史評為主，但它們都因內容不全為史評而置於子部，不過也足見有大量史評文字被置於子部。若以今日的學科分類觀來看，子部中不僅論史考史的文字，而且那些考證經、子、集的文字，也都可算是一種史學。但在古代，學科的分類以書籍的分類為基礎，考論經書則為經學，考論史部則為史學，若兼考經史，則例歸諸子學。本書指出這一點，便於在古代學術史的研究中留意古今學科概念的變遷，以防止簡單的以今衡古。

傳統學術以治道為中心，以正經、正史、正學為體，以雜經、雜史、雜學為用。一般來說，四部的學術地位呈現遞減趨勢，即經部高於史部，史部高於子部，子部高於集部。這種不平等的學術觀念恰好與現代學術背道而馳。這也是現代人難以穿越的一道鴻溝。《四庫全書總目》以經部為龍頭，史部、子部、集部地位逐次遞減，子部地位總體上不如史部。與《總目》之前其他目錄學著作不同，帶有子部色彩的史評類亦在史部各類的排序中居於末尾，表明了《總目》對史評地位的貶低。之所以如此，正與清

代皇權之下對思想的鉗制有關。這種思想鉗制在有些地方表現得很粗暴，一如史評類小序中所言是要「爝火可熄」，或是在提要中指責有的著作「偏駁」、「悖妄乖戾」，但很多時候還是用了很多軟性手段，此書正好分析了這些手段。如指出《總目》史評類重史考而輕史論，在史評類中因為史考議論較少，因此也就較少牽涉與官方意識形態相衝突的文字；雖然這也受《總目》崇漢抑宋大格局的影響，但置於史評類中時，則成為既推崇「史學」反對「空談」，又能完成在史評中壓制史論的總格局。又如指出《總目》史評類的提要文字也在確立自己的一套史學義理，《總目》雖然不明著攻擊朱熹，但一方面推崇宋初史論，另一方面大力討伐在史觀上影響朱熹很深的胡寅（《資治通鑑綱目》中大量引用胡寅《讀史管見》），實質上是借這兩種方式來壓低朱熹的地位，以抬高清高宗的義理，實現皇帝對史觀的引導。這種皇權對史學義理的控制作用常常於各種細微之處，以崇文右學的方式體現出來，雖然客觀上有助於史學崇實重考證的風向，但大大阻礙史學義理的發展。書中閃光點不少，不一一贅述了。當然，他的問題意識還不夠強，歷史理論視野還比較單薄，今後如果能從歷史詮釋學的角度看待史評類，可能會有更新的認識，也極有可能取得更大的突破。

2016 年夏季，超凡被武漢大學中國傳統文化研究中心（這是教育部百所重點研究基地之一！）錄取為專門史碩士研究生，入學前適逢他在漢逗留，遂命他參與校對《四庫全書簡明目錄》；入學之後，我組織人員整理《四庫全書總目》，他也承擔了集部總集類。在校期間，他不慕榮利，敦品勵學，埋頭苦幹。我自 2017 年春節之後離開武漢大學，這些年師生之間靠微信、電話聯繫。與他同屆的還有柯麗娟、邱勳聰二君，記得第一次師生見面會上，我還打趣：「今年三位同學名字取得真是珠聯璧合，既美麗，又聰明，還超凡脫俗。」猶記珞珈山下，東湖之上，三五成群，高談闊論，時而漫步林間小道，時而端坐圖書館裏，終日乾乾，夕惕若厲，苦在其中，樂在其中。而今師生分散，王獻松博士入職安徽大學徽學中心，曾志平博士入職東莞某大學，柯麗娟同學考入廈門大學歷史系，繼續攻讀博士學位；邱勳聰同學碩士畢業之後參加工作，在商海浮沉；閻超凡繼續留在武漢大學攻讀專門史博士研究生。先是武漢大學歷史學院任放教授慨然接受他，但還沒有正式入門，任放兄就一病不起，羽化而登仙，令人扼腕悲歎！超凡於是成為「孤兒」，很長一段時間竟然找不到導師，我遍詢眾多教授，無人

接受，只好與聶長順教授定下君子之約，超凡掛在聶兄的名下，實際上還由我繼續指導。我一般通過微信給他點撥一下。如我給他提出過「雙獨論」：「尋找獨特的視角，形成獨立的見解！」他性子太慢，我一再催促他要提高效率。勸導他積極進取，如云：「有好的問題意識，才有好的前途。那些灰色的問題只能把人導向灰色人生。」又云：「調整好自己的世界觀！最好不要從反面、陰暗面看世界。起步階段積極入世，否則寸步難行。」又云：「性格決定命運。趕緊改命換運！格局還太小，還不會與人相處。」「學會做人，才有飯吃。」又談讀書方法：「活學活用，別讀死書！」「不要使用全新的東西，沒有人相信你的所謂創造。」「謹慎使用外來概念。不要以論帶史，而要在比較互鑒中使用拿來主義。」「密切關注學術動態，要關注哪些題材可以做，哪些不能碰，先搞懂行情！只有知己知彼，才能百戰百勝。」「學問因人而異，需要自己探索。走自己的路，讓人家閉嘴！」「靜心聽理論書，以此碰撞出思想火花！這是秘訣！終日冥思苦想，不如邊聽邊想。無心插柳柳成蔭，果無心乎？不過能做到靜心。以他山之石，攻自己的玉！」「我的『三經合一』：以《易經》為脊椎，以《道德經》《華嚴經》為任督二脈，融合三經，三教合一。」諸如此類，不一而足，竭力傳授，聊以塞責。超凡君若能因此開竅，入門不難，深造也是可以辦得到的。

去年，臺灣花木蘭文化事業有限公司致函令我舉薦學生畢業論文，當時名下畢業的博士只有王獻松，而獻松的博士論文暫時沒有時間修訂，我便麻著膽子推薦了兩篇碩士論文，其一是童子希的《高似孫文獻學研究》，其二就是閻超凡的這篇論文。令人欣喜的是，這兩篇論文同時被接受了。他們都花費了不少心血修改論文，反覆打磨，增訂了不少內容。在黃茅白葦之中，這兩篇論文無疑是翹楚之作。有道是：「雄關漫道真如鐵，而今邁步從頭越。」君不見，那些假冒偽劣的所謂學術著作說不定什麼時候就會雪崩，那些形形色色的帽子學者說不定什麼時候就會灰飛煙滅！只有真正的著作與真正的學者才能巍然立於學術之林。

是為序。

2021 年 11 月 25 日於上海淀山湖畔之海雲閣

目

次

引　言

一、研究目的與意義

　　《四庫全書總目》是清代乾隆時期一部大型官修目錄著作，全書不僅依經、史、子、集四部分類原則對各種著作分門別類，而且在每種著作下都著有提要，介紹書籍內容，並加以考證和評論。在分類法上，《總目》不僅繼承和借鑑了歷史上其他的目錄學著作，而且影響了清代中後期乃至民國時期的目錄學。《總目》的提要內容不僅可作為學術史的入門，而且更重要的是它反映了清高宗時期朝廷官方的學術立場，對當時的學術發展起政策性導向與限制作用。在《總目》史部末尾有一個名為「史評類」的小類目專門收錄史評著作。

　　《四庫全書總目》的分類法可看作中國傳統學科分類的代表，此種分類法與近代學科分類體系有很大的區別，甚至可以說，相對傳統分類法而言，近代幾乎是重建了一套學科分類體系，但傳統分類體系的影響又沒有完全消亡。自目錄學中產生史部以來，史部大體可代表中國傳統意義上的史學，原始史料的記錄、成型的歷史著作、對歷史的評論與考證等都列於史部當中。《總目》史部內又分不同的類目，有的以體裁分，如正史類、別史類、編年類、紀事本末類等，有的依據內容而劃分，如詔令奏議類、地理類、史鈔類等；雜史類、史評類則既依體裁，又依內容而分；無論依體裁還是依內容劃分，史部各類目的劃分均與著作文本有密切關聯。近代史學分類則脫離了著作體裁的限制，主要依內容而分，如依時間段的古代史、近代史；依專門類別而劃分的政治史、經濟史、文化史等。在今日的學科劃分體系下，並沒有

史評類的相應位置。不過史評類中的史考、史論與作為傳統史學主體的敘述史學不同，與重考證與評論的近代研究性史學更為接近。

我們現在可能會把「史評」一詞簡單理解為歷史評論，與「史論」等同起來。《現代漢語詞典》在解釋「史評」時稱「史評是指評論史事或史書的著作」。但作為目錄學中的一個部類，其內容並非如此簡單，這可從《總目》史評類收錄內容看出。《總目》史評類既包括上承歷代目錄學中史評類分法而來的固定內容，如史論、史考、史學義例等；也有個別變例，如敘史詩（早先的目錄著作中有的還有詠史詩）；此外，由於《總目》有其部類劃分原則，但著作所包含的內容往往難以單純侷限在某一部類當中，這就造成了史評類中的個別著作未必全為史評內容，或是其他類目中其實也會收錄史評著作的情況。但對於史評研究而言，《總目》史評類無疑可作為經線與準繩。《總目》史評類分析並解讀了乾隆以前的主要史評著作，雖然還遠未包含中國古代史評類著作的全部內容。

史評的起源最早可追溯至先秦至兩漢的經史著作，如《左傳》中的「君子曰」、「君子謂」〔註1〕。至《史記》則固定在每篇後有「太史公曰」。之後的史評主要像《史記》一樣附在史書篇章後而存在。此外還有一些論史的文章，如賈誼的《過秦論》。這些史評段落或篇章在漢末以前還未形成獨立史評著作。目前所見最早的獨立史評著作，當屬蜀漢諸葛亮的《論前漢事》〔註2〕與譙周的《古史考》，晉代徐眾所著《三國論》〔註3〕等。而議論史學、史書的文章產生得也比較早，如東漢班固的《前漢史得失略論》、荀悅《漢紀節要論》等。最早全面探討史學發展的文章是《文心雕龍》之《史傳》篇。現存最早的唐代史論著作是虞世南的《帝王略論》殘卷，由於此書在南宋後散佚，清末才在敦煌被重新發現〔註4〕，所以未被列入《總目》。《總目》史評類收錄的最早的著作是唐代劉知幾的《史通》。《史通》乃史學義例著作，綜合評論史書體裁、義例、修史制度、史料收集法等內容。《總目》未收錄唐代其他史

〔註1〕《史通論贊》稱：「《春秋左氏傳》每有發論，假君子以稱之。二傳云公羊子、穀梁子，《史記》云太史公。」劉知幾著，浦起龍通釋：《史通通釋》，上海古籍出版社，2009年，第75頁。

〔註2〕《隋書·經籍志》列入史部正史類中。此書已佚。

〔註3〕此二種書在清代分別有的輯佚本。均僅存一卷。

〔註4〕王雲五主持：《續修四庫全書提要·史部·史評類》，臺灣商務印書館，1972年，第8冊，第3372頁。

評著作，可能是因為唐代以前的史評著作到乾隆時多已散佚。至宋代，史評著作的創作又繁榮起來，且遠盛前代，這與《資治通鑑》《新唐書》《新五代史》等大型史書的編纂及理學的發展有關。至南宋時，理學化史論已是史論的主流；專司考證的史評著作也在宋代興起〔註5〕，元代史評似乎不及宋代繁盛，但總體而言承繼南宋史評之餘緒。明初史評類的創作不太興盛，且多數史評觀點僵化，論題受限；明代中期起，隨著思想日趨活躍，史評著作漸漸繁榮起來，但也有空談過多和考證疏失的問題；明代還出現了數種整理、評論與注釋《史通》的著作，但與《史通》創作時基於唐初大量官修史書的實踐不同，明代《史通》學的發展是思想活躍的結果。明代史考繼續緩慢發展，不過獨立的史考著作卻不多，史考文字多與對經、子、集各著作進行考證的文字一起列入筆記體著作中；明代這種總的趨勢一直持續到清初。至乾嘉時期，受考據學的影響，史考較前代更加繁榮，獨立史考著作增加，但史論仍占主體，《總目》史評類的創作正是基於這樣一種時代背景。《總目》之後，史考著作尚不斷有所發展，但史論出彩者則不多。不過史論不夠出彩不能說就是《總目》史評類的引導造成的，這只是清代整個文化壓制政策中的一環而已。

　　依《總目》史評類的提要，我們不僅可以瞭解乾隆之前史評發展的概況，也可以瞭解乾隆時期官方史學如何界定和評價史評類，朝廷是如何通過一項政府文化工程干涉學術與思想，又如何為這種干涉建構合理性。因《四庫全書總目》的編修並不是單純的學術整理工作，而是以學術整理為表象，提出學術史的政治標準答案，以規訓當時各種學術活動。史評類以歷史評論、考證等歷史闡釋內容為主，那麼對於朝廷而言，通過《總目》史評類的提要就可以規範歷史理念，約束和引導歷史闡釋的方向。

　　綜上，筆者認為可以探討如下問題：

　　一、中國古代目錄學中史評類的發展歷程與《總目》史評類的歷史沿革；藉此探討其他一些史評著作不歸入史評類的原因，以知《總目》史評類的收錄界限，及古代史評類的學科範疇。

　　二、考辨《四庫全書總目》史評類的創作情況。通過探討《總目》史評類有怎樣的著錄與存目原則，此原則與其他類目相比有何差異，以探討形成這種差異的原因。

〔註5〕如《四庫全書總目》史評類中著錄宋代史評著作十三部，列入存目者七部。

　　三、探討《四庫全書總目》史評類中包含的史學批評思想。在此要注意不寫成整個史部都通用的史學思想，而應針對史評類本身而談。同時可以通過《總目》對史評的批評來探討清代官方史學與民間史學間、學者史學與底層史學間、文史之間的關係。

　　乾隆時期屬於中國近代資本主義化的前夜，對《四庫全書總目》史評類的研究向前可利於瞭解史評發展的總體脈絡；向後則直接面對乾嘉時期史考著作的大量興起，及史考與中國近代史學發展的承繼關係。如日本近代史學家田口卯吉稱中國古代有三種史書體裁：紀傳體、編年體、史論體，而他本人正是要通過寫作《日本開化小史》復興「史論體」〔註6〕。從中或可探討史評發展與近代史學的關係。

二、研究概況

　　目前對《總目》史評類進行整體研究的成果尚少。就研究內容言，可以從對史評類起源與發展史的研究，對《總目》史評類的內容進行考證與論述，對《總目》史評類中反映的歷史與史學思想的研究三大方面來論述其研究概況。

（一）對《四庫全書總目》史評類源流的研究

　　對於史評類源流的研究，較早有姚名達的《中國目錄學史》。此書指出：「晁《志》之『史評』，尤《目》之『史學』，有似馬《志》之『史鈔史評』（合一類）。及《宋志》《明志》之『史鈔』，而《四庫》始析為『史評』、『史鈔』二類。」〔註7〕不過論述較簡，僅陳述事實而已，且事實上並非至《四庫全書總目》才將史評與史鈔分為兩類。

　　目前梳理史評類源流較詳細的是楊睿的碩士學位論文《史評類目源流考》。此文主要從官修目錄、私修目錄與正史藝文志三個方面，敘及史評類出現後，歷代目錄學著作中史評類的設置情況及其演變。論及《四庫全書總目》史評類時，該文認為：「《四庫全書總目》作為欽定的目錄，首次為史評和史論著作在官修目錄中找到了歸屬。較之晁公武創立史評類目的位置，《總目》

〔註6〕〔美〕格奧爾格‧伊格爾斯、王晴佳、蘇普里婭‧穆赫吉等著，楊豫譯：《全球史學史：從18世紀到當代》，北京大學出版社，2011年，第146頁。

〔註7〕姚名達：《中國目錄學史》，上海古籍出版社，2011年，第79頁。另此書80頁有《四部分類源流一覽表》，可見史評類發展之大概。

對史評類目的位置設置的確有所下降，但作為反映清統治正統思想的官修目錄，《總目》並非元、明時期的官修目錄忽視史評與史論書籍的發展，不但梳理源流，還指出收錄史籍範圍，可見史評類目在清代的學術地位已不容忽視。」〔註 8〕但此文有兩處缺陷，一是沒有敘及史評類產生之前史評著作的歸類情況，沒有探索史評類來自何方；二是其視角侷限在目錄學與史部中，既未能考慮集部文史類，也未能考察史評類之外其他史評著作的收錄與歸類情況。因此此文長於對「流」的研究，疏於對「源」的探討。

張永瑾、張子俠之《史部類目淵源商榷》中有一節講到了史評類的淵源，意在反駁姚名達《中國目錄學史》中的觀點，認為早於《郡齋讀書志》，在唐代已有吳兢的《西齋目錄》中設置了「文史類」。〔註 9〕不過此文僅列其源，而不述其流。

賈連港《簡論史部目錄分類中「史評類」的設立》著重梳理了史評類產生之前史評著作的歸類情況。此文指出：「在《新唐書・藝文志》中，《史通》等史評類史書確如孫猛先生所言被歸入文史類，但《崇文總目》則將此類書歸入『雜史類』，《秘書省續四庫書目》（實為《秘書省續編四庫闕書目》）歸類與《崇文總目》同。」〔註 10〕此外，該文亦梳理了從《郡齋讀書志》之後的目錄學著作不列史評類，再到《四庫全書總目》重新發現史評類的歷程與原因，認為：「其一，元明兩代目錄學的發展處於低潮期，從理論到實踐都缺乏創新，因此，雖然明人議論頗多，史評類史書數量激增，但這從客觀上影響了目錄學著作對新興史學分類的採用；其二，時人對史評類書所存有的偏見也是重要原因，雖然這一類書數量大，但固有的觀念使得此類書難以受到應有的重視。」〔註 11〕不過此文仍主要從目錄學上探討問題，著重在頌揚《郡齋讀書志》設立史評類的開拓之功。

張晚霞的《「文史類」流變的目錄學審視》探討了史評類著作初置於集部及集部文史類中的歷史，指出早期的史評著作更多被人視為文學作品而非史學作品，「自司馬遷《史記》始，史論被系統運用到史書中，包括序、贊、論

〔註 8〕楊睿：《史評類目源流考》，蘭州大學碩士學位論文，2012 年。
〔註 9〕張永瑾、張子俠：《史部類目淵源商榷》，《文獻季刊》，1999 年第 3 期。
〔註 10〕賈連港：《簡論史部目錄分類中「史評類」的設立》，《圖書館理論與實踐》，2014 年第 10 期。
〔註 11〕賈連港：《簡論史部目錄分類中「史評類」的設立》，《圖書館理論與實踐》，2014 年第 10 期。

三種，且文學意味深厚……漢代賈誼的《過秦論》孤篇橫絕，正式確立了史論的文學傳統」〔註12〕。不過此文沒有涉及《總目》史評類的內容。

　　劉德明的《史部史鈔類的發展與標準——以〈四庫全書總目〉為核心》雖然以《總目》史鈔類為主要考察對象，但其中有些內容論及史評類與史鈔類分類原則的不同，如指出《全史論贊》這樣的書為何要入史鈔類而非史評類〔註13〕。

　　其他如顧紅的《〈四庫全書總目〉史部類目的設置》〔註14〕、李萬營的《由史部目錄的流變看經學與史學的互動——以〈漢書·藝文志〉〈隋書·經籍志〉〈四庫全書總目〉為考察對象》〔註15〕、郭合芹的《四庫全書總目史部研究》〔註16〕等，僅對《總目》史評類略有涉及而已。

　　大體而言，對史評類類目演變史的研究已較充分，只是囿於學科限制，相關研究往往還侷限於目錄學這樣的單一領域，對該類目演變背後的學術演變關注不夠。

（二）對《總目》史評類的考證與述論

　　對《總目》述評、箋證的著作中多會涉及對《總目》史評類提要的述評、箋證。如胡玉縉所撰《四庫全書總目提要補正》中，對《總目》史評類著錄著作中的十三部，存目著作中的三部作了補正，主要補充提要未論及之處，或指出《總目》有關論斷的文獻出處，並更正個別錯誤。此書徵引資料最多的來源是王鳴盛《十七史商榷》。〔註17〕史評類著作多在存目中，但此書對存目著作提要的補正很少。

　　余嘉錫在《四庫提要辯證》中，對《總目》史評類中《唐史論斷》《通鑑

〔註12〕張晚霞：《「文史類」流變的目錄學審視》，《大學圖書情報學刊》，2017 年第 3 期。

〔註13〕劉德明：《史部史鈔類的發展與標準——以〈四庫全書總目〉為核心》，《興大人文學報》，2008 年，總第 41 期。

〔註14〕顧紅：《四庫全書總目史部類目的設置》，《廣東圖書館學刊》，1985 年第 3 期。

〔註15〕李萬營：《由史部目錄的流變看經學與史學的互動——以〈漢書·藝文志〉〈隋書·經籍志〉〈四庫全書總目〉為考察對象》，《南昌航空大學學報（社會科學版）》，2015 年第 2 期。

〔註16〕郭合芹：《四庫全書總目史部研究》，蘭州大學出版社，2016 年，第 22、23、53、64、113～114、128～129、132～152、154～169 頁。

〔註17〕相關內容可見胡玉縉撰，王欣夫輯：《四庫全書總目提要補正》，中華書局，1984 年，第 701～716 頁。

問疑》《大事記講義》《史糾》等四部著作的提要作了辯證，指出此四條提要的錯誤或不足之處，如《總目》作《唐史論斷》提要未考《郡齋讀書志》《文獻通考》諸書，誤以葉適為《大事記講義》作者呂中的老師，將《史糾》作者朱明鎬之字「昭芑」誤作「豐芑」等條，〔註18〕均有助於考證。不過此書於《總目》史評類存目著作的提要未有一處論及。

　　李裕民先生指出史評類中《通鑑問疑》《涉史隨筆》《舊聞證誤》《責備餘談》四書提要之錯誤，並補充相關數據數條，大體有裨考證。惟《責備餘談》一條稱：「書中固有苛責之處，不失為一家之言，《提要》一概否定，置於存目，未免失當。」〔註19〕則與考證無關，僅是作者個人價值判斷。

　　王勇在《四庫提要叢訂》中對《總目》史評類進行了較多考訂，是目前考訂《總目》史評類最為全面詳細之作。該書對多採用前人說法，不過亦有個別考證疏失之處。

　　張永紅在《〈四庫全書總目〉清代普及性史書提要訂誤六則》中，對隸屬於史評類的《綱鑑附評》、張彥士《讀史矕疑》、曹荃《四言史徵》、朱璘《歷朝綱鑑輯略》等數條的提要作訂誤〔註20〕。此四種著作又均屬史評類存目著作，因此此處訂誤也正好可補前人之缺。

　　苑高磊的碩士學位論文《〈四庫全書總目提要〉史部提要辯證》中的一節專門對史評類個別著作（《唐鑑》《宋大事記講義》《十七史纂古今通要》《史糾》）的提要作辯證〔註21〕。但有些已為前人所論及。

　　對《總目》史評類提要文本進行論述的文章，主要有李程的《〈四庫全書總目〉史評類明代提要論述》。此文主要從「基於明代史評對於明代學風之評論」、「對於明代史評作者史學素養之評論」、「正統史觀下的史學評論」〔註22〕三方面來論述《總目》史評類的提要。此文還專門探討了《總目》史評類對明代《史通》學的評價，並以《總目》史評類為基礎探討了清代官方對明代史學

〔註18〕相關內容可見余嘉錫：《四庫提要辯證》，北京：中華書局，2007 年，511～518 頁。

〔註19〕李裕民：《四庫提要訂誤》，北京：書目文獻出版社，1990 年，第 102 頁。

〔註20〕張永紅：《〈四庫全書總目〉清代普及性史書提要訂誤六則》，《天中學刊》，2017 年第 3 期。

〔註21〕苑高磊：《〈四庫全書總目提要〉史部提要辯證》，蘭州大學碩士學位論文，2012 年。

〔註22〕李程：《〈四庫全書總目〉明代史評提要論述》，《華中師範大學學報》，2010 年第 1 期。

的態度。只是文章內容侷限於有明一代,且大體上僅是就提要文本進行概述,未論及《總目》史評類的考證內容。

近些年來,探討提要文本與相關書籍關係的研究也開始出現。如臺灣張維屏的《從〈四庫全書總目〉史部史評類對於所錄明代著作的評述分析明人的史評論著》,將《總目》史評類提要同明代史評著作聯繫起來看,重點探討其所闡述的明代史評總況。此文長處在於指出了明代史評的一些特點,如:「史評與時論之間的界線,在晚明時期也愈發顯得漫漶不清了。」〔註23〕還指出了史評與童蒙教育的關係:「明人的史評論著,在明代已經成為鄉塾童蒙教材之中的一種。《總目》所輯錄,唐汝詢撰寫的《顧氏詩史》汲引列朝正史的『本紀』以及『列傳』部分的史實,編撰為四句韻語,並各加以批註,以便記誦,充為幼童學習的讀本。」〔註24〕還有史評與科考的關係:「某些史評類史書也充為舉子們應試舉業的課本。譬如郭大有編寫的《評史心見》一書,《總目》認為『是書取古人事蹟標題,每事為論。』……在參考的書籍內容中,凡是作者認為可以為策論考題者,無不擇取,以利於舉業。」〔註25〕不過此文主要著眼於通過《總目》來研究明代史評的特點與狀況,而非以《總目》史評類為主要的研究對象。

依上所述,對《總目》史評類的研究已從多方面展開。在對《總目》史評類提要所作的研究中,目前多以《總目》史評類明代著作提要為切入點,來探討明代的史評史,但對《總目》史評類所反映的清代史學史的研究仍顯不足。

(三)對《總目》史評類史學批評思想與理論的研究

對《四庫全書總目》史評類的史學批評思想研究較深者,當屬臺灣洪世昌的《清代官修典籍之史學批評思想及其意涵——以〈四庫全書總目提要〉史部史評類為討論中心》,該文從編撰原因、採摭標準、《四庫全書簡明目錄》與《四庫全書薈要提要》等諸方面入手,來探討《四庫全書總目》的史學批評思想,指出其在「區分聚類」、「強烈的『上意』」、「尊漢唐,抑宋明」、「排佛、

〔註23〕張維屏:《從〈四庫全書總目〉史部史評類對於所錄明代著作的評述分析明人的史評論著》,《政大史粹》,第 4 期。

〔註24〕張維屏:《從〈四庫全書總目〉史部史評類對於所錄明代著作的評述分析明人的史評論著》,《政大史粹》,第 4 期。

〔註25〕張維屏:《從〈四庫全書總目〉史部史評類對於所錄明代著作的評述分析明人的史評論著》,《政大史粹》,第 4 期。

道，以儒學為正統」、「雙重標準」、「版權概念」等方面的史學特點，及「借歷史以教化」、「對現實政治的控制」等政治目的。〔註26〕該文研究範圍較廣，有些地方，如對「版權概念」的研究頗顯新意。該文雖然題目上以「史評類」為參考對象，但文章所論述的內容則主要針對《四庫全書總目》全書的史學批評而言，且探討政治意義、編纂方式等的內容佔了較大比重，未從文本出發深入探討《總目》史評類的史學批評思想。

羅炳良的《〈四庫全書總目〉史部提要的理論價值》主要探討《總目》史部的史學理論，其中僅論及史評類中劉知幾《史通》、胡寅《讀史管見》、晏彥文《小學史斷續集》等數條提要，並指出：「……四庫館臣的史學批評原則，在史學方法論上表現為據事直書與客觀評價的對立統一，在史學價值論上表現為治史無徵不信的求真意識……」〔註27〕不過此文以整個《總目》史部為研究對象，僅兼涉史評類而已。

吳海蘭在《〈四庫全書總目〉的史學思想初探》中，從「史書的體例與取材」，「關於史書的撰述要求」（「反對空談，崇尚實用」；「秉持公心，以求借鑑」）〔註28〕等方面探討了《四庫全書總目》的史學思想，不過也是從整個史部講起，僅關於《太史史例》一條涉及史評類，指出《總目》「強調史書應有謹嚴的體例，但反對以定法拘之」〔註29〕。

此外，趙濤在《〈四庫全書總目〉學術思想與方法論研究》第四章「《總目》的史學思想與方法論」〔註30〕和《〈四庫全書總目〉史學思想研究——以其史部提要與分纂稿比較為中心》〔註31〕中，也探討了《總目》的史學思想與史學方法論。不過這些研究都是以《總目》全書而論，僅有數語提及史評類，也不算對《總目》史評類有專門研究。

〔註26〕洪世昌：《清代官修典籍之史學批評思想及其意涵》，《興大歷史學報》，2013年，總第26期。

〔註27〕羅炳良：《〈四庫全書總目〉史部提要的理論價值》，《史學月刊》，2006年第9期。

〔註28〕吳海蘭：《〈四庫全書總目〉的史學思想初探》，《古籍整理研究學刊》，2000年第5期。

〔註29〕吳海蘭：《〈四庫全書總目〉的史學思想初探》，《古籍整理研究學刊》，2000年第5期。

〔註30〕趙濤：《〈四庫全書總目〉學術思想與方法論研究》，北京：中國社會出版社，2016年。

〔註31〕趙濤：《〈四庫全書總目〉史學思想研究——以其史部提要與分纂稿比較為中心》，《史學月刊》，2014年第10期。

相較其他方面而言，目前對於《總目》史評類史學批評與思想的研究更顯不足，其中最主要的表現是深度不夠，研究成果較少。對《總目》歷史思想與史學思想的研究，主要著眼於正史類、別史類、編年類、紀事本末類等類目，而史評類顯然在此類研究中屬於一個邊緣地位。《總目》史評類內容雖少，但其對乾隆以前史評的評判、考證等仍屬乾隆時期清代官方學術中的重要組成部分。

小結

自民國起直至現在，對《總目》史評類的研究趨向大體為：民國時期以對《總目》史評類文本的考證為主，改革開放後文本考證所佔比例漸少，而側重於史評類類目源流、內容論述及與明代史評之關係的研究逐漸增多，對《總目》史評類史學思想與義理的研究也在逐步展開。史評類不但在《總目》中地位較低，而且與《總目》史部其他類目相比，後世相關研究也相對較少，多數涉及《總目》史評類的研究只是在對《總目》或《總目》史部的研究中略有提及而已。

另外，很多研究《總目》史評類的作品都側重於研究明代史評及明代著作提要，這大概是由於明代史評作品數量尤其多，其內容與明代社會思潮的演進關係密切，因而較容易作為研究的切入點。

就成就而言，史評類這一類目的源流與演變已基本被研究清楚，對個別提要的錯誤也作出了訂補，對明代史評的發展有了更清晰的瞭解，也初步探討了《總目》史部的歷史與史學思想。就不足而言，對於類目演變背後的學術背景的研究尚顯不足，研究中缺乏緊扣文本的論述，也缺乏對宋、清兩代作品提要的研究，對《總目》史評類中史學思想的研究仍顯薄弱。這些不足處都可以是將來研究的側重點。

第一章 史評類之來源與發展

在漢語傳統語境下，史評是對歷史的評判，形之於文，則是史學的一種
體裁；以史評之文形成著作，則構成史評類。《四庫全書總目》於史部中設史
評類，專收史評著作，並為各書撰寫提要，對乾隆以前的史評著作史進行了
一番總梳理。因此，研究《總目》史評類可以作為研究古代史評史的一個突
破口。《總目》史評類還是對史評的評論，也是一種史評。

在《總目》設立史評類之前，史評類在目錄學中尚未成為普遍設立的固
定類目。史評類如何在目錄學中產生，又如何發展為《總目》史評類範式，皆
值得探討。不過關於史評類的起源與發展歷程的研究，則有諸多不足，如認
為目錄學中的史評類僅可追溯到文史類或史鈔類，但事實遠非如此簡單；很
多人認為史評濫觴於《左傳》，卻很少涉及《左傳》之外的史評。這些問題均
值得加以考究，以確定《總目》史評類究竟源自何處，又是如何最終確立的。

第一節 經史著作中史評之濫觴

中國傳統書籍始於《易》《書》《詩》《春秋》《儀禮》等經部著作，劉向
《七略》及《漢書·藝文志》採用七部分類法，即因此時多數著作尚與經書密
切相關。後世四部分類法中所涉及到的眾多部類，在漢代多數尚未成型，但
多數在當時各部類著作中均能找到影子。因此仔細溯源的話，史部的種子在
六經中皆有萌牙，故章學誠《文史通義》中言：「六經皆史也。古人不著書，

古人未嘗離事而言理。六經皆先王之政典也。」〔註1〕六經存先代政典史事，大體沒有什麼疑問。六經不僅記事，也闡發義理，至於經書之「傳」與「序」，則多對書中內容作評論，如果是評論史事與歷史人物，則形成史評之雛形。傳統史評類文字就這樣從經書中發源，並因其起源於經書，為後世獨立的史評類著作提供了基本的規範，如重視道德判斷，重視政事評論等。如在《易傳》《詩經》《尚書》《左傳》中均有涉足評論史事或表達歷史認識之文字，皆可謂史評之濫觴。至《史記》之「太史公曰」，《漢書》《後漢書》等之「贊曰」，史評愈加成熟，成為中國古代紀傳體、編年體史書中不可或缺的一部分。

一、經部著作中史評之濫觴

（一）《易傳》之彖辭、象辭

《周易》為記載古代卜筮的著作，以六十四卦象天地萬物，以各爻之變化展現事物的演變規律。從抽象角度講，《周易》要說明基本的天地大道；從具體角度論，《周易》要通過具體的事項將天道呈現出來。在其具體化過程中，一方面要舉古代聖賢事蹟來說明道，另一方面要列舉大量的古代占卜記錄，這些記錄不少皆與商、西周時的歷史相關。或者更準確些說，這些占卜材料是得出《周易》所講的道的基本材料，《易》是基於這些材料來加以抽象的。《周易》的卦辭與爻辭重在記錄這些占卜記錄，而《易傳》中有些彖辭和象辭則為佐證《易》的觀點或解釋卦辭和爻辭，附有對歷史的評論。不過《易傳》中與歷史評論有關的內容還比較少，或者是有些事件的本事已經過於遙遠，難以確定其具體所指為何，甚至彖辭和象辭的作者也已無法知道其本事了。彖辭解釋卦辭，如《明夷》彖辭云：

> 明入地中，明夷。內文明而外柔順，以蒙大難，文王以之。利
>
> 艱貞，晦其明也，內難而能正其志，箕子以之。〔註2〕

此處首先解釋何為「明夷」，再論周文王之「內文明而外柔順」，箕子之「內難而能正其志」，以應「明夷」之主旨。此兩條論斷均論歷史人物的個人德行，是為了回應卦辭的內容而舉例。

各卦爻的象辭中亦常含有類似歷史論斷，且以商代之事為多，茲舉數例：

〔註1〕〔清〕章學誠撰，葉瑛校注：《文史通義校注》卷一，中華書局，2014年，第1頁。

〔註2〕〔魏〕王弼、韓康伯注，〔唐〕孔穎達等正義：《周易正義》卷第四《明夷》。

《歸妹》：六五，帝乙歸妹，其君之袂，不如其娣之袂良。月幾望，吉。象曰：帝乙歸妹，不如其娣之袂良也；其位在中，以貴行也。〔註3〕

《既濟》：九三，高宗伐鬼方，三年克之，小人勿用。象曰：三年克之，憊也。〔註4〕

《未濟》：九四，貞吉，悔亡。震用伐鬼方，三年有賞于大國。象曰：貞吉悔亡，志行也。〔註5〕

此數條爻辭主要列舉史實，如「帝乙歸妹」、商王武丁伐鬼方等。帝乙為商代第十三代國王，商紂王之父，其「歸妹」具體為何事，歸於何人等均已不可詳考，其爻辭顯然為卜辭，其末尾之「吉」是占卜時的斷語，此斷語為對當時所卜之事的判斷，與過往之「史」無關，而象辭中的「其位在中，以貴行也」則在追論此史事，可以算是一種粗淺的史論。商高宗伐鬼方之事，其他材料也有記載，如《竹書紀年》云：「（武乙）三十五年，周王季伐西落鬼戎，俘二十翟王」〔註6〕。其爻辭中的「小人勿用」為卜辭中的儆戒之語，非史論，象辭中的「三年克之，憊也」為論斷語，說明攻伐鬼方很多年後，鬼方疲憊，故能克之，是對事件原因的分析，與後世探討歷史事件原因的史論相近。《未濟》同樣談及伐鬼方之事，爻辭前半部分是占卜時的斷語，後面是陳述事實；象辭中的「貞吉悔亡，志行也」屬於對此事的評論，雖是解經，但細處講也是論史。與象辭中的史論不同的是，爻辭直接就列占卜記錄中的事件，象辭則作為補充解釋而對爻辭中的史事加以評論。

由此可見，《易傳》之爻辭與象辭已有史論之萌芽，不過其舉出史事作出評判，並非專門為史作評，而是要藉此來解釋卦辭和爻辭；加之爻辭中的史事多無法詳考，時間也多較模糊，因此此種議論也不易充分展開。

（二）《詩經》及《毛詩序》與齊、魯、韓三家義

《詩經》分《風》、《雅》、《頌》三部分，其中十五國風采自諸侯國（如邶

〔註3〕《周易正義》卷第五《歸妹》。
〔註4〕《周易正義》卷第六《既濟》。
〔註5〕《周易正義》卷第六《未濟》。
〔註6〕范祥雍訂補：《古本竹書紀年輯校訂補》，上海古籍出版社，2018年，第25頁。同樣的內容還可見西周時的《小盂鼎》銘文：「王□盂以□□伐鬼方。」轉引自王國維：《觀堂集林》卷四《鬼方昆夷玁狁考》，中華書局，1959年，第586頁。

風、鄘風、衛風、鄭風、齊風、魏風、唐風、秦風、陳風、檜風、曹風等）及
周王畿的卿大夫領地（如周南、召南、王風、豳風等），多反映各地社會生活，
其中有些政治歌頌詩和諷刺詩與史事關係密切；雅分大雅與小雅，其中小雅
分正雅和變雅，變雅多與時事變遷有關；大雅中有一些詩篇為周人的始祖史
詩。《頌》分為《周頌》《魯頌》《商頌》三大部分，《周頌》中有關於周人的史
詩，《魯頌》基本為歌頌魯僖公的作品，其中有一些周人與魯人的史詩段落；
《商頌》中多為宋人的史詩。這些詩篇中有一些歌頌先祖的文句，算是一種
史評的早期起源。如《大雅》中的頌辭：

> 《文王》：亹亹文王，令聞不已。……穆穆文王，於緝熙敬止。
> 〔註7〕

> 《思齊》：思齊大任，文王之母。思媚周姜，京室之婦。大姒嗣
> 微音，則百斯男。〔註8〕

> 《下武》：下武維周，世有哲王。〔註9〕

> 《文王有聲》：文王有聲，遹駿有聲。遹求厥寧，遹觀厥成。文
> 王烝哉！……考卜維王，宅是鎬京，維龜正之，武王成之。武王烝
> 哉！〔註10〕

又如《周頌》中的頌辭：

> 《維天之命》：於乎不顯，文王之德之純！〔註11〕

> 《執競》：執競武王，無競維烈。不顯成康，上帝是皇。自彼成
> 康，奄有四方，斤斤其明。〔註12〕

再如《商頌》中宋國歌頌商朝先祖的詩歌：

> 《長發》：濬哲維商，長發其祥。……武王載旆，有虔秉鉞。如
> 火烈烈，則莫我敢曷。〔註13〕

《詩經》中這些評論歷史的詩文，其實主要都是在歌頌本國先祖的功業與
德行。這種評論還帶有很強的祭祀詩和先祖崇拜色彩，不過卻影響了後世

〔註7〕《毛詩正義》卷十六《大雅·文王》。
〔註8〕《毛詩正義》卷十六《大雅·思齊》。
〔註9〕《毛詩正義》卷十六《大雅·下武》。
〔註10〕《毛詩正義》卷十六《大雅·文王有聲》。
〔註11〕《毛詩正義》卷十九《周頌·維天之命》。
〔註12〕《毛詩正義》卷十九《周頌·執競》。
〔註13〕《毛詩正義》卷二十《周頌·長發》。

對歷史人物的評價，尤其是促使後世普遍稱頌五帝和商湯、周文王、周武王等為「聖人」。

至漢代時，詩經又分齊、魯、韓、毛四家，四家對《詩》的解釋與所傳《詩》的文本皆有差異。其中《毛詩》為古文經，在後世傳揚最廣，《毛詩序》也基本都流傳了下來；齊、魯、韓三家《詩》為今文經，至今僅有部分內容流傳下來，王先謙《詩三家義集疏》對三家《詩》義作了較全面的收集整理。各家《詩》序或《詩》義對各篇《詩》的背景有所介紹，其中有相當部分為附會，然而在介紹背景並加以評析的過程中，便常常會對相關歷史事件加以評議，此種評議與後世史評頗有相近之處。

1.《毛詩》之《大序》《小序》

《毛詩序》分為《大序》和《小序》兩部分，其中《大序》總述《詩經》主旨，《小序》則敘每篇創作緣由。自東漢以來至五代，經學家多尊《毛詩序》大以解《詩》，自宋代以來又多有疑《詩序》者，一些理學家認為《詩序》所述各詩之本事多有謬誤，如朱熹認為：

> 故此《序》者，遂若詩人先所命題，而詩文反為因《序》以作。於是讀者傳相尊信，無敢擬議。至於有所不通，則必為之委曲遷就，穿鑿而附合之。寧使經之本文繚戾破碎，不成文理，而終不忍明以《小序》為出於漢儒也。〔註14〕

除在總體上指出《詩序》附會的問題外，朱熹還在《詩序辨說》中反駁了《毛詩》的很多條小序。清代方玉潤在《詩經原始自序》中言：「迨秦火既烈，而偽序始出，託名子夏，又曰孔子。」〔註15〕方玉潤以《詩序》為偽，認為其並非《詩經》創作年代所寫就。雖然小序所敘本事未必合於各篇創作之真實情況，甚至多有臆測，但《詩序》中常敘及史事，包含商周至春秋時的歷史信息，且小序文字有時褒貶所敘之事，差不多是在議論小序所敘及之史事。

先以《詩大序》而論：

> 上以風化下，下以風刺上，主文而譎諫，言之者無罪，聞之者足以戒，故曰風。至於王道衰，禮義廢，政教失，國異政，家殊俗，而「變風」、「變雅」作矣。國史明乎得失之迹，傷人倫之廢，哀刑政之苛，吟詠情性，以風其上，達於事變而懷其舊俗者也。故變風

〔註14〕〔宋〕朱熹集撰，趙長征點校：《詩集傳》，中華書局，2017年，第13～14頁。
〔註15〕〔清〕方玉潤：《詩經原始》，中華書局，1996年，第3頁。

發乎情，止乎禮義。〔註16〕

此處雖旨在說明「變風」、「變雅」何以興起，但實際上也對「王道衰」的東周歷史作了一番評論，指明其衰頹之象，並指出「詩」與時代和「國史」（史官）之關係。因《詩大序》總體上是在追溯過往之史事，因此這種論斷亦可看作一種史評之萌芽。

《詩小序》在介紹各詩篇的背景時，多提及具體史事，在闡釋時多對有關史事下論斷，這些論斷多依詩旨而立論，如《國風》小序主要評價周朝各諸侯和卿大夫的政治，個別也涉及對周王的評價：

> 《漢廣》，德廣之所及也。文王之道被於南國，美化行乎江、漢之域，無思犯禮，求而不可得也。〔註17〕

> 《甘棠》，美召伯也。召伯之教，明於南國。〔註18〕

> 《柏舟》，言仁而不遇也。衛頃公之時，仁人不遇，小人在側。〔註19〕

> 《靜女》，刺時也。衛君（衛宣公）無道，夫人無德。〔註20〕

> 《淇奧》，美武公之德也。有文章，又能聽其規諫，以禮自防，故能入相于周。美而作是詩也。〔註21〕

> 《蟋蟀》，刺晉僖公也。儉不中禮，故作是詩以閔之，欲其及時以禮自虞樂也。〔註22〕

> 《山有樞》，刺晉昭公也。不能修道以正其國，有財不能用，有鍾鼓不能以自樂，有朝廷不能灑掃，政荒民散，將以危亡，四鄰謀取其國家而不知，國人作詩以刺之也。〔註23〕

> 《蒹葭》，刺襄公也。未能用周禮，將無以固其國焉。〔註24〕

〔註16〕《毛詩正義》卷一《詩大序》。
〔註17〕《毛詩正義》卷一《周南・漢廣》。
〔註18〕《毛詩正義》卷一《周南・甘棠》。
〔註19〕《毛詩正義》卷一《邶風・柏舟》。
〔註20〕《毛詩正義》卷二《邶風・靜女》。
〔註21〕《毛詩正義》卷三《衛風・淇奧》。
〔註22〕《毛詩正義》卷六《衛風・蟋蟀》。
〔註23〕《毛詩正義》卷六《唐風・山有樞》。
〔註24〕《毛詩正義》卷六《秦風・蒹葭》。

《宛丘》，刺幽公也。淫荒昏亂，游蕩無度焉。〔註25〕

《小雅》多涉及周王室之史事與評價：

《鴻鴈》，美宣王也。萬民離散，不安其居，而能勞來、還定、安集之，至于矜寡無不得其所焉。〔註26〕

《信南山》，刺幽王也。不能修成王之業，疆理天下，以奉禹功，故君子思古焉〔註27〕。

《大雅》亦以評價周王為主，且多評論文王與武王：

《大明》，文王有明德，故天覆命武王也。〔註28〕

《棫樸》，文王能官人也。〔註29〕

《皇矣》，美周也。天監代殷莫若周，周世世修德莫若文王。〔註30〕

《下武》，繼文也。武王有聖德也，復受天命，能昭先人之功焉。〔註31〕

《頌》多含史詩，其中《魯頌》小序集中評價魯僖公：

《駉》，頌僖公也。僖公能遵伯禽之法，儉以足用，寬以愛民，務農重穀，牧于坰野，魯人尊之。於是季孫行父請命于周，而史克作是頌。〔註32〕

《有駜》，頌僖公君臣之有道也。〔註33〕

這些評論都是為了闡明各篇宗旨。《漢廣》序稱文王治道之美；《甘棠》序稱讚周武王時之召伯；《柏舟》漢評論衛頃公時之政局；《靜女》序評論衛宣公及其夫人；《淇奧》序稱讚衛武公有德行；《蟋蟀》序評論晉僖公；《山有樞》序貶抑晉昭公，中間一句指責晉昭公諸多亂政；《宛丘》序指責陳幽公為政錯亂，逸遊無度；《鴻鴈》序稱頌周宣王之中興；《信南山》序貶抑周幽王，稱其

〔註25〕《毛詩正義》卷六《陳風‧宛丘》。
〔註26〕《毛詩正義》卷十一《小雅‧鴻鴈》。
〔註27〕《毛詩正義》卷十三《小雅‧信南山》。
〔註28〕《毛詩正義》卷十六《大雅‧大明》。
〔註29〕《毛詩正義》卷十六《大雅‧棫樸》。
〔註30〕《毛詩正義》卷十六《大雅‧皇矣》。
〔註31〕《毛詩正義》卷十六《大雅‧下武》。
〔註32〕《毛詩正義》卷二十《魯頌‧駉》。
〔註33〕《毛詩正義》卷二十《魯頌‧有駜》。

「不能修成王之業」；《大明》《棫樸》《皇矣》之序皆讚頌周文王的功德；《下武》序稱讚周武王有「聖德」；《駉》與《有駜》之序稱頌魯僖公治國有方，遵守禮儀。

還有一種評論則不以《詩序》作者之口說出，而是借某篇創作時之人之口吻講出，如：

《擊鼓》，怨州吁也。衛州吁用兵暴亂，使公孫文仲將而平陳與宋，國人怨其勇而無禮也。〔註34〕

《雄雉》，刺衛宣公也。淫亂不恤國事，軍旅數起，大夫久役，男女怨曠，國人患之，而作是詩。〔註35〕

《牆有茨》，衛人刺其上也。公子頑通乎君母，國人疾之而不可道也。〔註36〕

《鶉之奔奔》，刺衛宣姜也。衛人以為宣姜鶉鵲之不若也。〔註37〕

《無衣》，刺用兵也。秦人刺其君好攻戰，亟用兵，而不與民同欲焉。〔註38〕

《大雅》：

《雲漢》，仍叔美宣王也。宣王承厲王之烈，內有撥亂之志。遇烖而懼，側身修行，欲銷去之。天下喜於王化復行，百姓見憂，故作是詩也。〔註39〕

《崧高》，尹吉甫美宣王也。天下復平，能建國親諸侯，褒賞申伯焉。〔註40〕

《烝民》，尹吉甫美宣王也。任賢使能，周室中興焉。〔註41〕

《江漢》，尹吉甫美宣王也。能興衰撥亂，命召公平淮夷。〔註42〕

〔註34〕《毛詩正義》卷二《邶風・擊鼓》。
〔註35〕《毛詩正義》卷二《邶風・雄雉》。
〔註36〕《毛詩正義》卷三《鄘風・牆有茨》。
〔註37〕《毛詩正義》卷三《鄘風・鶉之奔奔》。
〔註38〕《毛詩正義》卷六《秦風・無衣》。
〔註39〕《毛詩正義》卷十八《大雅・雲漢》。
〔註40〕《毛詩正義》卷十八《大雅・崧高》。
〔註41〕《毛詩正義》卷十八《大雅・烝民》。
〔註42〕《毛詩正義》卷十八《大雅・江漢》。

《常武》，召穆公美宣王也。有常德以立武事，因以為戒然。
〔註43〕

《瞻卬》，凡伯刺幽王大壞也。〔註44〕

《擊鼓》序借稱衛國人怨州吁「勇而無禮」，《雄雉》序借國人之名以「刺」、「患之」等字為衛宣公下定語，《牆有茨》序以衛國國人之口論衛公子頑，《鶉之奔奔》序借「衛人」之口刺宣姜，《無衣》借秦國國人之口表達對秦國國君用兵過度的反感；《雲漢》序借「天下」之口稱頌宣王時「王化復行」；《崧高》《蒸民》《江漢》諸序借尹吉甫之語讚頌周宣王能平定天下，完成周室中興大業；《常武》借召穆公之口贊周宣王「有常德」；《瞻卬》借凡伯之口稱周幽王「大壞」。雖然其論斷借他人口吻說出，然而一來《詩小序》本就未必完全合於各篇創作背景，二來其序文所列觀點亦經作者剪裁，因而大體為作者所贊同的論斷，事實上仍可視作《詩序》作者的觀點。

大體來看，《詩序》因要介紹各詩的背景（雖然常常不合詩旨），因此會有大量敘及史事的內容，其對史事之介紹要遠重於論斷，而其論斷主要集中在評論某諸侯或某天子是明君還是昏君，其統治是治還是亂，並不就史事的因果作更多分析。而且《詩序》中的論斷雜於序文中，只在單獨的句子中表現出來。因此《詩小序》中的史論仍只是史評之萌芽。

2. 齊、魯、韓三家《詩》義

齊、魯、韓三家《詩》序未能完整保留下來，目前僅有輯佚之文。就目前所見內容來看，三家《詩》義相對《毛詩》序而言較少論史，不過仍有個別類似於史論的文字：

《甘棠》魯說：召公之治西方，甚得兆民和。《甘棠》齊說：召公，賢者也。〔註45〕

《大車》魯說：君子謂夫人說於行善，故序之於《詩》。夫義動君子，利動小人，自君夫人不為利動矣……頌曰：楚虜自君，納其適妃。夫人持固，彌久不衰。作詩同穴，思故忘親。遂死不顧，列於賢貞。〔註46〕

〔註43〕《毛詩正義》卷十八《大雅·常武》。
〔註44〕《毛詩正義》卷十八《大雅·瞻卬》。
〔註45〕〔清〕王先謙：《詩三家義集疏》卷二，中華書局，1987年，第84頁。
〔註46〕〔清〕王先謙：《詩三家義集疏》卷四，第329頁。

《鴟鴞》齊說：《鴟鴞》《破斧》，沖人危殆。賴旦忠德，轉禍為福，傾危復立。又曰：……綏德安家，周公勤勞。〔註47〕

《鹿鳴》魯說：仁義陵遲，《鹿鳴》刺焉。〔註48〕

《常棣》韓序：《夫栘》，燕兄弟也，閔管、蔡之失道也。〔註49〕

《伐木》魯說：周德始衰，《伐木》有「鳥鳴」之刺。〔註50〕

《采薇》魯說：懿王之時，王室遂衰，詩人作刺。〔註51〕

《六月》齊說：宣王興師命將，征伐獫狁，詩人美大其功。《六月》魯說：周室既衰，四夷並侵，獫狁最彊，至宣王而伐之，詩人美而頌之曰……〔註52〕

《斯干》魯說：周德既衰而奢侈，宣王賢而中興，更為儉宮室、小寢廟。〔註53〕

《節》（《節南山》）齊說：周室之衰，其卿大夫緩於誼而急於利，亡推讓之風而有爭田之訟……〔註54〕

《時邁》韓說：美成王能奮舒文武之道而行之。〔註55〕

《思文》齊說：周公相成王，王道大洽，制禮作樂，郊祀后稷以配天。〔註56〕

《酌》齊說：周公作《勺》，言能勺先祖之道也。〔註57〕

其中《甘棠》魯、齊二家說皆讚頌召公；《大車》魯說中「君子謂夫人說於行善」及其後面的「頌曰」讚頌息國夫人的品格；《鴟鴞》齊說稱頌周公旦的勤勞；《鹿鳴》魯說指責西周後期「仁義陵遲」；《常棣》韓序稱管叔、蔡叔「失道」；《伐木》魯說稱西周後半期時「周德始衰」；《采薇》魯說論周懿王之施

〔註47〕〔清〕王先謙：《詩三家義集疏》卷十三，第526頁。
〔註48〕〔清〕王先謙：《詩三家義集疏》卷十四，第551頁。
〔註49〕〔清〕王先謙：《詩三家義集疏》卷十四，第562頁。
〔註50〕〔清〕王先謙：《詩三家義集疏》卷十四，第569頁。
〔註51〕〔清〕王先謙：《詩三家義集疏》卷十四，第580頁。
〔註52〕〔清〕王先謙：《詩三家義集疏》卷十六，第607頁。
〔註53〕〔清〕王先謙：《詩三家義集疏》卷十六，第648頁。
〔註54〕〔清〕王先謙：《詩三家義集疏》卷十七，第657頁。
〔註55〕〔清〕王先謙：《詩三家義集疏》卷十七，第657頁。
〔註56〕〔清〕王先謙：《詩三家義集疏》卷二十四，第1012頁。
〔註57〕〔清〕王先謙：《詩三家義集疏》卷二十六，第1055頁。

政；《斯干》魯說一來論及周宣王之前的「衰而奢侈」，另一方面論周宣王之「賢」和統治的「中興」；《節》齊說論及西周末期卿大夫「急於利」的狀況；《六月》齊說與魯說均借作詩者之口表讚美周宣王。《時邁》韓說以作詩者角度讚美周成王；《思文》齊說讚美周公輔佐周成王時「王道大洽」；《酌》（或作《勺》）齊說讚美周公。總體看，齊、魯、韓三家《詩》義在論史方式上與《毛詩》小序沒有什麼區別，只是三家《詩》義與《毛詩》序在介紹各篇主旨、背景等方面有些區別而已。

（三）《尚書》及《書序》

《尚書》篇章多數為記言體，如《盤庚》《洛誥》《酒誥》；要麼是回顧上古之事，如《堯典》；要麼記載其他事項，如《禹貢》記地理。

《尚書》文本多記當時之事，因此議論歷史較少，但仍有一些地方可算作一種史評。如《孟子》引《尚書》逸篇云：

> 書曰：「丕顯哉，文王謨！丕承哉，武王烈！祐啟我後人，咸以
>
> 正無缺。」〔註58〕

此段出自具體哪篇恐已不可考，但大體是後人歌頌周文王和周武王之語。又見《咸有一德》逸文：

> 尹躬先見于西邑夏，自周有終，相亦惟終。〔註59〕

此為伊尹歌頌自己的先祖在夏朝恪盡職守。又如《泰誓》逸文云：

> 文王若日若月，乍照光于四方、于西土。〔註60〕

這很明顯是在歌頌周文王。總體講，《尚書》經文中評論歷史人物，多以歌頌為主，且帶有明顯的子孫後人歌頌先祖的意味。

後世所傳《尚書》每篇皆有短序，以介紹各篇創作背景。《尚書》之《書序》據傳成於孔子，如《史記·三代世表序》云：「孔子因史文次《春秋》，紀元年，正時月日，蓋其詳哉。至於序《尚書》則略，無年月；或頗有，然多闕，不可錄。」〔註61〕雖未必真為孔子所作，但可確定其成於司馬遷之前，

〔註58〕〔清〕焦循：《孟子正義》卷十三《藤文公章句下》，中華書局，2015年，第486頁。

〔註59〕《尚書今古文注疏》引《緇衣》之「尹吉曰」。見〔清〕孫星衍：《尚書今古文注疏》卷三十《書序》上，中華書局，2012年，第571頁。

〔註60〕〔清〕孫詒讓：《墨子閒詁》卷四《兼愛下》第十六，中華書局，2019年，第120頁。

〔註61〕〔漢〕司馬遷：《史記》卷十三《三代世表》，中華書局，2014年，第623頁。

因《史記》多處引用《書序》。〔註62〕《書序》介紹每篇之創作緣由，本非要專門評論歷史，不過在介紹一些篇目時，對一些歷史人物加以簡短論斷，亦可視作一種原始史論。茲舉其論斷語若干：

　　　昔在帝堯，聰明文思，光宅天下。〔註63〕

　　　義、和湎淫，廢時亂日，胤往征之，作《胤征》。〔註64〕

　　　太甲繼立，不明，伊尹放諸桐，三年，復歸于亳，思庸。伊尹

　　作《太甲》三篇。〔註65〕

其僅作「聰明文思，光宅天下」，「湎淫」，「不明」等少數論斷之語來評判某一時代或歷史人物，內容並不算豐富，但因《書序》之作晚於《尚書》諸篇，因此亦算一種史評的雛形，但極不完整，很不成熟。

（四）《春秋左傳》與《國語》之「君子曰」

　　《春秋》僅僅撮敘事件大綱，以字詞之不同來體現褒貶，並不加以議論。《春秋》敘事過於簡單，導致其所敘各事的本末常常不明，因此後世有《春秋左傳》以敘事手法來解釋《春秋》，而《左傳》已近於後世所談的史書。《春秋》的主體部分可能還是史官對事件的原始紀錄，而《左傳》主要以存世文獻與傳說重加編排整理，來敘述舊有之事。《左傳》中有很多論史之語，多以「君子曰」、「君子謂」、「君子以為」、「君子是以知」、「仲尼曰」、「書曰」等開頭，或以「禮也」、「非禮也」、「禮之大者也」等判斷語作結尾。

　　如隱公元年傳中有「君子曰」：

　　　君子曰：「潁考叔，純孝也，愛其母，施及莊公。詩曰：『孝子

　　不匱，永錫爾類』，其是之謂乎！」〔註66〕

又有「書曰」：

　　　書曰：「鄭伯克段于鄢。」段不弟，故不言弟；如二君，故曰克；

　　稱鄭伯，譏失教也：謂之鄭志。不言出奔，難之也。〔註67〕

〔註62〕按，皮錫瑞認為：「蓋《書序》之有今文、古文，猶《詩序》之有今文、古文也。……惟《史記》所載者乃可信耳。」（〔清〕皮錫瑞：《今文尚書考證》卷三十，中華書局，12989年，第481～482頁。）

〔註63〕《尚書正義》卷一《堯典》。

〔註64〕《尚書正義》卷七《胤征》。

〔註65〕《尚書正義》卷八《太甲》。

〔註66〕楊伯峻：《春秋左傳注》隱公元年，中華書局，2016年，第16～17頁。

〔註67〕楊伯峻：《春秋左傳注》隱公元年，第15頁。

可見「君子曰」多就《左傳》中所言之事立論，如隱公元年此段論潁考叔；而「書曰」則闡釋和評論《春秋》經文。「君子曰」還經常會舉《詩經》、古語中語句來作補充，除隱公元年傳之例外，又如隱公三年傳云：

> 君子曰：「宋宣公可謂知人矣。立穆公，其子饗之，命以義夫！
>
> 《商頌》曰：『殷受命咸宜，百祿是荷』，其是之謂乎！」〔註68〕

此處舉《詩經‧商頌》中的句子來作補充。又隱公四年傳中云：

> 君子曰：「石碏，純臣也。惡州吁而厚與焉。『大義滅親』，其是之謂乎！」〔註69〕

此處則舉古語。有些「君子曰」僅有作者之論，如隱公五年傳中云：

> 君子曰：「不備不虞，不可以師。」〔註70〕

除此之外，「君子謂」、「君子以為」、「君子是以知」、「仲尼曰」等性質與「君子曰」類似，如僖公二十八年傳云：

> 君子謂文公「其能刑矣，三罪而民服。《詩》云『惠此中國，以綏四方』，不失賞刑之謂也」〔註71〕

又如文公二年傳云：

> 君子以為失禮：「禮無不順。祀，國之大事也，而逆之，可謂禮乎？子雖齊聖，不先父食久矣。故禹不先鯀，湯不先契，文武不先不窋，宋祖帝乙，鄭祖厲王，猶上祖也。是以《魯頌》曰：『春秋匪解，享祀不忒，皇皇后帝，皇祖后稷。』君子曰『禮』，謂其后稷親而先帝也。《詩》曰：『問我諸姑，遂及伯姊。』君子曰『禮』，謂其姊親而先姑也。」〔註72〕

又如隱公十一年傳云：

> 君子是以知息之將亡也：「不度德，不量力，不親親，不徵辭，不察有罪。犯五不韙，而以伐人，其喪師也，不亦宜乎？」〔註73〕

又昭公二十九年傳中借「仲尼曰」和「蔡史墨」發了二段史論：

> 仲尼曰：「晉其亡乎！失其度矣。夫晉國將守唐叔之所受法度，

〔註68〕楊伯峻：《春秋左傳注》隱公三年，第 32 頁。

〔註69〕楊伯峻：《春秋左傳注》隱公五年，第 41 頁。

〔註70〕楊伯峻：《春秋左傳注》隱公五年，第 49 頁。

〔註71〕楊伯峻：《春秋左傳注》僖公二十八年，第 515 頁。

〔註72〕楊伯峻：《春秋左傳注》文公元年，第 573～574 頁。

〔註73〕楊伯峻：《春秋左傳注》隱公十一年，第 84 頁。

以經緯其民，卿大夫以序守之，民是以能尊其貴，貴是以能守其業。貴賤不愆，所謂度也。文公是以作執秩之官，為被廬之法，以為盟主。今棄是度也，而為刑鼎，民在鼎矣，何以尊貴？貴何業之守？貴賤無序，何以為國？且夫宣子之刑，夷之蒐也，晉國之亂制也，若之何以為法？」蔡史墨曰：「范氏、中行氏其亡乎！中行寅為下卿，而干上令，擅作刑器以為國法，是法奸也。又加范氏焉，易之，亡也。其及趙氏，趙孟與焉。然不得已，若德，可以免。」〔註74〕

可見在《左傳》中已開始有長篇史論，還會輯錄一些其他人的史論。其論斷長短不一，不過多數為短篇。其評論內容以相關人物或史事是否合於禮、義為主，即以道德評判為主。

其他一些史論未以「曰」字打頭，但仍可算是對歷史下論斷，如恒公四年傳云：

四年春正月，公狩于郎，書，時，禮也。〔註75〕

又文公元年傳云：

於是三月，非禮也。先王之正時也，履端於始，舉正於中，歸餘於終。〔註76〕

又襄公元年傳云：

冬，衛子叔、晉知武子來聘，禮也。凡諸侯即位，小國朝之，大國聘焉，以繼好、結信、謀事、補闕，禮之大者也〔註77〕

這些論斷極為簡單，僅論其是否合於禮，更近於《易傳》《詩序》中之簡要論斷。

可見《春秋左傳》中之「君子曰」及其他論斷，主要是關於禮、義的道德判斷，而這也正是《左傳》緊緊依附於經，為經作傳之表現，也可以說是史學與史評尚未從經書中獨立出來的表現。《總目》亦認為：「左氏說經所謂『君子曰』者，往往不甚得經意；然其失也，不過膚淺而已。」〔註78〕《左傳》中的議論內容亦隨意出現，並未像《史記》一樣固定出現在紀傳之末，可見敘事後立論尚未成為定制。其借「君子曰」、「君子謂」、「仲尼曰」等手法來表

〔註74〕楊伯峻：《春秋左傳注》昭公二十九年，第1674～1675頁。

〔註75〕楊伯峻：《春秋左傳注》恒公四年，第109頁。

〔註76〕楊伯峻：《春秋左傳注》文公元年，第558頁。

〔註77〕楊伯峻：《春秋左傳注》襄公元年，第1006頁。

〔註78〕《四庫全書總目》卷三十《經部春秋類小序》。

達對歷史的評論，則開啟了《史記》「太史公曰」之一史論方式。

　　除《左傳》外，《國語》亦有「君子曰」這種史論形式，且全部出現在《晉語》中。如在史蘇對晉獻公以驪姬為夫人，並生奚齊一事的評論後云：

　　　　君子曰：『知難本矣。』」〔註79〕

又論晉獻公十七年里克與晉太子申生的對話云：

　　　　君子曰：「善處父子之間矣。」〔註80〕

晉厲公六年鄢之戰中，在楚共王遣史的回覆後附云：

　　　　君子曰：「勇以知禮。」〔註81〕

對比《左傳》各「君子曰」的內容，可見《國語》的「君子曰」內容更簡潔，所論內容緊密切合前面的會話，而《左傳》的「君子曰」則長短兼有；《國語》的君子曰雖亦重評價人的德行，但不像《左傳》「君子曰」那樣更多地集中於某事是否合於禮。大體而言，《國語》的「君子曰」顯得更簡陋、更原始些。

　　與《春秋》有關的各書中，除了「君子曰」式的史論方式外，《春秋公羊傳》與《春秋穀梁傳》在注解《春秋》的過程中，也會就史事而闡發議論，如魯僖公二十二年宋楚泓之戰的傳文中，《春秋穀梁傳》云：

　　　　《春秋》三十有四戰，未有以尊敗乎卑，以師敗乎人者也。以尊敗乎卑，以師敗乎人，則驕其敵，襄公以師敗乎人，而不驕其敵，何也？責之也。泓之戰，以為復雩之恥也。雩之恥，宋襄公有以自取之：伐齊之喪，執滕子，圍曹，為雩之會，不顧其力之不足而致楚成王，成王怒而執之。故曰：禮人而不答，則反其敬；愛人而不親，則反其仁；治人而不治，則反其知。過而不改，又之，是之謂過。襄公之謂也。古者被甲嬰胄，非以興國也，則以征無道也。豈曰以報其恥哉！〔註82〕

此段議論不僅解釋經文，亦發表對泓之戰的議論，主要譴責宋襄公之「過」，在議論之後方敘述宋楚泓之戰的具體過程。《春秋公羊傳》同樣有對宋楚泓之戰的評論：

　　　　故君子大其不鼓不成列，臨大事而不忘大禮。有君而無臣，以

〔註79〕徐元誥撰，王樹民、沈長雲點校：《國語集解》《晉語一》第七，中華書局，2002 年，第 256 頁。

〔註80〕徐元誥：《國語集解》《晉語一》第七，第 268 頁。

〔註81〕《國語集解》《晉語六》第十二，第 391 頁。

〔註82〕〔晉〕范甯集解，〔唐〕楊士勳疏：《春秋穀梁傳注疏》卷九。

為雖文王之戰，亦不過此也！〔註83〕

《公羊傳》主要藉此議論稱頌宋襄公之舉合於禮節，並將其「禮節」與文王之軍禮相提並論。《公羊傳》《穀梁傳》中的史論與《左傳》《國語》所不同的是，《左傳》《國語》有一些提示詞專門標明此處要發議論，如「君子曰」、「君子是以知」、「君子謂」等等，與後世《史記》及其他史書中的論贊體例有相似之處；而《公羊傳》《穀梁傳》中的史論則沒有專門的提示，議論多雜於對《春秋》經義的解釋與闡發之中。甚至如上面所舉《穀梁傳》中的例子，具體事件的描述是為了佐證這段議論，而非像後世論贊一樣多附於史書正文之後。若與後世的史論相比較，「君子曰」更接近於就事論事型史論，《公羊傳》《穀梁傳》中的議論更接近於借史事來發揮觀點的史論。

（五）《禮記》與《大戴禮記》

《禮記》中有些內容闡發、解釋《儀禮》，也有些內容只是闡發儒家思想而已，這部分闡釋儒家思想的內容更接近諸子之學。而《禮記》中闡發儒家思想的內容中，有些會涉及對歷史人物、朝代等的評論，尤其是對上古聖人的評論，並藉此來表明三代之治合於禮。如《中庸》篇論舜：

子曰：「舜其大知也與！舜好問而好察邇言，隱惡而揚善，執其兩端，而其中於民，其斯以為舜乎？」〔註84〕

又如《表記》篇論舜：

子言之曰：「後世雖有作者，虞帝弗可及也矣。君天下，生無私，私不厚其子，子民如父母，有忠利之教，親而尊，安而敬，威而愛，富而有禮，惠而能散；其君子尊仁畏義，恥費輕實，忠而不犯，義而順，文而靜，寬而有辨。《甫刑》曰：『德威惟威，德明惟明。』非虞帝，其孰能如此乎？」〔註85〕

此兩處皆稱頌帝舜的偉大，與《尚書》和《書序》的史論內容有相似之處。又如《中庸》篇論周武王和周公：

子曰：「武王、周公，其達孝矣乎！夫孝者，善繼人之志，善述人之事者也。春秋修其祖廟，陳其宗器，設其裳衣，薦其時食……踐其位，行其禮，奏其樂，敬其所尊，愛其所親，事死如事生，事

〔註83〕〔漢〕何休注，〔唐〕徐彥疏：《春秋公羊傳注疏》卷十二。
〔註84〕〔漢〕鄭玄注，〔唐〕孔穎達正義：《禮記正義》卷六十《中庸》第三十一。
〔註85〕《禮記正義》卷六十二《表記》第三十二。

　　亡如事存，教之至也。郊社之禮，所以事上帝也。宗廟之禮，所以

　　祀乎其先也。明乎郊社之禮、禘嘗之義，治國如示諸掌乎？」〔註86〕

其中既有議論，也列舉周武王和周公的施政措施，同時還藉此說明了什麼是
「孝」。

　　除《小戴禮記》外，《大戴禮記》中同樣有歌頌聖人的文字，且風格與《禮
記》相似，如《五帝德》篇論帝堯：

　　宰我曰：「請問帝堯。」孔子曰：「高辛之子也，曰放勳。其仁

　　如天，其知如神。就之如日，望之如雲。富而不驕，貴而不豫……

　　其言不貳，其德不回，四海之內，舟輿所至，莫不說夷。」〔註87〕

其論述同樣是先稱頌某一人物，再舉治理成就來加以說明。且無論《小戴禮
記》還是《大戴禮記》，其史評主要都是借孔子的口吻來歌頌五帝與商周的聖
人，以展現儒家的政治理想。

二、先秦諸子著作中史評之發展

　　先秦諸子之著作，往往需要借助史事來闡發觀點，且諸子著作往往直接
表明各學派見解，這其中也往往包括對歷史的看法。因先秦諸子著作繁多，
因此在此僅舉個別例子來說明子部著作中史評之興起。

（一）儒家

　　《論語》內容多數為孔子及其弟子的語錄，其中多有他們互相答問之間
對史事的看法。其中最突出者為對三代的讚美，如《泰伯》篇稱頌堯、舜：

　　子曰：「大哉！堯之為君也。巍巍乎！唯天為大，唯堯則之。蕩

　　蕩乎！民無能名焉。巍巍乎其有成功也！煥乎其有文章！」〔註88〕

　　舜有臣五人而天下治。武王曰：「予有亂臣十人。」孔子曰：「才

　　難，不其然乎？唐、虞之際，於斯為盛。有婦人焉，九人而已。三

　　分天下有其二，以服事殷。周之德，其可謂至德也已矣。」〔註89〕

除堯、舜外，《論語》中也歌頌其他一些聖賢之士，如三讓天子之位的吳泰伯：

〔註86〕《禮記正義》卷六十《中庸》第三十一。

〔註87〕〔清〕孔廣森撰，王豐先點校：《大戴禮記補注》卷七《五帝德》第六十二，
　　　　中華書局，2013年，第131～132頁。

〔註88〕〔清〕程樹德撰，程俊英、蔣見元點校：《論語集釋》卷十六《泰伯下》，中
　　　　華書局，2016年，第708～710頁。

〔註89〕〔清〕程樹德撰：《論語集釋》卷十六《泰伯下》，第712～721頁。

> 子曰：「泰伯，其可謂至德也已矣。三以天下讓，民無得而稱
> 焉。」〔註90〕

這些歷史人物評論多集中在對人物德行的評論上，與《左傳》《國語》中的「君子曰」頗為相近。

《論語》中除議論聖賢外，也議論其他人物，這其中以對管仲的評論較為典型。如《八佾》篇貶抑管仲不知禮：

> 「然則管仲知禮乎？」曰：「邦君樹塞門，管氏亦樹塞門。邦君
> 為兩君之好，有反坫，管氏亦有反坫。管氏而知禮，孰不知禮？」
> 〔註91〕

又有與子路、子貢論管仲是否為仁者，如《憲問》篇兩章云：

> 子路曰：「桓公殺公子糾，召忽死之，管仲不死。」曰：「未仁
> 乎？」子曰：「桓公九合諸侯，不以兵車，管仲之力也。如其仁，如
> 其仁。」〔註92〕

> 子貢曰：「管仲非仁者與？桓公殺公子糾，不能死，又相之。」
> 子曰：「管仲相桓公，霸諸侯，一匡天下，民到于今受其賜。微管仲，
> 吾其被髮左衽矣。豈若匹夫匹婦之為諒也？自經於溝瀆而莫之知
> 也。」〔註93〕

其中亦表明孔子的態度，即不以「兵車」而以和平手段合諸侯，是「仁」的表現；抵禦山戎等部族，保護華夏各諸侯國的生產、生活與文化，也是「仁」的表現。

《孟子》中也多有史論，《孟子》中有些泛論歷史趨勢，如《藤文公》篇云：

> 天下之生，久矣一治一亂。〔註94〕

其下又概舉自堯舜至戰國的歷史演變，以說明歷史是如何「一治一亂」的。當然其目的不在總結歷史，而是說明當時已是極亂之世，那麼接下來便當有治世出現。這也算是一種歷史循環論。

〔註90〕〔清〕程樹德撰：《論語集釋》卷十五《泰伯上》，第 654 頁。
〔註91〕〔清〕程樹德撰：《論語集釋》卷六《八佾下》，第 275 頁。
〔註92〕〔清〕程樹德撰：《論語集釋》卷二十九《憲問中》，第 1265～1266 頁。
〔註93〕〔清〕程樹德撰：《論語集釋》卷二十九《憲問中》，第 1276～1279 頁。
〔註94〕〔清〕焦循撰，沈文倬點校：《孟子正義》卷十三《藤文公章句下》，中華書
　　　　局，2015 年，第 481 頁。

　　與《論語》中多感歎之語，僅作簡短評論不同，《孟子》論史有些有長篇論述。如《萬章》篇中論禹未禪讓而傳位給啟，是否是「德衰」：

　　　　萬章問曰：「人有言，至於禹而德衰，不傳於賢而傳於子，有
　　諸？」孟子曰：「否，不然也。天與賢則與賢，天與子則與子……舜
　　禹益相去久遠，其子之賢不肖，皆天也，非人之所能為也。莫之為
　　而為者，天也。莫之致而至者，命也。匹夫而有天下者，德必若舜
　　禹，而又有天子薦之者。故仲尼不有天下。繼世以有天下。天之所
　　廢，必若桀、紂者也。故益、伊尹、周公不有天下……〔註95〕

此處以天命觀來解釋啟繼承禹的王位，繼承制取代禪讓制的歷史演變。又如
其論伯夷與伊尹：

　　　　曰：「伯夷、伊尹何如？」曰：「不同道。非其君不事，非其民不
　　使，治則進，亂則退，伯夷也。何事非君，何使非民，治亦進，亂亦
　　進，伊尹也。可以仕則仕，可以止則止，可以久則久，可以速則速，
　　孔子也。皆古聖人也，吾未能有行焉。乃所願，則學孔子也。」〔註96〕

其實是借伯夷、伊尹、孔子三種人來說明人當如何在治世、亂世中進退自處，
且表明自己願依孔子之道。這種聖賢之比較在《孟子》其他地方也能見到，
如《萬章》篇中比較伯夷、伊尹、柳下惠、孔子數人：

　　　　孟子曰：「伯夷，聖之清者也；伊尹，聖之任者也；柳下惠，聖
　　之和者也；孔子，聖之時者也。孔子之謂集大成。集大成也者，金聲
　　而玉振之也。金聲也者，始條理也；玉振之也者，終條理也。始條理
　　者，智之事也。終條理者，聖之事也。智，譬則巧也。聖，譬則力也。
　　由射於百步之外也，其至，爾力也，其中，非爾力也。」〔註97〕

此處的比較與評論可與上條所引相對照，作者亦藉此來表明自己的志向。

　　除論聖賢之外，《孟子》中也會論及其他人物，如《離婁》篇論后羿：

　　　　逢蒙學射於羿，盡羿之道，思天下惟羿為愈己，於是殺羿。」
　　孟子曰：「是亦羿有罪焉。」公明儀曰：「宜若無罪焉。」曰：「薄乎
　　云爾，惡得無罪？……」〔註98〕

〔註95〕〔清〕焦循：《孟子正義》卷十九《萬章章句上》，第697～700頁。
〔註96〕〔清〕焦循：《孟子正義》卷六《公孫丑章句下》，第232～233頁。
〔註97〕〔清〕焦循：《孟子正義》卷二十《萬章章句下》，第723～724頁。
〔註98〕〔清〕焦循：《孟子正義》卷十七《離婁章句下》，第624～625頁。

此段後面舉衛國的庾公之斯不忍用射術傷害自己老師尹公之他的老師——鄭國子濯孺子的故事來舉證，說明問題出在羿自己品格不正，則擇人亦不善。

總體來看，《論語》和《孟子》的史論多自語錄體而出，一般是與其他人論辯時來發表自己對歷史人物的看法與評論。至《荀子》，則這種語錄體僅僅保留一種問答形式而已，有些評論甚至不需要借語錄體來表達。可單列出來的，如《榮辱》篇中所言：

> 堯禹者，非生而具者也。夫起於變故，成乎修修之為，待盡而後備者也。〔註99〕

雖舉堯、禹二人，實際上是泛指聖人。《荀子》中其他的史論則多是設問再回答的模式。如《正論》篇多處出現的設問是「世俗之為說者曰」，其實未必當時世俗就普遍那樣認為，只算是引出一個論點，再加以反駁而已。如：

> 世俗之為說者曰：「桀、紂有天下，湯、武篡而奪之。」是不然。以桀、紂為常有天下之籍則然，親有天下之籍則不然，天下謂在桀、紂則不然。古者天子千官，諸侯百官。以是千官也，令行於諸夏之國，謂之王。以是百官也，令行於境內，國雖不安，不至於廢易遂亡，謂之君。聖王之子也，有天下之後也，埶籍之所在也，天下之宗室也，然而不材不中，內則百姓疾之，外則諸侯叛之，近者境內不一，遠者諸侯不聽，令不行於境內，甚者諸侯侵削之，攻伐之。若是，則雖未亡，吾謂之無天下矣。聖王沒，有埶籍者罷不足以縣天下，天下無君；諸侯有能德明威積，海內之民莫不願得以為君師；然而暴國獨侈，安能誅之，必不傷害無罪之民，誅暴國之君若誅獨夫。若是，則可謂能用天下矣。能用天下之謂王。湯、武非取天下也，修其道，行其義，興天下之同利，除天下之同害，而天下歸之也。桀紂非去天下也，反禹、湯之德，亂禮義之分，禽獸之行，積其凶，全其惡，而天下去之也。天下歸之之謂王，天下去之之謂亡。故桀、紂無天下，湯、武不弒君，由此傚之也。湯、武者，民之父母也；桀紂者、民之怨賊也。今世俗之為說者，以桀、紂為君，而以湯、武為弒，然則是誅民之父母，而師民之怨賊也，不祥莫大焉。……國者，小人可以有之，然而未必不亡也；天下者，至大也，

〔註99〕〔清〕王先謙撰，沈嘯寰、王星賢點校：《荀子集解》卷四《榮辱》，中華書局，2013年，第74頁。

非聖人莫之能有也。〔註100〕

此處主要反駁湯、武篡位之論，其實主要是表達作者自己的觀點，即如果某王被百姓厭惡，在諸侯前無威望，那麼就已經失去了天下，而其他能得到百姓支持的人獲得了天下，就在情理之中了。此處湯、武、桀、紂只是引子而已。又如論堯、舜非擅讓：

> 世俗之為說者曰：「堯、舜擅讓。」是不然。天子者，埶位至尊，無敵於天下，夫有誰與讓矣？道德純備，智惠甚明，南面而聽天下，生民之屬莫不振動從服以化順之，天下無隱士，無遺善，同焉者是也，異焉者非也，夫有惡擅天下矣？曰：「死而擅之。」是又不然。聖王在上，圖德而定次，量能而授官，皆使民載其事而各得其宜，不能以義制利，不能以偽飾性，則兼以為民。聖王已沒，天下無聖，則固莫足以擅天下矣。天下有聖而在後者，則天下不離，朝不易位，國不更制，天下厭焉與鄉無以異也，以堯繼堯，夫又何變之有矣？聖不在後子而在三公，則天下如歸猶復而振之矣，天下厭然與鄉無以異也，以堯繼堯，夫又何變之有矣？唯其徙朝改制為難。故天子生則天下一隆，致順而治，論德而定次；死則能任天下者必有之矣。夫禮義之分盡矣，擅讓惡用矣哉？……〔註101〕

此處同樣是以堯、舜為引子，表明儒家對天子承繼制度的一種看法，即其得位不是來自於上一任天子（即「擅讓」），而是因為繼任者是聖人，能盡禮義之分而已。《荀子》其他地方的史論有一些並不設一問題來反駁，而同《論語》《孟子》中常見的一樣，只是解答問題而已，如《仲尼》篇論齊恒公：

> 仲尼之門人，五尺之賢子言羞稱乎五伯。是何也？曰：然。彼誠可羞稱也。齊桓，五伯之盛者也，前事則殺兄而爭國，內行則姑姊妹之不嫁者七人，閨門之內，般樂奢汰，以齊之分奉之而不足；外事則詐邾，襲莒，並國三十五，其事行也若是其險污淫汰也，固曷足稱乎大君子之門哉！若是而不亡，乃霸，何也？曰：於乎！夫齊桓公有天下之大節焉，夫孰能亡之？俔然見管仲之能足以託國也，是天下之大知也。安忘其怒，出忘其讎，遂立以為仲父，是天下之大決也。立以為仲父而貴戚莫之敢妒也；與之高、國之位，而

〔註100〕〔清〕王先謙：《荀子集解》卷十二《正論》篇第十八，第380～385頁。
〔註101〕〔清〕王先謙：《荀子集解》卷十二《正論》篇第十八，第391～393頁。

> 本朝之臣莫之敢惡也；與之書社三百，而富人莫之敢距也。貴賤長
> 少，秩秩焉莫不從桓公而貴敬之，是天下之大節也。諸侯有一節如
> 是，則莫之能亡也；桓公兼此數節者而盡有之，夫又何可亡也？其
> 霸也宜哉！非幸也，數也。……〔註102〕

其論述其實與孔子對管仲的評論有類似之處，即指出齊恒公不合於禮、德之
處，又指出其能興霸業的原因，在於有「天下之大節」、「大知」、「大決」，大
體不主張棄功業而不顧。

（二）道家

先秦道家經典中涉及史論者，以《莊子》內容最為豐富，不過在探討《莊
子》的史論時，亦需要小心，因其中多有用歷史人物編排寓言的內容。不過
大體上，《莊子》中可確證的史論也是主要以道家觀點論史而已，如《人間世》
篇論歷史上關龍逢、比干「求名」，叢枝、胥敖、有扈「求實」而皆遭噩運的
事情：

> 且昔者桀殺關龍逢，紂殺王子比干，是皆修其身以下傴拊人之
> 民，以下拂其上者也，故其君因其修以擠之。是好名者也。昔者堯
> 攻叢枝、胥敖，禹攻有扈，國為虛厲，身為刑戮，其用兵不止，其
> 求實無已。是皆求名實者也，而獨不聞之乎？名實者，聖人之所不
> 能勝也，而況若乎！〔註103〕

此說明人不當求虛名，不然遇亂世暴君而遭打壓；亦不當過於追求實利，不
然遇聖人而同樣無好下場。即指明人當儘量追求一種無名無實的生活。但《莊
子》其實對當時所稱道的「聖人」也多有指謫，如《在宥》篇云：

> 昔堯之治天下也，使天下欣欣焉人樂其性，是不恬也；桀之治
> 天下也，使天下瘁瘁焉人苦其性，是不愉也。夫不恬不愉，非德也。
> 非德也而可長久者，天下無之。〔註104〕

此處認為堯治理下人們過於歡快，或是桀治理下人們過於困苦，都不是自然
常態，因此論此事，主要是為了追求一種又恬又愉的持久狀態，這正好與儒
家支持堯舜天下大治的想法有差異。

〔註102〕〔清〕王先謙：《荀子集解》卷十二《仲尼》篇第七，第124～126頁。
〔註103〕〔清〕郭慶藩撰，王孝漁點校：《莊子集釋》卷二中《人間世》第四，中華
　　　　書局，2012年，第145頁。
〔註104〕〔清〕郭慶藩撰：《莊子集釋》卷四下《在宥》第十一，第374頁。

　　《莊子》中也有一些史論是在編排的故事中，借其他人的口吻表述出來的，尤其是借老子回答孔子的口吻，如《天運》篇中有云：

　　　　老聃曰：「小子少進！子何以謂不同？」對曰：「堯授舜，舜授禹，禹用力而湯用兵，文王順紂而不敢逆，武王逆紂而不肯順，故曰不同。」老聃曰：「小子少進。余語汝三皇五帝之治天下。黃帝之治天下，使民心一，民有其親死不哭而民不非也。堯之治天下，使民心親，民有為其親殺其殺而民不非也。舜之治天下，使民心競，民孕婦十月生子，子生五月而能言，不至乎孩而始誰，則人始有夭矣。禹之治天下，使民心變，人有心而兵有順，殺盜非殺，人自為種而天下耳，是以天下大駭，儒墨皆起。其作始有倫，而今乎婦女何言哉！余語汝，三皇五帝之治天下，名曰治之，而亂莫甚焉。三皇之知，上悖日月之明，下睽山川之精，中墮四時之施。其知憯於蠣蠆之尾，鮮規之獸，莫得安其性命之情者，而猶自以為聖人，不可恥乎，其無恥也？」〔註105〕

此處稱五帝的治世並非能讓民得到真正的益處，其大治意味著大亂；其實是藉此說明儒家主要的天下大治只會是更嚴重的天下大亂。又有一些則與儒家經典中常見的語錄式對話更相似，如《盜跖》中的兩段：

　　　　子張曰：「昔者桀紂貴為天子，富有天下，今謂臧聚曰，汝行如桀紂，則有怍色，有不服之心者，小人所賤也。仲尼、墨翟窮為匹夫，今謂宰相曰，子行如仲尼、墨翟，則變容易色稱不足者，士誠貴也。故勢為天子，未必貴也；窮為匹夫，未必賤也；貴賤之分，在行之美惡。」滿苟得曰：「小盜者拘，大盜者為諸侯，諸侯之門，義士存焉。昔者桓公小白殺兄入嫂而管仲為臣，田成子常殺君竊國而孔子受幣。論則賤之，行則下之，則是言行之情悖戰於胸中也，不亦拂乎！故書曰：『孰惡孰美？成者為首，不成者為尾。』」

　　　　子張曰：「子不為行，即將疏戚無倫，貴賤無義，長幼無序；五紀六位，將何以為別乎？」滿苟得曰：「堯殺長子，舜流母弟，疏戚有倫乎？湯放桀，武王殺紂，貴賤有義乎？王季為適，周公殺兄，長幼有序乎？儒者偽辭，墨者兼愛，五紀六位將有別乎？」〔註106〕

〔註105〕〔清〕郭慶藩撰：《莊子集釋》卷五下《天運》第十四，第528～529頁。
〔註106〕〔清〕郭慶藩撰：《莊子集釋》卷九下《盜跖》第二十九，第996～999頁。

此二段借「子張子」來問歷史問題，借「滿苟得」的口吻來回答並評論，主要
目的是攻駁儒、墨兩家。在第一段中，滿苟得的話與「彼竊鉤者誅，竊國者為
諸侯」（《胠篋》）意思相同。第二段則指堯、舜、武王、周公這些聖人都有劣
跡，其仁義皆為偽辭。可見在道家《莊子》中，史論亦緊緊圍繞要闡發的觀點
而作。

（三）墨家

墨家最重要的著作為《墨子》。《墨子》主要為墨子與他人論辯之語，其
中也經常要借史事作為自己的論據，在論述中發表對史事的評判與見解。如
《三辯》篇云：

> 程繁問於子墨子曰：「夫子曰『聖王不為樂。』昔諸侯倦於聽治，
> 息於鍾鼓之樂；士大夫倦於聽治，息於竽瑟之樂；農夫春耕夏耘，
> 秋斂冬藏，息於聆缶之樂。今夫子曰『聖王不為樂』，此譬之猶馬駕
> 而不稅，弓張而不弛，無乃非有血氣者之所不能至邪？」子墨子曰：
> 「昔者堯舜有茅茨者，且以為禮，且以為樂；湯放桀於大水，環天
> 下自立以為王，事成功立，無大後患，因先王之樂，又自作樂，命
> 曰《護》，又修《九招》；武王勝殷殺紂，環天下自立以為王，事成
> 功立，無大後患，因先王之樂，又自作樂，命曰《象》；周成王因先
> 王之樂，又自作樂，命曰《騶虞》。周成王之治天下也，不若武王，
> 武王之治天下也，不若成湯，成湯之治天下也，不若堯舜，故其樂
> 逾繁者，其治逾寡。自此觀之，樂非所以治天下也。」〔註107〕

墨子在其中表達的觀點，即後世「樂」越來越複雜，而治道卻是後世不如前
世，在此過程中自然要評價堯舜、商湯、周武王、周成王的治道。

《墨子》同儒家一樣推崇堯、舜、禹、湯、文、武之道，並認為他們的治
理重在能「尚賢」，如《尚賢》篇云：

> 然昔吾所以貴堯舜禹湯文武之道者，何故以哉？以其唯毋臨眾
> 發政而治民，使天下之為善者可而勸也，為暴者可而沮也，然則此
> 尚賢者也，與堯舜禹湯文武之道同矣。〔註108〕

〔註107〕〔清〕孫詒讓撰，孫啟治點校：《墨子閒詁》卷一《三辯》第七，中華書局，
　　　　2001年，第38～42頁。

〔註108〕〔清〕孫詒讓：《墨子閒詁》卷二《尚賢下》第十，中華書局，2001年，第
　　　　66頁。

此處其實不過借堯、舜、禹、湯、文、武的治道來證明「尚賢」主張的合理性。《墨子》中以同樣的手法來論述「兼愛」，如《兼愛》篇云：

> 今若夫兼相愛，交相利，此自先聖六王者親行之。何知先聖六王之親行之也？子墨子曰：吾非與之並世同時，親聞其聲，見其色也。以其所書於竹帛，鏤於金石，琢於槃盂，傳遺後世子孫者知之。《泰誓》曰：「文王若日若月乍照，光于四方，于西土。」即此言文王之兼愛天下之博大也，譬之日月兼照天下之無有私也，即此文王兼也，雖子墨子之所謂兼者，於文王取法焉。
>
> 且不惟《泰誓》為然，雖《禹誓》即亦猶是也。禹曰：「濟濟有眾，咸聽朕言，非惟小子敢行稱亂，蠢茲有苗，用天之罰，若予既率爾群對諸群以征有苗。」禹之征有苗也，非以求以重富貴、干福祿、樂耳目也，以求興天下之利，除天下之害，即此禹兼也。雖子墨子之所謂兼者，於禹求焉。〔註109〕

此處也是先設問再回答的模式來議論，並引用《尚書》的文句作為論據。其中第二段對禹的評論較詳備，但仍帶有很強的子學橫議色彩，所以末尾會有「雖子墨子之所謂兼者，於禹求焉」之語。

（四）法家

《韓非子》為法家重要著作，其中列有大量寓言，也大量引用歷史為論據。其中有的內容是在議論文章中有所提及，如《五蠹》篇云：

> 上古之世，人民少而禽獸眾，人民不勝禽獸蟲蛇；有聖人作，構木為巢，以避群害，而民說之，使王天下號曰有巢氏。民食果蓏蚌蛤，腥臊惡臭而傷害腹胃，民多疾病；有聖人作，鑽燧取火，以化腥臊，而民說之，使王天下，號之曰燧人氏。中古之世，天下大水，而鯀、禹決瀆。近古之世，桀、紂暴亂，而湯、武征伐。今有構木鑽燧於夏后氏之世者，必為鯀、禹笑矣。有決瀆於殷、周之世者，必為湯、武笑矣。然則今有美堯、舜、湯、武、禹之道於當今之世者，必為新聖笑矣。是以聖人不期修古，不法常可，論世之事，因為之備。〔註110〕

〔註109〕〔清〕孫詒讓：《墨子閒詁》卷四《兼愛下》第十六，中華書局，2001年，第119～121頁。

〔註110〕〔清〕王先慎撰，鍾哲點校：《韓非子集解》卷十九《五蠹》第四十九，中華書局，2017年，第483～484頁。

此處綜論從上古構木為巢到近世的歷史概況，以說明歷史不斷向前演進，今世之人不應去崇古。這裡表達的是對歷史發展大勢的一種總看法，後世仍見這種古今孰優孰劣的議論。

除了這種文章中包含的史論外，還有的一篇專論一史。如《難一》中有一篇論晉文公行賞之事：

> 晉文公將與楚人戰，召舅犯問之，曰：「吾將與楚人戰，彼眾我寡，為之奈何？」舅犯曰：「臣聞之，繁禮君子不厭忠信，戰陣之間不厭詐偽。君其詐之而已矣。」文公辭舅犯，因召雍季而問之，曰：「我將與楚人戰，彼眾我寡，為之奈何？」雍季對曰：「焚林而田，偷取多獸，後必無獸；以詐遇民，偷取一時，後必無復。」公曰：「善。」辭雍季，以舅犯之謀與楚人戰以敗之。歸而行爵，先雍季而後舅犯。群臣曰：「城濮之事，舅犯謀也。夫用其言而後其身，可乎？」文公曰：「此非君所知也。夫舅犯言一時之權也，雍季言萬世之利也。」仲尼聞之，曰：「文公之霸也宜哉！既知一時之權，又知萬世之利。」

> 或曰：雍季之對，不當文公之問。凡對問者有因，因小大緩急而對也。所問高大而對以卑狹，則明主弗受也。今文公問以少遇眾，而對曰「後必無復」，此非所以應也。且文公不知一時之權，又不知萬世之利。戰而勝，則國安而身定，兵強而威立，雖有後復，莫大於此，萬世之利，奚患不至？戰而不勝，則國亡兵弱，身死名息，拔拂今日之死不及，安暇待萬世之利？待萬世之利在今日之勝；今日之勝在詐於敵；詐敵，萬世之利而已。故曰：「雍季之對，不當文公之問。」且文公又不知舅犯之言。舅犯所謂「不厭詐偽」者，不謂詐其民，謂詐其敵也。敵者，所伐之國也，後雖無復，何傷哉？文公之所以先雍季者，以其功耶？則所以勝楚破軍者，舅犯之謀也；以其善言耶？則雍季乃道其後之無復也，此未有善言也。舅犯則以兼之矣。舅犯曰：「繁禮君子，不厭忠信」者，忠所以愛其下也；信所以不欺其民也。夫既以愛而不欺矣，言孰善於此？然必曰出於詐偽者，軍旅之計也。舅犯前有善言，後有戰勝，故舅犯有二功而後論，雍季無一焉而先賞。「文公之霸，不亦宜乎？」仲尼不知善賞也。〔註111〕

〔註111〕〔清〕王先慎：《韓非子集解》卷十五《難一》第三十六，第377～379頁。

晉文公問舅犯與雍季之事，不見其他典籍記載，《史記》亦未採納，因此此事是否有切實的根據尚不可考，也有可能是韓非子為與儒家論辯而編造的一個故事。在此假設當時真有這樣的傳言，韓非子也確實是要做出一定歷史評論，那麼韓非子關注的重點也不是真的去評論這段史事，而是闡明自己的法家立場，反駁儒家的功義之辨，即在韓非子看來，創立了功業，才有資格談行德義的事情，他是在這個角度上將兩者統一起來的。

　　總體來看，子部著作為了能闡明主張，與其他流派辯論，而需要對歷史人物或事件作出自己的評論。因此這些子部著作中的史論是以論為核心，而非以史為核心，為此甚至時常會編造歷史寓言。與經部著作中史評的濫觴相比，子部著作中的個別史論要更加有條理，論點更加鮮明，內容也相對更加複雜。子部中的史論對後世中國史評的特點有較深的影響。

三、《史記》之「太史公曰」

　　至司馬遷著《史記》，則於本紀、世家、列傳之後均撰「太史公曰」，如《史通・論贊》云：「司馬遷始限以篇終，各書一論。非理有非要，則強生其文，史論之煩，實萌於此。」〔註112〕（劉知幾不太喜歡論贊。）其內容多種多樣，或評論史事，或對正文未及內容加以補充，或對一些疑點加以考證，大體上史論與史考兩種內容皆備於其中。

　　其中作補充與考證者如《夏本紀》之「太史公曰」：

> 禹為姒姓，其後分封，用國為姓，故有夏后氏、有扈氏、有男氏、斟尋氏、彤城氏、褒氏、費氏、杞氏、繒氏、辛氏、冥氏、斟戈氏。孔子正夏時，學者多傳《夏小正》云。自虞、夏時，貢賦備矣。或言禹會諸侯江南，計功而崩，因葬焉，命曰會稽。會稽者，會計也。〔註113〕

《夏本紀》正文中未提夏族姓氏情況，於此處作補充；又補充《夏小正》創作狀況；此外還考證「會稽」地名之由來。《史通》對此種論贊評價較高：「如太史公曰：觀張良貌如美婦人；項羽重瞳，豈舜苗裔。此則別加他語，以補書中，所謂事無重出者也。」〔註114〕可見《史通》已注意到《史記》「太史公曰」

〔註112〕〔唐〕劉知幾著，〔清〕浦起龍通釋：《史通通釋》卷四，上海古籍出版社，2009 年，第 75 頁。
〔註113〕〔漢〕司馬遷：《史記》卷二，中華書局，2014 年，第 109～110 頁。
〔註114〕《史通通釋》卷四，第 76 頁。

的補充、考證之處。

作評論者如《伍子胥列傳》之「太史公曰」：

> 怨毒之於人甚矣哉！王者尚不能行之於臣下，況同列乎！向
> 令伍子胥從奢俱死，何異螻蟻。棄小義，雪大恥，名垂於後世。悲
> 夫！方子胥窘於江上，道乞食，志豈嘗須臾忘郢邪？故隱忍就功
> 名，非烈丈夫孰能致此哉？白公如不自立為君者，其功謀亦不可勝道
> 者哉！〔註115〕

此段純發議論，多個人感歎之語；所論之事已於《伍子胥列傳》正文中敘及，
而無補充與考證之語，與後世史論並無差別。《史通》對此評價較低：「其擬
《春秋》以成史，持論尤宜闊略。其有本無疑事，輒設論以裁之，此皆私徇筆
端，苟衒文采，嘉辭美句，寄諸簡冊，豈知史書之大體，裁削之指歸者哉？」
〔註116〕此處專就「太史公曰」中之史論而言。

這種文末加「太史公曰」的文體可能還受到漢初史論文章之影響，如《秦
始皇本紀》之「太史公曰」大段引用賈誼《過秦論》原文，可見司馬遷亦將賈
誼《過秦論》與「太史公曰」看作相同或相近的一種文體。大體自《史記》
起，史評作為一種史學體裁已成型，且成為後世眾多史書的規範，只是此時
史評尚不獨立成書而已。

四、其他史書之論贊

《史記》之後的史書多立論贊。《史通·論贊》中列舉如下：

> 既而班固曰贊，荀悅曰論，東觀曰序，謝承曰詮，陳壽曰評，
> 王隱曰議，何法盛曰述，揚雄曰譔，劉昞曰奏，袁宏、裴子野自顯
> 姓名，皇甫謐、葛洪列其所號。史官所撰，通稱史臣。其名萬殊，
> 其義一揆。必取便於時者，則總歸論贊焉。〔註117〕

此段論述所提到的很多史書今已散佚，不過足見自《史記》開始，史書中作
論贊已成風尚。其中《漢書》首先繼踵《史記》作論贊，其用語為「贊曰」，
就某帝紀或某列傳中內容立論，茲舉《趙充國辛慶忌傳》中「贊曰」來說明
《漢書》「贊曰」的結構：

〔註115〕《史記》卷六十六，第 2654 頁。
〔註116〕《史通通釋》卷四，第 75～76 頁。
〔註117〕《史通通釋》卷四，第 75 頁。

　　秦漢已來，山東出相，山西出將。秦將軍白起，郿人；王翦，
頻陽人。漢興，郁郅王圍、甘延壽，義渠公孫賀、傅介子，成紀李
廣、李蔡，杜陵蘇建、蘇武，上邽上官桀、趙充國，襄武廉褒，狄
道辛武賢、慶忌，皆以勇武顯聞。蘇、辛父子著節，此其可稱列者
也。其餘不可勝數。何則？山西天水、隴西、安定、北地處勢迫近
羌胡，民俗修習戰備，高上勇力鞍馬騎射。故《秦詩》曰：「王于興
師，修我甲兵，與子偕行。」其風聲氣俗自古而然，今之歌謠慷慨，
風流猶存耳。〔註118〕

此處所論已從趙充國、辛慶忌二人擴散開來，論及「山東出相，山西出將」這
一歷史現象，並藉此論及「山西」的局勢與風俗間的關係。大體而言有明確
論點，有論據，且稍有考證，與後世史評類書籍中的史評單篇大體無差別，
只是仍舊依附於史書之中，未獨立成書。

　　除紀傳體史書外，漢代的編年體史書中也有論贊，只是因編年體不似紀
傳體一樣每卷單獨成篇，因此其史論不列於卷末，而是因事立論。如荀悅《漢
紀》即有論贊，且其論贊篇幅經常較長。如《孝文皇帝紀》二年「詔開籍田」
一事論之曰：

　　先王立政，以制為本。三正五行，服色曆數。承天之制，經國
序民。列官布職，疆理品類。辯方定物，人倫之度。自上已下，降
殺有序。上有常制則政不頗，下有常制則民不二；官無淫度則事不
悖，豈無淫制則業不廢。貴不專寵，富不獨奢，民雖各財無所用之。
故世俗易足而情不濫，奸宄不興，禍亂不作。此先王所以綱紀天下，
統成大業，立德興功，為政之德也。故曰：謹權量，審法度，修廢
官，四方之政行矣。〔註119〕

其所論並不依史事展開，若非列於一部史書之中，單獨讀到此段文字還會讓
人以為作者只是發表一段政論而已。此為史書中較早開闢史論即政論之風者。
胡寶國將荀悅的史論分為三種類型：「第一種類型是對某些歷史事件、歷史人
物加以褒貶評判，第二種類型是就是漢代政治、經濟制度的具體問題發表評
論，第三種是提出若干命題……然後以史證之。」又稱：「其中以褒貶為目的

〔註118〕〔漢〕班固：《漢書》卷六十九，中華書局，1962年，第2998頁。
〔註119〕〔漢〕荀悅：《漢紀》卷第七《孝文皇帝紀》上，《兩漢紀》上冊，中華書局，
　　　　2002年，第97～98頁。

的第一類史論顯然是受了經學的影響。……第二、第三類史論與其說是史論，倒不如說更像子書中的議論。」〔註120〕此子部學式的史論對後世的史論影響很大。

《後漢紀》之「袁宏曰」即受《漢紀》「荀悅曰」的影響，多作子學式史論。如論及漢章帝崩，漢和帝即位，太后臨朝聽政之事云：

> 袁宏曰：非古也。《易》稱地道無成而代有終，禮有婦人三從之義，然則后妃之德，在於欽承天命，敬恭中饋而已。故雖人母之尊不得令於國，必有從於臣子者，則柔之性也。夫男女之別，自然之理，君臣酬咨，通物所因也。故百司業在，相與率職，必祠焉而後行，故有朝會享讌之禮，造膝請問之事。此蓋內外之分，不可得而同者也。古之王者必闢四門，開四聰，兼親賢而聽受焉，所以通天下之才，而示物至公也。自母后臨朝，必舅氏專權，非疎賢而樹親暱也。蓋管其號令者，必寄外氏，是實違天封，而訓民以私政之所階。國家制教關諸盛衰，建百司，修廢官，設冢卿以任權重，收王君薎幼，百官執事，總己思齊，聽於冢宰，所以大明公道，人自為用，上下竟業，而名器已固，三代之道也。〔註121〕

所論皆關於后妃之政，更多集中在談論為何不當太后臨朝，而非單純就漢和帝時的太后臨朝一事而發論。

總體而言，自《史記》《漢書》《後漢書》《漢紀》《後漢紀》等書開創的論贊傳統，多為中國後來的紀傳體、編年體史書所繼承。

五、史書之注疏

除了論贊外，史評的另一起源當是史書之注疏。其中《春秋》雖為經書，但在先秦人看來即與「史」（與後日的「史」還有區別）相關，如《孟子·離婁下》云：「晉之《乘》，楚之《檮杌》，魯之《春秋》，一也。其事則齊桓、晉文，其文則史。孔子曰：『其義則丘竊取之矣。』」〔註122〕其中為《春秋》

〔註120〕 胡寶國：《漢唐間史學的發展（修訂本）》，北京大學出版社，2014年，第96、101頁。

〔註121〕 〔晉〕袁宏：《後漢紀》卷十二《孝章皇帝紀》下，《兩漢紀》下冊，第241頁。

〔註122〕 〔清〕焦循撰，沈文倬點校：《孟子正義》卷十六《離婁章句下》，中華書局，2015年，第619頁。

作注之《公羊傳》《穀梁傳》中涉及史論者，前已論及。接下來，則在漢代至三國時期還有很多為《左傳》作注者，如《隋書·經籍志》中提到了漢賈逵《春秋左氏長經》二十卷、《春秋左傳解詁》三十卷、《春秋釋訓》一卷等，漢服虔《春秋左氏傳解誼》三十一卷，曹魏王肅《春秋左氏傳》三十卷，曹魏王郎的《春秋左氏傳注》十二卷，魏晉杜預《春秋左氏經傳集解》三十卷、《春秋釋例》十五卷和《春秋左傳評》二卷，曹魏周生烈《春秋左氏傳注》、曹魏嵇康《春秋左氏傳音》十卷等。〔註123〕除對身為經書的《春秋》及《左傳》作注外，還有以經注體例而為其他史書作注者〔註124〕，如《隋書·經籍志》中所載漢代至三國時期為《漢書》作注者有：漢應劭《漢書集解音義》、漢服虔《漢書音訓》、孫吳韋昭《漢書音義》等。〔註125〕

此類史注著作可以算是史學考訂著作的先聲。首先，自目錄學中史評類產生後，很多目錄著作的史評類中都會列入一些史注著作，如《郡齋讀書志》史評類中收錄了宋代竇苹《唐書音訓》與佚名《唐書音義》二種史注著作；〔註126〕宋尤袤《遂初堂書目》史學類收錄有《漢書音義》《漢書句字》《漢書講解》《唐書音訓》《唐書糾繆》《集校兩漢書》《晉書音義》等史注著作；〔註127〕元代馬端臨《文獻通考·經籍考》史評史鈔類中所收史注有《史記音義》《史記索隱》《附索隱史記》《三劉漢書標注》《唐書音訓》《唐書音義》等書。〔註128〕至明代中後期時，史注方較少納入史評類中。

其次，史注雖重在解釋史書中的名物，但這種解釋難免要牽涉到對史書中名物的辨析。在此以《漢書》的幾種注為例。服虔《漢書音訓》側重通過漢字音近字來做解釋，如在《高帝紀》「田榮歸，沛公、項羽追北」後解釋「北」字云：

〔註123〕〔唐〕魏徵等：《隋書》卷三十二《經籍》一，中華書局，2020年，第1049～1050頁。

〔註124〕周一良評論為《漢史》作注的著作云：「這些音義注解，大約與漢儒解經相同，多重在訓詁名稱方面。既然墨守承襲，談不到對歷史本身的探討研究。」（周一良：《魏晉南北朝史學著作的幾個問題》，《魏晉南北朝史論集》，商務印書館，2020年，第501頁。）

〔註125〕《隋書》卷三十三《經籍》二，第1081頁

〔註126〕〔宋〕晁公武：《郡齋讀書志》卷七，上海古籍出版社，2011年，第299～300頁。

〔註127〕〔宋〕尤袤：《遂初堂書目》，《中國著名藏書家書目彙刊（明清卷）》，商務印書館，2005年，第1冊，第29頁。

〔註128〕〔元〕馬端臨：《文獻通考》卷二百《經籍考》二十七。

師敗曰北。〔註129〕

在《武帝紀》「適謂之有功，乃加九錫」後注之云：

> 適，得其人。〔註130〕

在《宣帝紀》「太子納史良娣」後注之云：

> 史，姓也。良娣，官也。〔註131〕

韋昭《漢書音義》保留下來的內容不算很多，不過結構與《漢書音訓》相近。
如其在「田榮歸，沛公、項羽追北」後釋「北」云：

> 古背字也，北去而走也。〔註132〕

應劭《漢書集解音義》中的內容保留下很多，其注解也較詳盡。如釋《武帝
紀》「江南之地，火耕水耨」云：

> 燒草下水種稻。草與稻並生，高七八寸，因悉芟去，復下水灌
> 之，草死，獨稻長，所謂火耕水耨。〔註133〕

釋《武帝紀》「元朔元年」云：

> 朔，蘇也，孟軻曰「後來其蘇」。蘇，息也，言萬民品物大繁息
> 也。〔註134〕

釋「再適謂之賢賢，三適謂之有功，乃加九錫」云：

> 一曰車馬，二曰衣服，三曰樂器，四曰朱戶，五曰納陛，六曰
> 虎賁百人，七曰鈇鉞，八曰弓矢，九曰秬鬯。此皆天子制度。尊之，
> 故事事錫與，但數少耳。〔註135〕

釋《宣帝紀》中「三月，詔曰：『蓋聞象有罪，舜封之……』」云：

〔註129〕〔漢〕服虔：《漢書音訓》，引自〔清〕王先謙：《漢書補注》卷一《高帝紀》，
上海古籍出版社，2008年，第23頁。

〔註130〕〔漢〕服虔：《漢書音訓》，引自〔清〕王先謙：《漢書補注》卷六《武帝紀》，
第241頁。

〔註131〕〔漢〕服虔：《漢書音訓》，引自〔清〕王先謙：《漢書補注》卷八《宣帝紀》，
第333頁。

〔註132〕〔孫吳〕韋昭：《漢書音義》，引自〔清〕王先謙：《漢書補注》卷一《高帝
紀》，第23頁。

〔註133〕〔漢〕應劭：《漢書集解音義》，引自〔清〕王先謙：《漢書補注》卷六《武
帝紀》，第262頁。

〔註134〕〔漢〕應劭：《漢書集解音義》，引自〔清〕王先謙：《漢書補注》卷六《武
帝紀》，第240頁。

〔註135〕〔漢〕應劭：《漢書集解音義》，引自〔清〕王先謙：《漢書補注》卷六《武
帝紀》，第241頁。

象者，舜弟也。日以殺舜為事。舜為天子，猶封之於有鼻之

國。〔註136〕

這些注文中很多內容或許也是有參考來源的，只是時代太久，已無法考見其
參考材料了。有些史注同史考一樣力求糾正史書或其他史注的謬誤，考竟史
事源流，如顏師古在《漢書敘例》中云：

《漢書》舊無注解，唯服虔、應劭等各為音義，自別施行。

至典午中朝，爰有晉灼，集為一部，凡十四卷，又頗以意增益，

時辯前人當否，號曰《漢書集注》。……有臣瓚者，莫知氏族，考

其時代，亦在晉初，又總集諸家音義，稍以己之所見，續廁其末，

舉駁前說，喜引《竹書》，自謂甄明，非無差爽，凡二十四卷，分

為兩帙。〔註137〕

其中西晉晉灼、臣瓚等所作注常常攻駁他人注疏的失誤處，此實際上與考證
無異。因此大體可以認為史注為史評中史考內容的重要起源；另一方面，在
後期史考著作中仍有很多內容看起來就如史注一般。後世的史注相比於東漢
至魏晉時期的史注而言，開始有更多的論辯內容，部分史注著作與史考著作
的界限也越來越模糊。如《漢書・高帝紀》「於是沛公乃夜引軍從他道還，偃
旗幟，遲明，圍宛城三帀」中，各家釋「遲明」有不同見解，服虔注云：「欲
天疾明也。」曹魏文穎注云：「遲，未明也。天未明之頃已圍其城矣。」晉灼
注云：「文說是也。」而唐代顏師古注則辨析各家之說：

文、晉二家得其大意耳。此言圍城事畢，然後天明，明遲於事，

故曰「遲明」。變為去聲，音丈二反。《漢書》諸言遲某事者，義皆

類此。《史記》「遲」字作「遝」，亦徐緩之意也，音黎。〔註138〕

晉灼注已在辨析其他注的正誤，而顏師古注則綜合前人注加以辯證，此種辯證
既是史注，也是史考，若單獨抽出來可算作史評的一種。當然，顏師古注中僅
有少數注文作如此詳細的辯證，這也是史注著作區別於史考著作的一個方面。
除《漢書》的各種注外，南朝宋裴松之《三國志注》亦頗多考據。周一良稱：

〔註136〕〔漢〕應劭：《漢書集解音義》，引自〔清〕王先謙：《漢書補注》卷八《宣
　　　　帝紀》，第361頁。

〔註137〕〔唐〕顏師古：《漢書敘例》，引自〔漢〕班固：《漢書》，中華書局，1962年。
　　　　第1～2頁。

〔註138〕〔唐〕顏師古：《漢書注》，引自〔清〕王先謙：《漢書補注》卷一《高帝紀》，
　　　　第31頁。

「宋裴松之注《三國志》，對陳壽書及注中所引著作，亦多訂正，如《魯肅傳》
辯陳壽之矛盾，《諸葛亮傳》辯郭沖五事之誣等，其例甚多，表現了魏晉南北朝
時期史家對繁富史料實事求是進行考核的精神。劉知幾說裴松之注『喜聚異同，
不加刊定』，未免過於武斷，不顧事實了。」〔註139〕由此亦可看到其他史注兼
具考訂的特點，不過裴松之注中的多數內容確實主要是羅列其他史書中的內
容，「刊定」之處確實有限。而史考著作則重在「刊定」。

六、獨立史評著作的產生

自史書中論贊之體逐步興起後，後世逐步開始有獨立的史評著作，此類
著作中史評不再是史書正文之補充，而成為著作的主體，如譙周《古史考》、
諸葛亮《論前漢事》、晉代徐眾《三國論》等皆為早期獨立史評著作的代表。

諸葛亮《論前漢事》已佚，今不可知其原貌，就其書名而言可能是史論
著作。東晉徐眾《三國論》在《隋書‧經籍志》中列入史部雜史類，宋代晁公
武《郡齋讀書志》未列此書，大概到宋代時此書已散佚。清代嚴可均輯有此
書部分內容，便於今人窺得此書面貌。此書大體單就三國史事而發論，如「靳
允母為呂布所執而守范不去」條云：

> 允於曹公未成君臣，母至親也，於義應去。昔王陵母為項羽所
> 拘，母以高祖必得天下，因自殺以固陵志。明心無所係，然後可得
> 成事人盡死之節。衛公子開方仕齊積年不歸，管仲以為不懷其親，
> 安能愛君，不可以為相。是以求忠臣，必於孝子之門。允宜先救至
> 親。徐庶母為曹公所得，劉備乃遣庶歸。欲為天下者，恕人子之情
> 也。曹公亦宜遣允。〔註140〕

其議論先提出論點，說明靳永應該為了救母而離開曹操；再以前人之例為論據，
說明忠當以孝為本；最後得出結論，並指明君主不當置他人於不孝之境地，方
可用賢才而得天下。此段是結構完整的一篇史論。又如「周魴下髮」條云：

> 夫人臣立功效節，雖非一途，然各有分也。為將執枹鼓，則有
> 必死之義，志守則有不假器之義。死必得所，義在不苟。魴為郡守，

〔註139〕周一良：《魏晉南北朝史學著作的幾個問題》，《魏晉南北朝史論集》，商務印
書館，2020年，第504頁。

〔註140〕〔晉〕徐眾撰，〔清〕嚴可均輯：《三國論》，《史學輯佚文獻彙編》第57冊，
國家圖書館出版社，2016年，第530頁。

職在治民，非君所命，自占誘敵。髡剔髮膚，以徇功名。雖事濟受
爵，非君子所美。〔註141〕

此段亦先立論點，再加以推導，最終得出結論，指出周魴下髮「非君子所美」。
大體上講，《三國論》中的條目均緊扣史事而論，不似《漢紀》或《後漢紀》
論贊那樣常常超出所論之事而發表政論。

　　西晉譙周《古史考》的創作要早於《三國論》，此書主要考訂史事〔註142〕，
《史通》認為其主要糾《史記》之謬：

晉散騎常侍，巴西譙周以遷書周、秦已上或採家人諸子，不專
據正經，於是作《古史考》二十五篇，皆憑藉舊典以糾其謬。今則
與《史記》並行於代焉。〔註143〕

不過清代輯佚《古史考》的章宗源認為此書並不單考《史記》：

觀知幾所言，雖與《史記》並論，證以「史考」之名，檢其逸
篇體例，實異正史。《唐志》列於雜史者是也。《文選》王元長《曲
水詩序》注引公孫述竊位、蜀人任永記目盲一事，蔚宗書亦載之，
是又兼及後漢事，不獨糾遷書矣。〔註144〕

即此書所考證的史事年代可晚至東漢時期。《古史考》中有些內容與後世的史
實考證無大異，如：

徐偃王與楚文王同時，去周穆王遠矣。且王者行有周衛，豈聞
亂（《史記正義》作「豈得救亂」）而獨長驅日行千里乎？〔註145〕

此駁《史記》中周穆王日行千里之說。〔註146〕有些內容則主要是議論而非

〔註141〕〔晉〕徐眾撰，〔清〕嚴可均輯：《三國論》，《史學輯佚文獻彙編》第57冊，
　　　　第534頁。
〔註142〕周一良亦云：「關於史事的初步考訂，首先應當舉蜀漢譙周（？～270）的《古
　　　　史考》。」（周一良：《魏晉南北朝史學著作的幾個問題》，《魏晉南北朝史論
　　　　集》，第501頁。）
〔註143〕《史通通釋》卷十二《古今正史》第二，第313頁。
〔註144〕〔清〕章宗源輯：《古史考序》，《史學輯佚文獻彙編》第57冊，第469頁。
〔註145〕〔晉〕譙周撰，〔清〕章宗源輯：《古史考》，《史學輯佚文獻彙編》第57冊，
　　　　第480頁。亦見〔唐〕張守節：《史記正義》，《史記》，中華書局，2014年，
　　　　第227頁。
〔註146〕《史記秦本紀》云：「造父以善御幸於周繆王，得驥、溫驪、驊騮、騄耳之
　　　　駟，西巡狩，樂而忘歸。徐偃王作亂，造父為繆王御，長驅歸周，一日千里
　　　　以救亂。」（〔漢〕司馬遷：《史記》卷五《秦本紀》，中華書局，2014年，
　　　　第225頁。）

考證：

> 以予所聞，所謂天之亡者，有賢而不用也。如用之，何有亡哉？
>
> 使紂用三仁，周不能王，況秦虎狼乎？〔註147〕

且其議論緊扣史事而發，在此也說明在史評類著作產生的早期，考論二者便不可截然二分。《古史考》中還有一些內容沿襲史注的風格：

> 呂尚姓姜，名牙，炎帝之裔，伯夷之後，掌四嶽，有功封之於呂。子孫從其封姓，尚其後也。〔註148〕
>
> 大庭氏，姜姓，以火德王，故號曰炎帝。〔註149〕
>
> 高陽氏，妘姓，以水德王。〔註150〕

此類內容均類似於給史書作注，以廣史書中所未記載的史實，或用以駁正史書之訛，可明顯看出史考與史注之間的密切傳承關係，只是相比史注而言，《古史考》類於史注的內容並不專注一書，且其考、論均不像史注著作一樣緊緊依附於某史書，而是獨立成文。

不過自譙周《古史考》和徐眾《三國論》等開創獨立的史評著作以來到北宋之前，獨立史評著作為數仍舊不多，至北宋時，隨著理學的發展，史評類著作的創作方蔚為大觀，漸引起書目之注意，而逐步成為目錄學中一個獨立的史部類屬。

第二節　目錄學中史評類之起源與早期發展

目前可知最早設立史評類的目錄學著作為晁公武的《郡齋讀書志》，其《劉氏史通》提要云：「前世史部中有史鈔類而集部中有文史類，今世鈔節之學不行而論說者為多。教自文史類內，摘出論史者為史評，附史部，而廢史鈔云。」〔註151〕即指出史評類在目錄學中有兩大源流，一是集部之文史類，二是史部

〔註147〕〔晉〕譙周撰，〔清〕章宗源輯：《古史考》，《史學輯佚文獻彙編》第 57 冊，第 481 頁。

〔註148〕〔晉〕譙周撰，〔清〕章宗源輯：《古史考》，《史學輯佚文獻彙編》第 57 冊，第 479 頁。

〔註149〕〔晉〕譙周撰，〔清〕章宗源輯：《古史考》，《史學輯佚文獻彙編》第 57 冊，第 489 頁。

〔註150〕〔晉〕譙周撰，〔清〕章宗源輯：《古史考》，《史學輯佚文獻彙編》第 57 冊，第 491 頁。

〔註151〕〔宋〕晁公武：《郡齋讀書志》卷第七，第 295 頁。

之史鈔類。後世研究仍多依從此種思路，從史鈔類與文史類來尋求目錄學中史評類之起源。然而因史評類著作所涉眾多，即使在史評類產生之後，仍有眾多史評類著作被置於其他部類，更何況在史評類產生之前了。

一、南宋以前：目錄學中史評類之起源

　　較紀傳體、編年體等史書而言，獨立的史評著作產生較晚，因三國時期諸葛亮的《論前漢事》、譙周的《古史考》等的產生皆在東漢末期及東漢以後，因此成書於東漢前半期的《漢書・藝文志》在創作之時尚無獨立史評著作。《漢書》之後、隋代以前的目錄學著作存世者甚少，如梁朝阮孝緒之《七錄》僅存有序，相當於後世史部的「記傳錄」未言及「史評」，其具體收錄情況已不可知。〔註152〕《隋書・經籍志》為目前第一部完整保留下來的遵照四部分類法的書目，其中各史評著作所在部類情況是：〔註153〕

部　　類	書名與卷數	作　　者	附　　錄
史部 正史類	《古史考》五卷	（晉）譙周	
	《論前漢事》一卷	（蜀漢）諸葛亮	
	《〈漢書〉駁議》二卷	（晉）劉寶	
	《定〈漢書〉疑》二卷	（隋）姚察	
	《論〈三國志〉》九卷	（隋）何常侍	
	《三國評志》三卷	（南朝宋）徐爰	
	《〈三國志〉序評》三卷	（南朝梁）王濤	唐初已佚
史部 雜史類	《晉諸公贊》二十一卷	（晉）傅暢	

可見《隋書・經籍志》所錄史評著作絕大多數都列入正史類中，這大體與所收錄的多數史評著作在論史事時依正史內容立論，或對某一部正史加以評論與考證有關，說明漢代至隋代的史評著作尚不能全然脫離對正史之依賴。

〔註152〕〔梁〕阮孝緒：《七錄序》，載任莉莉著：《七錄輯證》，上海古籍出版社，2011年，第7～8頁。《七錄》之《紀傳錄》下分國史部、注曆部、舊事部、職官部、儀典部、法制部、偽史部、雜傳部、鬼神部、土地部、譜狀部、簿錄部諸部，無史鈔相關書目，其中為「國史」作注的著作列於國史部。

〔註153〕〔唐〕魏徵等：《隋書》卷三十二《經籍》二，中華書局，2020年，第1081～1084頁，第1088～1090頁。其中如范曄所著《後漢書贊論》此種自《後漢書》中輯出者未列入此表中。

　　五代後晉時劉昫編著的《舊唐書‧經籍志》中收錄史評著作情況如下表：〔註154〕

部　類	書名與卷數	作　者	附　錄
史部 雜史類	《古史考》二十五卷	（晉）譙周	
	《三國評》三卷	（晉）徐眾	
	《帝王略論》五卷	（唐）虞世南	
	《十世興王論》十卷	（唐）朱敬則	

一方面，《舊唐書‧經籍志》已認識到史評類著作與其他正史著作有區別，另一方面，史評著作更多脫離某一正史而獨立成書，如唐代時之《帝王略論》《十世興王論》均如此。另按，在《舊唐書‧經籍志》中，眾多史鈔著作，如張溫《三史要略》三十卷、阮孝緒《正史削繁》十四卷、張緬《後漢書略》二十五卷、葛洪《後漢書抄》三十卷、張緬《晉書鈔》三十卷等均列入雜史類。此處為史評與史鈔著作置於同一類之開端，不過僅是因為當時認為史鈔與史評同其他類著作的體裁不一樣，無他處可置而置於雜史類中。

　　但早於《舊唐書‧經籍志》，早在唐代時，史臣吳兢編有一部私家目錄《西齋書目》（在元代散佚〔註155〕），即首次出現一個新的類別「文史類」，《文獻通考》引其文曰：

　　　　《宋三朝藝文志》：晉李充始著《翰林論》，梁劉勰又著《文心雕龍》，言文章體制；又鍾嶸為《詩評》，其後述略例者多矣。至於揚搉史法，著為類例者，亦各名家焉。前代志錄，散在雜家或總集，然皆所未安。惟吳兢《西齋》有文史之別，今取其名而條次之。

　　　　《中興藝文志》：文史者，譏評文人之得失也。《通志‧敘論》評史，《韻語陽秋》評詩，《藝苑雌黃》則並子、史、集之誤皆評之。〔註156〕

此處指出詩文評類源自文史類，指明最早創立「文史類」的為吳兢《西齋書目》。因史、子、集之作均可為文，所以文史類初創時即以史評為文論之一種

〔註154〕〔後晉〕劉昫等：《舊唐書》卷第四十六，《經籍志》上，中華書局，1975 年，第 1991〜1996 頁。

〔註155〕張三夕、蘇小露：《吳兢〈西齋書目〉考》，《燕趙學術》，2013 年春之卷。

〔註156〕〔元〕馬端臨：《文獻通考》卷二百四十八《經籍考》七十五，中華書局，第 6671〜6672 頁。

而將其歸入文史類,而「文史類」之名又表示要將文與史皆納入其中。不過就《文獻通考》中所引《三朝藝文志》來看,文史類主要收錄評論史學和史書的著作,如揚榷《史法》的具體內容雖已不可見,但就書名來看似乎是評論史學的著作,可見吳兢《西齋書目》之文史類將史學義例著作與詩文評著作歸為一類。《西齋書目》中是否收錄劉知幾《史通》,今已不可見。然而劉知幾與吳兢二人關係密切,《史通》或許當收錄於文史類。如《史通・自序》云:

> 復有永城朱敬則、沛國劉允濟、義興薛謙光、河南元行沖、
> 陳留吳兢、壽春裴懷古,亦以言議見許,道術相知。所有榷揚,
> 得盡懷抱。每云:「德不孤,必有鄰,四海之內,知我者不過數子
> 而已。」〔註157〕

可見劉知幾視吳兢為知己。又《新唐書》吳兢本傳云:

> 兢敘事簡核,號良史,晚節稍疏。悟時人病其太簡,初與劉子
> 玄撰定《武后實錄》。敘張昌宗誘張說誣證魏元忠事,頗言說已然
> 可,賴宋璟等邀勵苦切,故轉禍為忠。不然,皇嗣且殆。後說為相,
> 讀之心不善,知兢所為,即從容謬謂曰:「劉生書魏齊公事,不少假
> 借,奈何?」兢曰:「子玄已亡,可受誣地下?兢實書之,其草故在。」
> 聞者歎其直。說屢以情斲改,辭曰:「徇公之情,何名實錄?」卒不
> 改,世謂今董狐云。〔註158〕

吳兢與劉知幾曾一起修撰《武后實錄》,在工作上有密切關係,且劉知幾先於吳兢而去世。以此觀之,《史通》書成,劉知幾很有可能會請吳兢過目,其《西齋書目》中也很可能會收錄此書。若《西齋書目》中收錄此書,則最有可能與《史法》一樣,將其置於文史類。

　　北宋歐陽修等編修之《新唐書・藝文志》繼承了《西齋書目》文史類的分法,其所收錄史評著作如下表:〔註159〕

〔註157〕〔唐〕劉知幾著,浦起龍通釋:《史通通釋》卷十《自敘》,第 269 頁。
〔註158〕〔宋〕歐陽修等:《新唐書》卷一百三十二,中華書局,1975 年,第 4529 頁。
〔註159〕〔宋〕歐陽修等:《新唐書》卷六十《藝文志》,與《史通》相類的評論史書的著作入文史類,可能與《文心雕龍》即兼論文史有關,加之彼時亦重視將史書視作一種文體,如張晚霞指出:「自司馬遷《史記》始,史論被系統運用到史書中,包括序、贊、論三種,且文學意味深厚……漢代賈誼的《過秦論》孤篇橫絕,正式確立了史論的文學傳統。」(張晚霞:《「文史類」流變的目錄學審視》,《大學圖書情報學刊》,2017 年第 3 期。)

部　類	書名與卷數	作　者	附　錄
史部 正史類	《論前漢事》一卷	（蜀漢）諸葛亮	
	《〈漢書〉駁議》二卷	（晉）劉寶	
史部 雜史類	《古史考》二十五卷	（晉）譙周	
	《後漢書纘》十三卷	（南朝宋）范曄	
	《三國評》三卷	（晉）徐眾	
	《〈三國志〉序評》三卷	（梁）王濤	
	《晉諸公贊》二十一卷	（晉）傅暢	
集部 總集類 文史類	《史通》二十卷	（唐）劉子玄	
	《柳氏釋史》十卷	（唐）柳璨	亦名《史通析微》
	《史例》三卷	（唐）劉餗	
	《沂公史例》十卷	（唐）田弘正客	
	《史漢異義》二卷	（唐）裴傑	

《新唐書・藝文志》將史評著作中的多數歷史評論著作置於史部雜史類中，《晉諸公贊》未置於雜傳記類中而置於別史類中；個別與正史關係密切者置於正史類中；此外唐代自《史通》來產生了很多評論史書和史學的著作，此類著作皆歸於集部總集類之文史類。按：《新唐書・藝文志》亦將史鈔著作置於雜史類中，如葛洪《史記鈔》十四卷、《漢書鈔》三十卷、《後漢書鈔》三十卷三種，張緬《後漢書略》二十五卷、《晉書鈔》二十卷二種，張溫《三史要略》三十卷，阮孝緒《正史削繁》十四卷，王蔑《史漢要集》二卷等，在這點上繼承了《舊唐書・經籍志》。

　　《崇文總目》為北宋時王堯臣所主持修撰的官修書目，其史部分正史、編年、實錄、雜史、偽史、職官、儀注、刑法、地理、氏族、歲時、傳記、目錄等類。其中史評著作的分類情況如下表〔註160〕：

〔註160〕〔宋〕王堯臣等：《崇文總目》卷九正史類、卷十編年類、卷十二雜史類上、卷十三雜史類下，中華書局，1985 年，第 43～52 頁、第 57～69 頁。

部　類	書名與卷數	作　者	附　錄
史部 正史類	《漢書問答》五卷	（唐）沈遵行	
	《三史刊誤》三十五卷	（宋）張觀	
史部 編年類	《漢春秋問答》一卷		
史部 雜史類	《史通》二十卷	（唐）劉知幾	
	《史例》三十卷	（唐）劉餗	當為三卷
	《史通析微》十卷	（唐）柳璨	
	《正史雜論》十卷		缺

其中《漢書問答》與《三史刊誤》歸於正史類，《漢春秋問答》列於編年類，是因這三部著作主要就某一部或數部正史、編年史著作而議論或考證，所以附於相關正史或編年類著作之後。可注意者，則是《崇文總目》將《史通》等史評著作列於史部雜史類，且這幾部著作依次列於雜史類之末，前面則為數部史鈔著作，如《史略》《十六國春秋略》《十二國史》《三史菁英》《晉史金穴鈔》，並依次排列。《崇文總目》亦列文史類，但全不收史評著作，僅收《翰林論》《文心雕龍》、孫郃《文格》、鍾嶸《詩品》、王昌齡《文格》等評論詩文之著作，可見《崇文總目》之文史類已等同於後世其他書目及《總目》之詩文評類。兼之史評著作在雜史類中依次排列，所以在《崇文總目》中史評著作不是簡單依舊例列於史部雜史類，而是將《史通》等著作從文史類中分出（與《西齋書目》不同），與其他史論著作置於一處，卻又還沒有形成一個獨立的史評類。不過能夠認識到《史通》等著作與其他史論著作有相近之處，為後來史評類的獨立奠定了認識上的基礎。

　　總體而言，在史評類產生之前，史評著作要麼因其評論某正史著作而置於正史類中，要麼置於雜史類中；自《西齋書目》開始又逐步有書目將評論史書與史學的著作置於文史類中，與詩文評置於一類，其他史論著作仍依前例置於雜史類或正史類中。文史類的創立首先凸顯了個別史評著作同詩文評著作的特殊性，即此類著作都是評判詩文與史文之作，這就為後來史評類的完全獨立做了鋪墊。

二、南宋至清初：史評類從產生到與史鈔類合為一類

雖然《郡齋讀書志》認為史評類產生於史鈔類和文史類，但在《郡齋讀書志》之前，史鈔類還只是在個別目錄著作中零星出現，並未得以普遍設立。目前所能確定最早設立史鈔類的目錄學著作是宋真宗詳符年間杜鎬所著《詳符龍圖閣四部書》〔註161〕。至南宋時《郡齋讀書志》設史評類而未設史鈔類，為中國古代目錄學著作中首次設立史評類，史評類的基本規範也自《郡齋讀書志》而始。其史評類收書情況如下表：〔註162〕

書名與卷數	作　者	附　錄
《劉氏史通》二十卷	（唐）劉知幾	《總目》入史評類
《史通析微》十卷	（唐）柳璨	
《史記索隱》三十卷	（唐）司馬貞	
《歷代史論贊》五十四卷	未詳撰人	《總目》入史評類
《唐書直筆》四卷	（宋）呂夏卿	《總目》入史評類
《唐書新例須知》一卷		
《唐書音訓》四卷	（宋）竇蘋	
《唐書音義》三十卷	未詳撰人	
《唐史要論》十卷	（宋）孫甫	《總目》入史評類
《唐鑑》二十卷	（宋）范祖禹	《總目》入史評類
《古史》六十卷	（宋）蘇轍	《總目》入別史類
《兩漢博聞》十二卷	（宋）楊侃	
《三劉漢書》一卷	（宋）劉敞、弟劉攽、子劉奉世	
《東漢刊誤》一卷	（宋）劉攽	
《呂氏前漢論》三十卷	（宋）呂大忠	

〔註161〕劉德明：《史部史鈔類的發展與標準——以〈四庫全書總目〉為核心》，《興大人文學報》，2008年9月，總第41期。王應麟：《玉海・藝文》「《詳符龍圖閣四部書》」條云：「史傳總七千二百五十八卷。（目錄四百四十二卷，正史、編年、雜史、史抄、故事、職官、傳記、歲時、刑法、譜牒、地理、偽史。）」（〔宋〕王應麟撰，武秀成、趙庶洋校證：《玉海藝文校證》，鳳凰出版社，2013年，第872頁。）只是《詳符龍圖閣四部書》已佚，尚不清楚其具體收書情況。

〔註162〕〔宋〕晁公武：《郡齋讀書志》卷第七，上海古籍出版社，2011年，第295頁～第309頁。

《晉書指掌》	（宋）劉羲	分六十五門
《唐書辯證》二十卷	（宋）吳縝	
《五代史纂誤》五卷	（宋）吳縝	《總目》入正史類
《注唐紀》十卷	「樊先生」	
《歷代史辨志》五卷	未詳撰人	
《西漢發揮》十卷	（宋）宋劃涇	
《三國人物論》三卷	（宋）楊祐甫	
《唐史評》三卷	（宋）適適先生	
《讀史管見》三十卷	（宋）胡寅	《總目》入史評類
《贊史明辯》三十卷	（宋）程頤、劉安世、楊時、陳瓘、張載、劉子翬、張九成、胡宏、呂祖謙、張栻、陳傅良、胡寅等。	
《史說》十卷	（宋）呂祖謙	
《史評》六卷	（宋）楊萬里	
《西漢鑑》十卷	（宋）吳莘	
《兩漢博議》二十卷	（宋）陳彥雅	
《唐史論斷》二卷	（宋）孫甫	《總目》入史評類
《唐論》二卷	（宋）王居中	

可見《郡齋讀書志》史評類將前述各正史經籍志與藝文志中所列於正史、雜史、文史等類中的史評著作綜合為一類，且一些《總目》中置於正史類、別史類中的作品，如司馬貞《史記索隱》這樣為正史作注的著作，及蘇轍《古史》這樣的紀傳體著作均置於史評類中。〔註163〕這可能是由於《郡齋讀書志》初設史評類，收錄原則不依各書體例，而重在各書內容。〔註164〕

　　然而在《郡齋讀書志》之後一直到明代中期，目錄著作多不設立史評類（或史學類、史論類等名稱），史評著作多置於其他類目中，《郡齋讀書志》設立史評的做法一度未得到普遍傚仿，史評類顯出一種沈寂狀態，在此可看到對史評著作的傳統分類仍佔有重要影響。其中在宋元時期，僅有稍晚於《郡齋讀書志》的尤袤《遂初堂書目》設有「史學類」，其他著作有的將史鈔與史評合為一類，如王應麟《玉海‧藝文》設「論史」，元代馬端臨《文獻通考‧

〔註163〕〔宋〕晁公武：《郡齋讀書志》，第295頁～第309頁。
〔註164〕《郡齋讀書志》當以《史記索隱》這樣的史注著作重在其注釋，而史注與史實考訂著作一樣重在求真；《古史》之紀傳部分並無特別出彩之處，而出彩處反而在其大段論贊中，故而將此類著作列入史評類中。

經籍考》設「史評史鈔類」。在其他目錄著作中，史評著作仍一依《郡齋讀書志》之前各書目之分類法，散置於正史、雜史、文史類中。所以在宋元時期，雖然史評著作大量湧現，但目錄學對此現象的反應卻比較遲緩。

尤袤《遂初堂書目》史學類收錄情況如下：

> 《史記音義》《史記正義》《史記索隱》《集注天官書》《前漢考異》、蕭該《漢書音義》《漢書句字》《三劉漢書》《漢書問答》《漢書講解》《律曆辨疑》《劉氏兩漢刊誤》《唐書音訓》《唐書糾繆》《唐書直筆》《唐書新例須知》《集校兩漢書》、劉知幾《史通》、劉餗《史例》、邵忠《史例》、趙彥若《史例論》《通鑑問疑》《兩朝實錄例》《歷代史贊》《兩漢博聞》《荀悅漢紀節要論》《兩漢補遺》、王遇《漢儀》、《漢雜事》《東漢質疑》《唐書手抄》《范太史唐鑑》、石守道《唐鑑》、孫之翰《唐論》《胡氏讀史管見》《通鑑入約》、程回文《史評》、《了齋約論》《史記法語》《兩漢法語》《班史菁華》《班左誨蒙》《漢雋》《班史名物編》《東漢年表》《晉書音義》《史記析微》《五代史纂誤》。〔註165〕

從其中可看出，《史記音義》《史記正義》《晉書音義》等為正史作注者仍列入其中。《遂初堂書目》正史類同《郡齋讀書志》同，僅列正史著作，而不列其注疏；蘇轍《古史》則被其置於雜史類。因而其「史學類」範圍較《郡齋讀書志》史評類要小。

《玉海・藝文・論史》中則收錄了《紹興十七史蒙求》〔註166〕，是目前所見首次將蒙學類史書與史評置於一類者。

馬端臨《文獻通考・經籍考》之史評史鈔類雖將史評與史鈔合為一類，但就名稱而言仍承認史評為史書的一種類型，且《文獻通考》所收史評書目多引「晁氏曰」以抄錄《郡齋讀書志》的提要，足見《文獻通考・經籍考》很大程度上繼承了《郡齋讀書志》。其所錄書目如下表〔註167〕：

〔註165〕〔宋〕尤袤：《遂初堂書目》，《中國著名藏書家書目彙刊（明清卷）》，商務印書館，2005年，第1冊，第29頁。

〔註166〕〔宋〕王應麟撰，武秀成、趙庶洋校證：《玉海藝文校證》，鳳凰出版社，2013年，第728頁。

〔註167〕〔元〕馬端臨：《文獻通考》卷二百《經籍考》二十七，中華書局，2011年，第5745～5756頁。

作　者	書名與卷數	《總目》歸類
（唐）劉知幾	《劉氏史通》二十卷	史評類（《史通》）
（唐）柳璨	《史通析微》十卷	未收錄
（唐）劉餗	《史例》三卷	未收錄
佚名	《歷代史贊論》五十四卷	未收錄
佚名	《歷代史辨志》五卷	未收錄
（宋）司馬休	《通鑑釋文》二十卷	未收錄
（宋）史炤	《通鑑釋文》三十卷	未收錄
（宋）司馬光	《通鑑前例》一卷	未收錄
（宋）劉羲仲	《通鑑問疑》一卷	史評類
（宋）胡寅	《讀史管見》三十卷	史評類
（宋）張拭	《通鑑論篤》三卷	未收錄
（宋）曾三英	《南北籌邊》十八卷	未收錄
（唐）劉伯莊	《史記音義》二十卷	未收錄
（唐）司馬貞	《史記索隱》三十卷	正史類
（宋）張材	《附索隱史記》一百三十卷	未收錄
（唐）張守節	《史記正義》二十卷	正史類
（唐）陳伯宣	《陳伯宣注史記》八十七卷	未收錄
（宋）倪思	《遷史刪改古書異辭》十二卷	未收錄
	《班馬異同》三十五卷	正史類
（宋）張觀等	《新校史記》一百三十卷、《新校前漢書》一百卷、《新校後漢書》九十卷、《三史刊誤》四十五卷	未收錄
（唐）沈遵行	《漢書問答》五卷	未收錄
（宋）劉敞	《三劉漢書標注》六卷	未收錄
（宋）呂大忠	《呂氏前漢論》三十卷	未收錄
（宋）劉涇	《西漢發揮》十卷	未收錄
（宋）王述	《西漢決疑》五卷	未收錄
（宋）陳傅良	《西漢史鈔》十七卷	未收錄
（宋）劉攽	《東漢刊誤》一卷	未收錄
（宋）楊侃	《兩漢博聞》十二卷	史鈔類
（宋）吳仁傑	《兩漢刊誤補遺》十七卷	正史類
（宋）楊祐甫	《三國人物論》三卷	未收錄

（宋）劉羲	《晉書指掌》十二卷	未收錄
（宋）呂夏卿	《唐書直筆新例》十二卷	史評類
（宋）竇苹	《唐書音訓》四卷	未收錄
佚名	《唐書音義》三十卷	未收錄
（宋）吳縝	《唐書辯證》二十卷	正史類（《新舊唐書糾謬》）
（宋）樊先生	《注唐記》十卷	未收錄
（宋）汪應辰	《唐書列傳辯證》二十卷	未收錄
（宋）呂祖謙	《新唐書略》三十五卷	未收錄
（宋）孫甫	《唐史要論》十卷	史評類（《唐史論斷》）
（宋）范祖禹	《唐鑑》二十卷	史評類
（宋）適適先生	《唐史評》三卷	未收錄
（宋）吳縝	《五代史纂誤》五卷	正史類
（宋）李大性	《典故辨疑》二十卷	未收錄

依此表可知，《文獻通考·經籍考》中所載史評史鈔類著作，多為史注與史評著作，鮮有史鈔著作，且史鈔著作（如《西漢史鈔》《兩漢博聞》）與其他史評、史注著作混在一起，不分先後，可見《文獻通考·經籍考》基本將史評與史鈔視作一類。

　　其他宋元時期的重要目錄著作多沿襲《郡齋讀書志》之前的目錄著作，將史評著作分散置於其他部類中。如陳振孫《直齋書錄解題》將司馬貞《史記索隱》、張守節《史記正義》等為正史作注的著作置於史部正史類〔註168〕，將《總目》置於史評類之陳瓘瑩《四明尊堯集》置於史部典故類〔註169〕，孫甫《唐史論斷》、范祖禹《唐鑑》、胡寅《讀史管見》等置於編年類〔註170〕，劉知幾《史通》置於集部文史類〔註171〕。其分法與《新唐書·藝文志》相似。

　　元末所編《宋史·藝文志》全無史評類。如司馬貞《史記索隱》、張守節《史記正義》等為正史作注者置於正史類，吳縝《新唐書糾謬》《五代史纂誤》

〔註168〕〔宋〕陳振孫：《直齋書錄解題》卷四，《宋元明清書目題跋叢刊》第1冊，中華書局，2006年，第566頁。
〔註169〕〔宋〕陳振孫：《直齋書錄解題》卷五，《宋元明清書目題跋叢刊》第1冊，第598～599頁。其典故類接近於《總目》政書類。
〔註170〕〔宋〕陳振孫：《直齋書錄解題》卷四，《宋元明清書目題跋叢刊》第1冊，第571～572頁。史論與史考類著作在《直齋書錄解題》中多置於編年類中。
〔註171〕〔宋〕陳振孫：《直齋書錄解題》卷二十二，《宋元明清書目題跋叢刊》第1冊，第832頁。史學義例著作多置於集部文史類中。

等與正史關係密切的史學考訂與評論著作亦置於史類正史類中〔註172〕；胡寅《讀史管見》、孫甫《唐史論斷》、范祖禹《唐鑑》、李心傳《舊聞證誤》等《總目》列入史評類的著作，均列入史類史鈔類〔註173〕。這應當是沿襲《直齋書錄解題》的做法，只是已不顯出「史評」之名，而是將史評直接納入史鈔體系當中；柳璨《史通析微》、劉餗《史例》、劉知幾《史通》等則入集類文史類〔註174〕。總體而言，《宋史·藝文志》史評著作之分類沿襲《郡齋讀書志》以前之書目，仍很分散，而不單屬於史類史鈔類或集類文史類。〔註175〕

雖然明代史評創作非常繁榮，但直到清代時，很多目錄學著作仍不單獨列史評類，而是沿襲舊有做法，或者將史評著作分散於不同類中，或是將其與史鈔合於一類。

如嵇璜等於乾隆初年編修《續文獻通考》時，依然沿襲《文獻通考》之格式，於經籍志中設史評史鈔類，但同時稱：「要之，評、鈔亦相為表裏，缺不為漏，備不為贅。故馬《考》二者皆載而不復區分。今從《四庫全書》之例，仍分為二而並列一門焉。」〔註176〕可見《續文獻通考·經籍志》史評史鈔類前為史評，後為史鈔，這樣安排可能與其需要沿襲《文獻通考》之義例有關。

另如修成時間略早於《總目》之《明史·藝文志》即未設史評類，而是將多數史評著作列於史鈔類中。在《明史·藝文志》中，楊維楨《史義拾遺》、趙弼《雪航膚見》、邵寶《學史》、張之象《太史史例》等列於《總目》史評類之著作，與呂柟《史約》、謝肇淛《史觿》等列於《總目》史鈔類之著作均置於史鈔類中。〔註177〕可見在《明史》修纂者看來，史評不僅不獨立，而且要

〔註172〕 〔元〕脫脫等：《宋史》卷二百三，中華書局，1977年，第5085～5087頁。
〔註173〕 〔元〕脫脫等：《宋史》卷二百三，第5099～5101頁。
〔註174〕 〔元〕脫脫等：《宋史》卷二百八，第5408～5411頁。
〔註175〕 賈連港在《簡論史部目錄分類中「史評類」的成立》中稱：「元末，脫脫等所修《宋史·藝文志》則徑直將史評類史書歸入集類，分類方法一仍晁公武之前的分類法。」此說明顯錯誤，《宋史·藝文志》中僅有少數評論史體的著作列入集類文史類中，其餘絕大多數仍列入史類不同類中，尤其是史鈔類中。之所以有此錯誤，在於此文僅以《史通》考察史評著作之分類，而未考察其他著作歸入何類。（賈連港：《簡論史部目錄分類中「史評類」的成立》，《圖書館理論與實踐》，2014年第10期。）
〔註176〕 〔清〕嵇璜等：《續文獻通考》卷一百六十七，《經籍考》二十七，浙江古籍出版社，1988年。
〔註177〕 〔清〕張廷玉等：《明史》，中華書局，1974年，第2388頁。

附屬於史鈔類，其對史評類的認識尚不及《文獻通考》，雖然《明史·藝文志》史鈔類中所收史評著作並不居於少數。

第三節　史評類的定型及其與史鈔類之分離

至明代，隨著史評創作的繁榮，史評這一類目又重新出現在目錄著作中。這時很多書目的史評類仍沿襲前例，將史評與史鈔合為一類。不過不再突出史鈔，而是突出史評；不是史評依附於史鈔，而是史鈔依附於史評。這既反映了此時史評地位之抬升，也反映了之前史評與史鈔著作歸入一類的歷史慣性對新史評類之影響。

在這方面較早做出轉變的有明代中後期朱睦㮮所著《萬卷堂書目》，該書單列史評類，且不再列史鈔類。其中如劉知幾《史通》這樣的史學義例著作，趙弼《雪航膚見》、葛洪《涉史隨筆》這樣史論著作，倪思《班馬異同》（《總目》入正史類）這樣的史考著作均列於史評類中。〔註 178〕此外，《增定史記纂》《漢書纂》等史鈔著作亦列於史評類，可見《萬卷堂書目》之史評類相當於《文獻通考·經籍考》之「史評史鈔類」，仍沿續了史鈔與部分史評著作歸為一類的傳統，不過未顯出史鈔之名。因在史評類收錄史評著作眾多，而史鈔著作僅收錄了寥寥數種，因所以徑直不設史鈔之名。在此也反映出當時史評著作之繁榮。

與《萬卷堂書目》史評類相似的有明末陳第《世善堂書目》史論類，其中不僅收錄《史通》《讀史管見》《唐書直筆》《唐書糾謬》《唐鑑》《唐史要論》《東漢刊誤》《史懷》等史評著作，還收錄有胡寅《西漢史鈔》、陳傅良《西漢史鈔》、王損仲《史鈔》等史鈔著作，且史評與史鈔著作混雜在一起。〔註 179〕

崇禎年間王道明《笠澤堂書目》於史部設史評類，其中既包括了《通鑑博論》《龜山史論》《史通》《澂景堂史測》《史記受終考》《涉史隨筆》《通鑑質疑》《雪航膚見》《資治通鑑正誤》等史評，也包括了《歷朝捷錄》《讀史漫鈔》等史鈔著作。〔註 180〕

〔註 178〕 朱睦㮮：《萬卷堂書目》卷二，《中國著名藏書家書目彙刊（明清卷）》，商務印書館，2005 年，第 7 冊，第 449～450 頁。

〔註 179〕 〔明〕陳第：《世善堂藏書目錄》卷上，清乾隆六十年鮑氏刻知不足齋本。

〔註 180〕 〔明〕王道明：《笠澤堂書目》，《明清藏書目三種（稿抄本）》，北京圖書館出版社，2003 年，第 67～69 頁。

又明末清初錢謙益之《絳雲樓書目》史學類實際上亦屬史評類，既含《兩漢刊誤補遺》《讀史偶論》《史義拾遺》《小學史斷》《讀史管見》《劉知幾史通》《宋史筆斷》《班馬異同》《新唐書糾謬》《讀史歌》《史通會要》《元史闡幽》《學史》等史評著作，亦含《五代史詳節》《十七史詳節》等史鈔著作。〔註181〕大體可見，這種名稱已為史評類而非史鈔類，但內容中包含史評與史鈔兩類著作的分類做法在明末清初時已成一種風氣，且此類著作中所收錄的史評著作數量要明顯多於史鈔著作。相較而言，《明史‧藝文志》將史評置於史鈔類的做法在這時反而是少數了。

明代後期祁承㸁的《澹生堂藏書目》史評類內容範圍則與《總目》非常相似，且將史評類與史鈔類分為兩個類目。此書分「史評之目」為「三則」，然而各史評類著作在排序上並未依三則歸類。不過《澹生堂藏書目》仍是目前所見首次在史評類中再舉細類的書目。在此列表將《澹生堂藏書目》「史評之目」中所列著作與《總目》中這些著作的歸類作一對比〔註182〕：

書名與卷數	作　者	《總目》中的歸類
《史通》二十卷	（唐）劉知幾	史評
《史通評釋》廿卷	（明）郭孔延	史評
《史通會要》三卷	（明）陸深	史評
《班馬異同》三十五卷	（宋）倪思	正史
《史漢方駕》三十五卷	（明）許相卿	正史
《讀史總評》一卷	（明）凌穉隆	未著錄
《歷代史正》二卷	（明）饒汝梧	未著錄
《史裁》廿六卷	（明）吳士奇	史鈔
《史詮》五卷	（明）程一枝	正史
《宋史辨》一卷	（宋）陳桱	未著錄
《宋史闡幽》二卷	（明）許浩	史評
《元史闡幽》二卷		史評
《新唐書糾繆》廿卷	（宋）吳縝	史評
《讀史管見》三十卷	（宋）胡寅	史評

〔註181〕〔清〕錢謙益：《絳雲樓書目》，《明清藏書目三種（稿抄本）》，北京圖書館出版社，2003年，第371～374頁。
〔註182〕〔明〕祁承㸁：《澹生堂藏書目》，《澹生堂讀書記‧澹生堂藏書目》，上海古籍出版社，2015年，第361～363頁。

《涉史隨筆》一卷	（宋）葛洪	史評
《直說通略》十三卷	（元）鄭振孫	未著錄
《讀史筆勤》一卷	佚名	未著錄
《史義拾遺》二卷	（元）楊惟楨	史評
《何文肅公宋元史論》五卷	（明）何喬新	未著錄
《劉屏山漢書雜論》一卷	（宋）劉子翬	未著錄
《劉杲齋宋論》	（明）劉定之	史評
《李文正讀史小論》一卷	（明）李東陽	未著錄
《世史稽疑》二卷	（明）李士實	史評
《小學史斷》十二卷 亦名《邵二泉史學》	（明）邵寶	史評
《史學確論》八卷	（明）沈蓋	未著錄
《鄭端簡公刪改史論》十卷	（明）鄭曉	未著錄
《古今人物論》二十六卷	（明）鄭賢	史評（《人物論》）
《歷代史書總論》二卷	（明）魏顯國	未著錄
《史綱歷代君斷》六卷	（明）李備	未著錄
《漢唐通鑑品藻》三十卷	（明）戴璟	史評
《補史談》五卷	（明）楊士奇	史評（《史談補》）
《欽定鑑古韻語》一卷	（明）孫承恩	未著錄
《張方洲讀史論》六卷	（明）張寧	未著錄
《讀史雅言》二卷	（明）范欑	史評（《洗心居雅言集》）
《讀史割記》一卷	（明）李貴	未著錄
《張東沙史論》四卷	（明）張時徹	未著錄
《讀史訂疑》一卷	（明）王世懋	未著錄
《讀史漫錄》十四卷	（明）于慎行	史評
《史書佔畢》六卷	（明）胡應麟	子部雜家類（在《少室山房叢筆》中）
《讀史叢筆》二卷	（明）余懋學	未著錄
《馮元敏談史錄》一卷	（明）馮時可	未著錄
《說史傳言》十八卷	（明）張大齡	史評（在《玄羽外編》內）
《玄羽史論》四卷	（明）余懋學	史評
《評史心見》十二卷	（明）郭大有	史評
《郭相奎讀史》一卷	（明）郭相奎	未著錄

《史測》二卷	（明）謝肇淛	史評（《瀠景堂史測》）
《蘭曹讀史日記》四卷	（明）熊尚文	史評
《讀史漫抄》二卷	（明）張大復	未著錄
《讀史商語》四卷	（明）王志堅	史評
《讀史詩注》二卷	（明）程敏政	未著錄
《廣詠史絕句注釋》二卷	（明）林茂桂	未著錄
《讀史韻言》二卷	（明）蘇茂相	未著錄
《胡曾詠史詩》一卷	（唐）胡曾	集部別集類
《讀史時見稿》二卷	（明）劉世龍	未著錄
《史綱要領小論》二卷	（明）姚舜牧	未著錄
《讀史抄評》一冊	佚名	未著錄
《讀史快編》六十二卷	（明）趙維寰	史部史鈔類
《讀史機略》四冊	佚名	未著錄
《東坡史評》一卷	佚名	未著錄
《鄭襄敏史鈔》六卷	（明）鄭洛	未著錄
《王損仲史抄》十三卷	（明）王惟儉	未著錄
《讀史評》四卷	（明）楊廷筠	未著錄

依上表，《澹生堂藏書目》史評類所錄著作也被《四庫全書總目》收錄者，《總目》亦多歸之於史評類，僅有少數幾種不在史評類中，如《班馬異同》《史漢方駕》列於《總目》正史類，胡曾《詠史詩》列於《總目》集部別集類，《讀史快編》在《總目》史部史鈔類。可見，除「考正」、「論斷」、「讀史」外，《澹生堂藏書目》史評類還收錄了敘史詩（如《讀史韻言》《欽定鑑古韻語》〔註183〕）和詠史詩（如《胡曾詠史詩》），此或許為史評類收錄敘史詩之始。此外，張之象《太史公史例》在其中列入史類史鈔類；王惟儉《史通訓故》被列於正史類而非史評類，不知何據，或許是因祁承㸁未將其與《史通》聯繫起來，而視作「通史」之作。《澹生堂藏書目》收錄《讀史快編》《讀史漫抄》《王損仲史抄》等少數幾部史鈔著作，但這與前述明中後期以來一些書目之史評類

〔註183〕據《明世宗實錄》嘉靖五年十月二十七（丁丑）曰：「翰林院編修孫承恩以先奉手敕，命儒臣摘取《尚書》中善惡事編成韻語以為法。因取唐虞至宋元人君事蹟可為法戒者，驟括成詩六十首以獻，上嘉納之，賜名《鑑古韻語》。」（《明世宗實錄》，臺灣「中央」研究院歷史語言研究所，第1581頁。）則此書亦為敘史詩。

中包括史鈔著作不同，當是由於體例不嚴謹所致。（另有一部分史鈔著作，如
《十八史略》《歷代纂要》等歸入約史類。）總體而言，《澹生堂藏書目》史評
類收錄範疇當為《總目》史評類之設立提供了重要參考。〔註184〕

　　黃虞稷《千頃堂書目》編於清初，同《澹生堂書目》一樣，也設獨立於史
鈔類的「史學類」。其史學類收書如下表〔註185〕：

書名與卷數	作　者	《總目》中的歸類
《通鑑博論》二卷	（明）朱權	史評
《史斷》一卷		此書實為宋南宮靖一《小學史斷》，非朱權作
《史義拾遺》二卷	（元）楊維楨	史評
《宋遼金正統辨》一卷		未著錄
《歷代史鉞》		（已佚）
《通鑑綱目附釋》	（元）孔克表	未著錄
《通鑑綱目凡例考異》一卷	（明）汪克寬	未著錄
《通鑑綱目音釋》一集	（明）孫吾與	未著錄
《宋史要言》	（明）方孝孺	未著錄
《讀漢書改本》	（明）劉瑞	未著錄
《讀史筆記》	（明）胡粹中	未著錄
《元史評》		在《元史續編》中
《資治通鑑綱目集覽正誤》五十九卷	（明）陳濟	未著錄
《資治通鑑綱目集覽鐫誤》一卷	（明）瞿祐	未著錄
《閱史管見》		未著錄
《全史評》	（明）鄭棠	未著錄
《雪航膚見》十卷	（明）趙弼	史評類
《膚見餘論》一卷	（明）趙遷	未著錄
《木峰史論》		未著錄

〔註184〕《總目》未收錄《澹生堂藏書目》，但四庫館臣見過此書，且徵引此書中內
　　　　容。如《淙山讀周易記》提要云：「《澹生堂目》作十卷。」（《四庫全書總目》
　　　　卷三經部易類三。）
〔註185〕〔清〕黃虞稷：《千頃堂書目》卷五，上海古籍出版社，2001年，第143～
　　　　147頁。

《呆齋宋論》三卷	（明）劉定之	史評，名《宋論》
《宋元史闡幽》三卷	（明）許浩	史評，分《宋史闡幽》與《元史闡幽》二種
《宋元史臆見》	（明）何喬新	未著錄
《讀史錄》六錄／卷	（明）張寧	未著錄
《讀史備遺》	（明）沈玶	未著錄
《讀史編》	（明）魏偁	未著錄
《通鑑斷義》七十三冊	（明）李浩	未著錄
《續宋論紀》	（明）蔣誼	未著錄
《歷朝捷錄》四卷	（明）顧充	未著錄
《貞觀小斷》一卷	（明）張吉	在別集類《古城集》中
《外紀辨疑》	（明）盧璣	未著錄
《學史》十三卷	（明）邵寶	史評
《朱子綱目折衷》	（明）周禮	未著錄
《續編綱目發明》		未著錄
《通鑑外紀論斷》		未著錄
《通鑑筆記》		未著錄
《通鑑綱目續編考證》	（明）呂原	未著錄
《續資治通鑑綱目書法》	（明）金江	未著錄
《通鑑隨筆》一卷	（明）蔡清	未著錄
《綱目撮要補遺》	（明）郭瑾	未著錄
《通鑑綱目發微》三十卷	（明）王峰	未著錄
《續資治通鑑綱目廣義》十七卷	（明）張時泰	未著錄
《史學要義》四卷	（明）卜大有	未著錄
《讀史博論》	（明）許讚	未著錄
《讀史通編》	（明）穆孔暉	未著錄
《史疑》一卷	（明）鄒守愚	未著錄
《資論統》一百卷	（明）周山師	未著錄
《刪改史論》十卷	（明）鄭曉	未著錄
《史漢方駕》三十五卷	（明）許相卿	史評
《史記考要》十卷	（明）柯維騏	未著錄
《史解》六卷		未著錄

《宋元史質》一百卷	（明）王洙	別史類有《宋史質》
《漢唐通鑑品藻》三十卷	（明）戴璟	史評
《史疑》	（明）王廷幹	未著錄
《史學斷義》	（明）貢珊	未著錄
《青史袞鉞》六十卷	（明）郎瑛	未著錄
《元史弼違》	（明）周復俊	未著錄
《諸史品節》四十卷	（明）陳深	史評
《史學辨疑》	（明）王尊賢	未著錄
《讀史續談》四卷	（明）鄭宣	未著錄
《史評》十二卷	（明）胡應麟	未著錄
《史叢》十卷		未著錄
《史稗》四卷	（明）湯聘尹	未著錄
《史乘考誤》	（明）陳朝璋	未著錄
《評史心見》十二卷	（明）郭大有	史評
《讀史膚評》	（明）張元忭	未著錄
《讀史訂疑》一卷	（明）王世懋	史評
《史詮》五卷	（明）程一枝	史評
《南北史小識》十卷	（明）李維楨	未著錄
《歷代史書總論》二卷	（明）魏國顯	未著錄
《讀史漫鈔》二卷	（明）張泰復	未著錄
《史要編》十卷	（明）梁夢龍	史鈔
《經世要略》二十卷	（明）萬廷言	未著錄
《史衡》六卷	（明）陳堯	未著錄
《八書》一卷		未著錄
《太史史例》一百卷	（明）張之象	史評
《史辨書疑》四卷	（明）吳從周	未著錄
《史衡》二十卷	（明）徐明勳	未著錄
《通史補遺》二卷	（明）鄒璧	未著錄
《讀史遮言》	（明）劉述	未著錄
《讀史愚見》四卷	（明）趙宸	未著錄
《疑史自質》二卷	（明）張崔	未著錄
《讀史漫錄》十四卷	（明）于慎行	史評

《百史繩愆》二卷	（明）黃克纘	（禁燬）
《史漢定本》十八卷	（明）袁黃	未著錄
《史奕》	（明）胡纘	未著錄
《史（鑴）[鱎]》二十一卷	（明）謝肇淛	史鈔
《史測》二卷		未著錄
《史裁》二十六卷	（明）吳士奇	史鈔
《蘭曹讀史日記》四卷	（明）熊尚文	史評
《說史儁言》十八卷	（明）張大齡	史評，列於《玄羽外編》
《玄羽史論》四卷		
《史記百家評林》一百三十卷	（明）凌稚隆	未著錄
《漢書百家評林》一百三十卷		未著錄
《史漢愚按》八卷	（明）郝敬	未著錄
《史評》	（明）曹珖	未著錄
《史解》		未著錄
《讀史商語》四卷	（明）王志堅	史評
《讀史日錄》四卷	（明）王志慶	未著錄
《綠滋館考信編》二卷	（明）吳士奇	未著錄
《事編內篇》八卷	（明）孫慎行	傳記
《史懷》二十卷	（明）鍾惺	史評
《狂狷裁中》十卷	（明）楊時偉	史評
《綱目答問》	（明）陳曾曄	未著錄
《訂補綱目摘要》六卷	（明）梅士亨	未著錄
《史論二編》十卷	（明）張溥	史評，名《歷代史論二編》
《讀史四集》四卷	（明）楊以任	史鈔，名《讀史集》
《史論》一卷	（明）陳子龍	未著錄
《史記雜論》四卷	（明）黃淳耀	未著錄
《綱目集覽正誤》	（明）釋信受	未著錄
《宋元綱目愚管》二十卷	南山逸老	未著錄
《世史積疑》二卷	（明）李士寔	史評
《宋史筆斷》十二卷	（明）佚名	史評
《史評》八卷	（明）談世選	未著錄

《史學彙編》十二卷	（明）馮尚賢	未著錄
《史糾》二卷	（明）朱明鎬	史評
《史書異同》三卷		未著錄
《新舊異同》二卷		未著錄
《讀史機略》十卷	（明）何譔	未著錄，另《澹生堂藏書目》列於子部兵家類
《史通會要》四卷	（明）陸深	史評
《史通訓故》二十卷	（明）王惟儉	史評
《史通評釋》二十卷	（明）郭孔延	史評
《史記纂補》二卷	（明）朱焯	未著錄
《記史》十二卷	（明）羅鴻	未著錄
《讀宋史偶識》二卷	（明）項夢元	未著錄
《宋元史發微》	（明）陸㑇	未著錄
《資治通鑑釋文辨誤》十二卷	（宋）胡三省	編年
《小學史斷》六卷	（宋）南宮靖一	史評
《諸史偶論》十卷	（宋）佚名	史評
《資治通鑑綱目發明》五十九卷	（元）尹起莘	未著錄
《資治通鑑綱目書法》五十九卷	（元）劉友益	未著錄
《資治通鑑綱目集覽》五十九卷	（元）王幼學	未著錄
《資治通鑑綱目考證》五十九卷	（元）徐昭文	未著錄
《通鑑質疑》	（元）董蕃	未著錄
《通鑑書法》	（元）郝經	未著錄
《通鑑綱目測海》三卷	（元）何中	編年
《通鑑綱目凡例考異》	（元）金居敬	未著錄
《史論》	（元）呂溥	未著錄
《史評》八十卷	（元）俞漢	未著錄
《史辨》三十卷	（元）雷光霆	未著錄
《觀史治忽幾微》	（元）許謙	未著錄
《史評》	（元）趙居信	未著錄
《讀史說》三卷	（元）楊如山	未著錄
《史論》三十卷	（元）王約	未著錄

《正統論辨》一卷	（元）謝端	未著錄
《集注貞觀政要》十卷	（元）戈直	未著錄
《通鑑總論》一卷	（元）潘榮	史評，附於《小學史斷》
《宋論》	（元）朱震亨	未著錄

《千頃堂書目》原書僅收錄明代著作，宋、元著作皆後來盧文弨、吳騫所補，因補充內容的體例遵循黃氏原書，因此補充的書目亦列於表中。總體上講《千頃堂書目》史學類收書數量遠超過《澹生堂藏書目》，不過《千頃堂書目》史學類未分屬。就其所收書籍與《總目》對比來看，除了《總目》未收錄各書外，其他著作多數也列於《總目》史評類；其中未列於《總目》史評類的著作要麼列於《總目》編年類中，附於《資治通鑑》等書之後，要麼列於《總目》史部史鈔類，不過這些在《總目》中列於史鈔類的著作中也都有些許史評。且《千頃堂書目》有獨立的史鈔類。此外《千頃堂書目》史評類未收錄敘史詩著作，僅收錄史學義例（主要集中在關於《史通》的幾種評注本）、史考與史論著作。

　　總之，雖自《郡齋讀書志》後，目錄學中有較長一段時間沒有設立獨立的史評類，但史評與史鈔二類合一的方式已經在為史評類再度獨立作準備了。至明代後期《澹生堂書目》起，區分史評類與史鈔類的做法再度出現，明末清初之《千頃堂書目》、乾隆時期的《四庫全書總目》均繼承了此種將史評單獨立類的做法。此種分類法還影響至清代中後期乃至民國時期的目錄學。

小結

　　史評濫觴於《詩經》《尚書》中對祖先的頌辭，其後還有《易傳》《詩序》《書序》等經書中對歷史事件與人物的簡要論斷，至《左傳》之「君子曰」而漸成型，先秦諸子著作又多藉史論來闡述自己觀點，至《史記》之「太史公曰」而成為史書中的常例，漢代史注的發展又推動了史考的發展。後世史評在體裁上亦深受《史記》「太史公曰」的影響。隨著各史書論贊與史注的普遍發展，逐漸產生了一些獨立的史評著作，史評作為史學著作體裁之一逐漸成型，為後世目錄學中將史評設為單獨一類創造了基礎。

　　在目錄學中，史評著作起初隨所評論之史書而歸於正史類，或因雜論各史而歸於雜史類。自唐代劉知幾作《史通》，為史評類著作打開了新的局面。劉知幾好友吳兢所作《西齋書目》將這種統論史學與史書之著作歸入集部文

史類。至南宋《郡齋讀書志》單獨於史部列史評類。不過史評類並未自此而成為其他書目之範例,相反,從南宋至明前期,多數書目要麼並不單獨設史評類,而是要麼將史評歸入史鈔類或史評史鈔類,要麼像《郡齋讀書志》之前的書目一樣散入正史類、編年類、文史類中。

自明代中後期開始,史評類地位開始上升,雖然多數書目仍將史評與史鈔合為一類,但類目名稱卻以「史評」、「史學」、「史論」為主。至祈承爍《澹生堂書目》立又將史評類與史鈔類作區分,清初黃虞稷《千頃堂書目》繼承其體例,《總目》史評類之設立或許即受到此二書的影響。

第二章 《四庫全書總目》史評類的 範型

　　《四庫全書總目》史部中有正史類、編年類、紀事本末類、雜史類、別史類、詔令奏議類、傳記類、史鈔類、載記類、時令類、地理類、職官類、政書類、目錄類、史評類等共十五類，除史評類外，其他各類均為記事之學，或記一朝或數朝歷史，或收錄政府之檔案文書，或節錄已有之史書，或記割據政權與某一地區的地理與史事，或收錄圖書、目錄資料，唯獨史評類以收錄歷史評論與歷史考證著作為主。這種獨特性使《總目》史評類容易與其他類目有密切關係。因史評類中各書是對其他類目著作的再加工，所以如何辨析這種關係就成為《總目》館臣必須面對的問題。《總目》史評類既然繼承前代書目之史評類而來，那麼四庫館臣在確立史評類的收錄範疇時，自然會吸取前代目錄著作中史評類的劃分標準，但前代目錄著作中的史評類收錄體例並不固定，各有標準，所以《總目》必須在借鑑前代目錄著作的前提下自立標準。《總目》是朝廷組織修撰的大型目錄著作，參與其中的文人很多，《總目》定本又有武英殿本發行於世，所以《總目》的分類原則（包括其史評類的範型）不僅成為一種官方權威，而且影響到普通文人。當然，當時及後世的文人不至於與朝廷保持完全一致，《總目》本身也未能成為一種強制性的文化法規，故而《總目》之後的目錄學分類原則既深受《總目》的影響，又各自有所損益。這種張力如何在後世目錄著作的史評類中具體呈現出來，也值得留意一番。

第一節 《四庫全書總目》史評類之確立

　　《四庫全書總目》史評類對史評的評價非常低，其序文中即明確寫道：「故瑕類叢生，亦惟此一類為甚……以古來著錄，舊有此門，擇其篤實近理者，酌錄數家，用備體裁云爾。」〔註1〕即《四庫全書總目》的纂修官們認為設立史評類最主要的原因是「舊有此門」，加上史評著作大量存在的現實，所以《總目》才設立史評類。《總目》設立史評類的目的也僅是「用備體裁」，放通俗講即只是為充個門面而已。不過在《總目》中既已設立史評類，那麼還是要與《總目》以前的目錄作對比，來看《總目》史評類確立時之體例。

一、與正史、編年體史書關係密切的史評與史注著作之歸類

　　如第一章所論，在史評類產生之前，史書的注釋、評點與考證著作多依其所注與所評之書而歸於正史、編年等不同類目中。在史評類產生之後，史注與史評著作的歸類頗不統一，以最初設史評類的《郡齋讀書志》為例，其正史類收錄《史記》《前漢》《後漢》《三國志》等紀傳體正史〔註2〕，編年類收錄《三朝國史》《荀悅漢紀》（即《前漢紀》）《袁宏漢紀》（即《後漢紀》）《大唐創業起居注》《通曆》《資治通鑑》等編年體史書〔註3〕，正史類和編年類絕不雜各類史書的注本、評注本、評論本、考訂本等著作，而將這些史注和史評著作統統置於史評類，在這一點上體例甚嚴。南宋尤袤《遂初堂書目》的分類體例與《郡齋讀書志》相同，正史類只收紀傳體史書，編年體只收編年體史書，而史注與史評著作置於史學類，這樣做可能主要借鑑了《郡齋讀書志》。〔註4〕總體講宋代時的史評類特意將正史、編年類中的史注、史評著作

〔註1〕 《四庫全書總目》卷八十八史部史評類。
〔註2〕 其他還有《晉書》《宋書》《南齊書》《梁書》《陳書》《北齊書》《周書》《隋書》《唐書》《新唐書》《五代史記》等數種。
〔註3〕 其他還有《唐曆》《河洛行年記》《續通曆》《五代通錄》《紀年通譜》《稽古錄》《編年紀事》等數種。
〔註4〕 《遂初堂書目》正史類所收書有（不列其版本）：《史記》《前漢書》《後漢書》《三國志》《晉書》《南史》《北史》《宋書》《南齊書》《梁書》《陳書》《魏書》《北齊書》《後周書》《隋書》《舊唐書》《舊五代史》。皆不含注本和評釋本。其編年類包括（不列版本）：《竹書紀年》《漢紀》《後漢紀》《晉陽秋》《晉春秋》《魏典》《宋略》《梁太清紀》《唐曆》《太統曆》《馬總通曆》《續通曆》《古今通要》《稽古錄》《續稽古錄》《累代歷年》《曆年圖》《紀年通譜》《續紀年通譜》《編年通載》《帝王全要》《晁氏紀年》《歷代年運》《疑年譜》《古今年號錄》《通鑑外紀》《五代開皇紀》《資治通鑑》《通鑑目錄並考異》《通鑑舉要

分離出來而單獨成類，因此正史、編年、史評三類較為嚴格地依體例而分類。元代馬端臨《文獻通考》中正史類僅包括紀傳體正史著作，其中包括了宋代的幾部國史；而編年類中亦不列注本、評點與考釋本。〔註5〕

　　但到明代和清初時，書目中多有將史注與史評著作列於正史和編年中者。如《澹生堂藏書目》正史類中有《史記百家評林》《史記刪評》《漢書百家評林》《前漢書刪評》《批評後漢書》等注釋與評論著作，在編年史類中有《資治通鑑釋文辨誤》《通鑑地理通釋》《資治通鑑綱目發明》等數種注本。不過在《澹生堂藏書目》史評類中，亦包含正史的評論與考訂本，如《班馬異同》《劉屏山漢書雜論》《史漢方駕》《新唐書糾繆》等，不過為數不多。總體看《澹生堂藏書目》明確區分史注與史評，將史注從史評類中剝離而歸入正史、編年類中，而與某一部正史或編年類史書關係非常密切的評論與考訂著作也依其本書而歸入正史或編年類，不再雜入史評類。《澹生堂藏書目》這種做法可能影響到《四庫全書總目》的史注歸類和史評與正史、編年二類的關係。當然《澹生堂藏書目》的這種分法並未很快成為其他書目分類的準繩，如《千

　　　　歷》《通鑑釋文》《通鑑紀事本末》《帝王要略》《續帝王寶運錄》《兩朝編年》《通鑑前例》等，其中《通鑑目錄並考異》和《通鑑釋文》為《資治通鑑》的考證與注釋本，但《考異》本為《資治通鑑》一部分，特摘抄出而成書，因此還不算專門之作。

〔註5〕《文獻通考·經籍考》正史類包括《史記》《前漢書》《後漢書》《三國志》《續後漢書》《晉書》《宋書》《南齊書》《梁書》《陳書》《後魏書》（魏收《魏書》）《後魏書紀》《後漢書天文志》《北齊書》《周書》《陳書》《南史》《北史》、韋述《唐書》、劉昫《唐書》、《新唐書》《五代史》《新五代史》《（宋太祖、太宗、真宗）三朝國史》《（宋仁宗、英宗）兩朝國史》《（宋哲宗、神宗、徽宗、欽宗）四朝國史》等，除當下所指紀傳體正史外，還包括了很多當朝所編紀傳體「國史」，另如《後漢書天文志》這種是為補充正史而作，無一部史書注本或評點本；編年類收錄有《漢紀》《後漢紀》《晉春秋略》《元經薛氏傳》《唐曆》《續唐曆》《大唐統紀》《唐紀》《河洛行年記》《五運錄》《通曆》《續通曆》《帝五鏡略》《唐年補錄》《五代通錄》《運曆圖》《紀年通譜》《編年通載》《稽古錄》《編年紀事》《資治通鑑》《通鑑舉要歷》《累代歷年》《資治通鑑外紀》《疑年譜》《寶曆歌》《歷代紀元賦》《通鑑節文》《紹運圖》《歷代帝王年運詮要》《歷代紀年》《皇王大紀》《經世紀年》《通鑑紀事本末》《通鑑綱目》《國紀》《續通鑑長編》《續通鑑長編舉要》《九朝通略》《中興小曆》《中興遺史》《丁未錄》《思陵大事紀》《阜陵大事紀》《建炎以來紀年要錄》《大事記》（包括《解題》和《通釋》）《建隆編》《讀書譜》《紀年統論》《紀年備遺》《皇朝編年舉要》（含《備要》）《中興編年舉要》（含《備要》）《續稽古錄》《歷代帝王纂要譜括》等，其內容大體相當於《四庫全書總目》的編年體與紀事本末體兩個類目，亦不含注評本。

頃堂書目》的正史類與通史類仍嚴格依體裁而分類，基本上僅列紀傳體史書，而不列史注與史評〔註6〕；編年類則收錄了一些注釋、考訂本，如張居正《通鑑直解》、王逢《通鑑釋義》、楊伯珂《綱目訂正》等數種，均為《資治通鑑》和《資治通鑑綱目》的注解本。《千頃堂書目》史學類則收錄有汪克寬《通鑑綱目凡例考異》、孫吾與《通鑑綱目音釋》、陳濟《資治通鑑綱目集覽正誤》、瞿又通《通鑑綱目集覽鐫誤》、周禮《朱子綱目折衷》《續編綱目發明》《通鑑外紀論斷》、呂原《通鑑綱目續編考正》、金江《續資治通鑑綱目書法》、鄭瓘《綱目撮要補遺》、王峰《通鑑綱目發微》、張時泰《續資治通鑑綱目廣義》等書，數量上遠超其編年類中所收的史注與史評著作。

　　《總目》將與正史、編年體史書關係非常密切的著作，尤其是為正史和編年體史書作注的著作基本都列於正史類與編年類中，不再單獨置於史評類中。正史類所收此類著作有裴駰《史記集解》、司馬貞《史記索隱》、張守節《史記正義》、汪越《讀史記十表》、邵泰衢《史記疑問》、倪思《班馬異同》、吳仁傑《兩漢刊誤補遺》《三國志辨誤》、杭世駿《三國志補注》、吳縝《新唐書糾繆》與《五代史記纂誤》、郝敬《史記瑣瑣》、程一枝《史銓》、劉辰翁《班馬異同評》、許相卿《史漢方駕》、楊陸榮《五代史志疑》、項夢原《宋史偶識》等〔註7〕。《總目》正史類序文稱這樣做的原因是：

　　　　其他訓釋音義者，如《史記索隱》之類；掇拾遺闕者，如《補
　　　　後漢書年表》之類；辨正異同者，如《新唐書糾繆》之類；校正字
　　　　句者，如《兩漢刊誤補遺》之類，若別為編次，尋檢為繁，即各附

〔註6〕《千頃堂書目》的正史類主要列紀傳體斷代史，且黃氏原書僅含明代作品，
　　　　包括：危素《宋史稿》《元史稿》、宋濂等《元史》、朱右《元史補遺》、劉應
　　　　秋等《皇明七朝帝紀》、陳懿典《正史七太子傳》、楊繼禮《后妃傳》《外戚傳》、
　　　　鄭曉《吾學編》、鄧元錫《明書》、陳翼飛《史待》、何喬遠《明山藏》、朱國
　　　　楨《明史概》、尹守衡《明史竊》、吳士奇《明副書》、雷叔《國史》、劉震識
　　　　《大錄》、延左平《國書》、柯維騏《宋史新編》、謝陛《季漢書》、蔣之翹《更
　　　　定晉書》等，其中還包括一些可列入傳記類的作品，如《正史七太子傳》和
　　　　《后妃傳》；其通史類包括：唐順之《史纂左編》、穆孔暉《諸史通編》、安都
　　　　《十九史節定》、邵經邦《弘簡集》《學史會同》、吳統《史類》、鄧元錫《函
　　　　史》、魏國顯《史書大全》、祝書祺《二史會編》、楊寅東《歷代史彙》、張萱
　　　　《西園彙史》、饒伸學《海君道部》、鄭郊《史統》等，正史類和通史類全無
　　　　史注與史評著作；專門列通史類，大體與明代受鄭樵影響，很多人寫紀傳體
　　　　通史有關。
〔註7〕《四庫全書總目》卷四十五史部正史類一、四十六史部正史類二。

本書用資參證。〔註8〕

依《總目》所言,這樣做的主要目的是為了「尋檢」方便,是出於技術層面的考慮。不過《總目》分類仍有自違體例之處,如《新唐書糾繆》列於正史類,而《唐書直筆》則列於史評類,二者均是品評考訂《新唐書》之作。

在《總目》編年類中也列入了個別為編年體史書作注或對其進行品評考訂的著作,如徐文靖《竹書統箋》、司馬光《資治通鑑考異》與《通鑑釋例》、胡三省《資治通鑑釋文辨誤》、陳景雲《通鑑胡注舉正》、芮長恤《綱目分注補遺》、陳景雲《綱目訂誤》、何中《通鑑綱目測海》等〔註9〕。其歸類法基本與正史類等同。

此外,在《總目》初次進呈提要中,范祖禹《唐鑑》歸於編年類〔註10〕,而《總目》各定本將《唐鑑》歸於史評類。初次進呈稿將其歸於編年類,大概是由於《唐鑑》依年月先列相關事件,再加以評論,從形式上講有些類似於編年體史書,加之《總目》之前的一些目錄著作(如《澹生堂藏書目》)也將《唐鑑》歸於編年類,可以說是有先例可循。然而《唐鑑》敘事部分大體摘錄自《資治通鑑》,重點則在於范祖禹親自所作史論部分,且《唐鑑》並不依附於《資治通鑑》等史書而獨立成書,因此《總目》最終將其歸於史評類,主要是依其實際內容而歸類。

之所以正史類序文中要單獨指出此種歸類的緣由,而其他類不再指出,可能與正史類地位尊崇,影響較廣,為其作注或加以評判的著作也較多有關。在編年類中最受人關注的是《資治通鑑》和《資治通鑑綱目》,因而有很多為《資治通鑑》與《資治通鑑綱目》作注釋、考異的著作。此外,相較於之前的書目而言,《總目》不僅將史注列於正史類和編年類,而且將一些對正史和編年類著作進行評論的著作也置於正史類和編年類,除了技術上的考慮外,可能還有另一層意義,即《總目》輕視史評類,而正史類儼若史部中之經書,編年類又僅次其後。若依舊例將多數為正史作注解、評論與考訂的著作置於史評類,則無形中加強了《總目》史評類的重要性,因為這些著作往往是正史類或重要的編年類史書的輔翼與門津,符合《總目》總體重考據而輕義理(議

〔註8〕 《四庫全書總目》卷四十五史部正史類一。
〔註9〕 《四庫全書總目》卷四十七史部編年類一、卷四十八史部編年類二。
〔註10〕 《四庫全書初次進呈存目校證》,陝西師範大學出版總社,2016 年,第 377頁。

論）的宗旨。將這些著作抽離出史評類後，在《總目》那裡就更突顯出史評類可存可廢的地位了。皇權意志在《總目》中的表現，較之之前的書目而言強化了很多，且滲透在這種細節中。

二、兼鈔兼評著作的歸類問題

《總目》之史評類與史鈔類亦有密切關係。如第一章所述，自南宋至清初，很多書目將史鈔與史評著作歸入一類，本就與二者之間在形式上有相似之處有關；一方面，史評著作為對史事進行評論或考證，常常要大量抄錄其他史書中之文字；另一方面，有些史鈔著作會作簡短評語附於末，或是在書中作眉批。如《總目》史鈔類序文云：「若倪思《班馬異同》惟品文字，婁機《班馬字類》惟明音訓，及《三國志文類》總匯文章者，則各從本類不列此門。」〔註11〕這裡與《總目》史評類序文一樣均論及《班馬異同》。《班馬異同》提要云：

> 其例以《史記》本文大書，凡《史記》無而《漢書》所加者，則以細字書之；《史記》有而《漢書》所刪者則以墨筆勒字旁；或《漢書》移其先後者則注曰「《漢書》上連某文下連某文」；或《漢書》移入別篇者則注曰「《漢書》見某傳」。二書互勘，長短較然。〔註12〕

可見《班馬異同》中大量抄節《史記》與《漢書》文字，故而在此需辨析與「史鈔類」之不同。又《總目》史評類序文以之為史評，只是為方便檢尋而置於正史類中。於此可看得出史鈔類與史評類在內容上的密切關係。

《總目》史鈔類對一些史鈔著作的史論文字有所評論，一種是對鈔錄史評之史鈔的評論，指明其入史鈔類而不入史評類之緣由，如《全史論贊》提要案語云：「此書皆取論贊，宜入史評，然皆摘錄於諸史，非所自評也，故仍入之史鈔類焉。」〔註13〕此處說明《總目》史評類要求作者評論時多少應帶有「自評」內容，完全抄錄他人史評的著作則被《總目》歸於史鈔類。亦可見史鈔類所鈔之「史」，除了記事之史籍外，亦可包括史論。此種類型的著作還有明彭以明《二十一史論贊輯要》和明沈國元《二十一史論贊》。《二十一史論贊輯要》提要云：「是編採錄諸史論贊，以課其子。鈔撮之學，非

〔註11〕《四庫全書總目》卷六十五史部史鈔類。
〔註12〕《四庫全書總目》卷四十五史部正史類一。
〔註13〕《四庫全書總目》卷六十五史部史鈔類。

讀史之正法也。」〔註14〕此書只抄錄各正史中的論贊，不作評點。又《二十一史論贊》提要云：「是書摘錄二十一史論贊，加以圈點評識，全如批選時文之式。」〔註15〕可見此種史鈔可能是為了給舉子寫作策論文章作參考。這兩種書未歸入史評類而歸入史鈔類，則是《總目》在此以體裁分類而非以內容分類為主的結果。

另一種兼評兼鈔的著作則主要對其書中部分篇目作評點。如《史記鈔》提要云：「亦略施評點。」〔註16〕這種批點有的著落在史事評點上，多數評點較短，僅一二句，如論趙高殺誣殺李斯云：「自古權臣以私憾誅大臣，大略仿此而成獄。」〔註17〕有一些評論則比較長，如其論孫臏滅龐涓云：

> 孫臏滅龐與韓信背水陣同。韓信以孤軍深入趙危地也，非為背水陣則不可誘之空壁而出逐，空壁而出逐，則夜半所遣二千人間道而伏趙壁之旁者，可以拔趙幟而立漢幟矣。孫臏疾走大梁，且故知龐涓之輕之，而以齊兵為怯也。日為減灶，則可以誘其輕且怯我之心，而倍日並行以逐。倍日並行以逐，則旁多阻隘，彼且不及搜而吾可為伏以襲之矣。〔註18〕

此處將韓信背水一戰與孫臏與龐涓所指揮的馬陵之戰作比，來討論古時誘敵之術，與一般史論沒有什麼差別。書中有的評點則著落在史書的辭章筆法上，如論荊柯刺秦王云：「一時倉卒之變，摹寫殆盡。顧虎頭王摩詰畫手。」〔註19〕又如其論衛青云：「大將軍此戰極為奇絕，以不得並驃騎益封。故太史公盡力摹寫，令人讀之凜凜有生色。」〔註20〕此為史鈔中常見的做法。因史鈔本來就以抄錄史書中精華語段為主，所以抄錄者也常借機評點史書的文法。

〔註14〕《四庫全書總目》卷六十五史部史鈔類。
〔註15〕《四庫全書總目》卷六十五史部史鈔類。
〔註16〕《四庫全書總目》卷六十五史部史鈔類。
〔註17〕〔明〕茅坤：《史記鈔》卷五十五，《四庫全書存目叢書》史部第138冊，第288頁。
〔註18〕〔明〕茅坤：《史記鈔》卷三十七，《四庫全書存目叢書》史部第138冊，第199頁。
〔註19〕〔明〕茅坤：《史記鈔》卷五十四，《四庫全書存目叢書》史部第138冊，第279頁。
〔註20〕〔明〕茅坤：《史記鈔》卷七十六，《四庫全書存目叢書》史部第138冊，第378頁。

　　明穆文熙《四史鴻裁》中有眉批，其提要云：「批點尤為弇陋。」〔註21〕
眉批不像多數史書中的史評那樣附於文中或文末。《四史鴻裁》的批點有的抄
自其他人（抄自汪道昆、余有丁、柯維騏等人的較多），個別則為穆文熙自己
所作，如其在《晏子、叔向論齊晉之衰》篇齊侯為晏子換宅部分的批點是：
「穆文熙曰：君更宅而已毀之，反其里人，於人情似涉太嬌。然必如此，乃為
晏子。此亦與辭邑事相表裏。」〔註22〕

　　《史裁》提要云：「雜採舊論，亦間以己意斷之。」〔註23〕陳邦瞻《史裁
序》云：「其體主於紀事，其事多主遇變而能權，而其權又主依經而合道。」
〔註24〕《史裁》中所輯他人議論及自己的評論（「吳生曰」）屬於史論，但在
書中只是附於鈔錄的史事之後，且並非每一條記事後均附有議論。不過吳士
奇個別議論相當詳盡，如其論秦代沙丘之謀云：

　　　　吳生曰：沙丘之謀，史氏以為說動於趙高。余謂不然。斯蓋自
　　扶蘇監北邊之日而已有二心矣。夫太子，奉冢祀社稷之粢盛以朝夕
　　視君膳者也。君之適嗣不可以帥師，斯豈不聞耶？且其臣主相得，
　　不啻魚水之歡也。其於天下輕重利害，何所不言？即以先王遺訓不
　　難付之坑灰，又何所忌憚而不敢言？而謂太子天下本，獨斯一言
　　耶？易儲，大故也。矯詔而殺君之嗣，至不道也。趙高揣斯不從勢，
　　必先殺斯以滅口。不以謀告斯，高不殺斯者，預窺斯之隱也。殺斯
　　而將相為戮，盡從死君後也。中外必疑扶蘇必不死，而徒擁一少子
　　返國而奪之位，敗道也。留斯為羅，而後可以死扶蘇，殺蒙氏兄弟，
　　然後盡除先帝之故臣以逮秦諸公子，則斯亦機上肉耳。如此而胡亥
　　乃可取而代也。甚矣，高之忍而險也。《易》曰：「臣弒其君，子弒
　　其父，非一朝一夕之故。」可不畏哉！〔註25〕

此段議論言及立嗣的一些原則，尤其重在討論為何趙高在沙丘之謀時不立即
殺死李斯，探討沙丘之謀時趙高等人的策略。雖言辭不算很雅致，語言風格

〔註21〕《四庫全書總目》卷六十五史部史鈔類。
〔註22〕〔明〕穆文熙：《四史鴻裁》卷十，《四庫全書存目叢書》史部第139冊，第
　　　　33頁。
〔註23〕《四庫全書總目》卷六十五史部史鈔類。
〔註24〕〔明〕陳邦瞻：《史裁序》，〔明〕吳士奇：《史裁》，《四庫全書存目叢書》史
　　　　部第144冊，第2頁。
〔註25〕〔明〕吳士奇：《史裁》卷三，《四庫全書存目叢書》史部第144冊，第48頁。

上似即興評點批註之語，但議論邏輯完整，內容較長，不同於其他史鈔類著作中的簡短評點之語。

　　明楊以任《讀史集》提要云：「每條下略綴評語，詞多佻纖。」〔註26〕《徵兵討莽》條評語云：「事即不成，不可無此快舉。」〔註27〕《程琳為御史中丞》條評語：「古直臣。」〔註28〕只有三字。不過亦有少數評語較長，如《武帝斥方士罷田輪臺》評語云：「武帝唯是信任方士一節，為可訾耳。若夫西域南夷之事，固高、文在天之靈之所鑑也。吾當其勞以逸遺耳。下至元成乃見焉。嗚呼，武帝真英主哉！」〔註29〕不過也無深意可言，僅抒發感慨而已。

　　其他如《讀書漫筆》提要云：「亦時論斷其是非，發明殊鮮。」〔註30〕《三國史瑜》提要云：「於陳壽《三國志》中擇其事蹟較著者條分件繫，綴以評語……評語多取鍾惺之說，其所宗尚可知也。」〔註31〕可見其介紹或者指明史鈔類著作的評點之語僅綴於個別抄錄內容之下；或每條下有簡短評語，而評點之語終在次要位置；或者指出其評論「弇陋」，「發明殊鮮」等，認為此類評點並無多少價值可言，因而宜將這些著作歸入史鈔類而非史評類。就總的體例而言，《總目》史鈔類著作中的評點要麼雙行小字置於文中，要麼是眉批，要麼是在篇末附簡短評語，要麼雖有評語也多是引用他人之論；其中雖偶而有長篇議論，但所佔比例一般不會太大，這些大體是《總目》區分史鈔類與史評類的標準。

　　《總目》史評類所收錄著作有很多也帶有半史鈔性質，如《十七史纂古今通要》提要云：「是書自三皇以迄五代，裒集史事，附以論斷。」〔註32〕《帝鑑圖說》提要云：「每事前繪一圖，後錄傳記本文，而為之直解。」〔註33〕《玄羽外編》提要云：「又《說史雋言》十八卷，分二十四類。雜採史文，斷以己說。又《晉十六國指掌》六卷，《唐藩鎮指掌》六卷，皆抄撮《晉書載記》《唐書藩鎮傳》而成。」〔註34〕《史拾載補》提要云：「是編取《史

〔註26〕《四庫全書總目》卷六十五史部史鈔類。
〔註27〕〔明〕楊以任：《讀史集》，《四庫全書存目叢書》史部第148冊，第278頁。
〔註28〕〔明〕楊以任：《讀史集》，《四庫全書存目叢書》史部第148冊，第310頁。
〔註29〕〔明〕楊以任：《讀史集》，《四庫全書存目叢書》史部第148冊，第276頁。
〔註30〕《四庫全書總目》卷六十五史部史鈔類。
〔註31〕《四庫全書總目》卷六十五史部史鈔類。
〔註32〕《四庫全書總目》卷八十八史部史評類。
〔註33〕《四庫全書總目》卷九十史部史評類存目二。
〔註34〕《四庫全書總目》卷九十史部史評類存目二。

記》八書及《儒林》《循吏》《遊俠》《酷吏》《滑稽》《日者》《龜策》《貨殖》《匈奴》《西南夷》《大宛》列傳十一篇，加以圈點，並略附箋注評語於篇後。」〔註35〕《鑑語經世編》提要云：「是編以《通鑑》卷帙浩繁，學者難以卒讀，於是摘錄司馬光《資治通鑑》及王宗沐《宋元資治通鑑》凡有關經世者，加以案語。」〔註36〕這些著作雖然均有大段史鈔部分，但重點或出彩處往往在史評。如《十七史纂古今通要序》稱：「自入溫公《通鑑》一祖，文公《綱目》及先儒史論斷之，間亦備附己意與二三同志之論，以便初學。庶發其大義，正其歸趣，駸駸以及於全書。」〔註37〕其重點即在「論斷」。《帝鑑圖說》的重點在圖與解說兩部分，其中解說為古白話文，其末尾常附論斷，雖然論斷內容不多，但作了一層翻譯，便與一般史鈔著作有所不同了。張養正《合刻玄羽外編序》云：「余何能知史？幸因先生之論史以知史。余何能論史？幸先生之論史以為文。」〔註38〕其重點落在「論史」之上。朗壁金《史拾載補序》云：「其論贊評騭，直可前無作者。」〔註39〕其所盛讚者正在「論贊」部分。《鑑語經世編自序》云：「然讀此書者，固能悉《通鑑》之大略，若不讀《通鑑》全書，亦無由悉此書之本末，得評說之源流。」〔註40〕其重在「評說」。因而反過來說，同時抄節史書和評論歷史的著作若要置於《總目》史評類，則評論語需佔據書中相當的分量才行，且該書需言之成篇，多少有些深度，不應只是簡單的評點；所發史論當有己見，不應全是抄錄其他史著的論贊而成書。

三、區分詠史詩與敘史詩

詠史詩以歷史為客體，抒發詩人的主觀感情或議論。在《文選》中即有「詠史」一門，收錄王仲宣《詠史詩》一首、曹植《三良詩》一首、左思《詠

〔註35〕《四庫全書總目》卷九十史部史評類存目二。

〔註36〕《四庫全書總目》卷九十史部史評類存目二。

〔註37〕〔元〕胡一桂：《十七史纂古今通要序》，《十七史纂古今通要》，北京圖書館出版社，2003年。

〔註38〕〔明〕張養正：《合刻玄羽外編序》，《四庫全書存目叢書》史部第287冊，第601頁。

〔註39〕〔明〕朗壁金：《史拾載補序》，《四庫全書存目叢書補編》第94冊，齊魯書社，2001年，第326頁。

〔註40〕〔清〕魏裔介：《鑑語經世編自序》，《四庫全書存目叢書》史部第290冊，第355頁。

史》八首、張協《詠史》一首、盧諶《覽古》一首、謝瞻《張子房詩》一首、顏延年《秋胡詩》一首、《五君詠》五首、鮑照《詠史》一首、虞集《詠霍將軍北伐》等數首。這些詩在內容上多為抒情或議論詩，還有一部分為敘事詩。抒情詩如曹植《三良詩》詠秦穆公殺奄息、仲行、針虎「三良」之事：

> 功名不可為，忠義我所安。秦穆先下世，三臣皆自殘。生時等榮樂，既沒同憂患。誰言捐軀易，殺身誠獨難。攬涕登君墓，臨穴仰天歎。長夜何冥冥，一往不復還。黃鳥為悲鳴，哀哉傷肺肝。〔註41〕

詩中僅第二聯敘及所詠之史事，這聯敘事僅起著點題作用而已，其他部分皆表達作者自己的感慨，抒發其憂傷哀挽之情。全詩所重在「情」而非「事」。

敘事詩的典型如盧諶《覽古》敘述藺相如之故事：

> 趙氏有和璧，天下無不傳。秦人來求市，厥價徒空言。與之將見賣，不與恐致患。簡才備行李，圖令國命全。藺生在下位，繆子稱其賢。奉辭馳出境，伏軾徑入關。秦王御殿坐，趙使擁節前。揮袂睨金柱，身玉要俱捐。連城既偽往，荊玉亦真還。爰在澠池會，二主克交歡。昭襄欲負力，相如折其端。眥血下霑衿，怒髮上衝冠。西缶終雙擊，東瑟不隻彈。舍生豈不易，處死誠獨難。稜威章臺顛，彊禦亦不干。屈節邯鄲中，俯首忍迴軒。廉公何為者，負荊謝厥譽。智勇蓋當代，弛張使我歎。〔註42〕

全詩內容基本上是對《史記・廉頗藺相如列傳》有關內容的改寫，敘事次序亦與《史記》無差異，從秦人求和氏璧到徵召藺相如與趙王一同會見秦王的澠池之會，最後到廉頗負荊請罪。全詩主體皆以敘事見長，僅是末尾一聯抒發盧氏的個人感慨。作者情懷更多凝結在敘事方式和修辭上，凝結在以史事構築的意象之中。

《文選》首次設「詠史」門，也樹立了整個詠史詩的範式。即詠史詩需要借某件歷史事件或某個歷史人物而抒發感想，為此有時需要用精練的語句敘述史事，其中以敘事為主的詠史詩很可能演化成了後來的敘史詩。敘史詩則整體以敘述歷史為主，在體裁上以韻語成章，集合成著作的敘史詩多數都敘述歷朝或數代歷史，而非單獨敘述某一事件或人物。敘史詩也常有感歎甚

〔註41〕〔魏〕曹植：《三良詩》，〔梁〕蕭統：《文選》卷二十一。
〔註42〕〔晉〕盧諶：《覽古》，《文選》卷二十一。

至議論之語，但這種情況一般在全書中不會佔據多數。多數敘史詩（以《總目》標準而言）幾乎純粹敘事，如宋元之際的《史學提要》敘王安石云：

> 神宗求治，勇於有為。既得安石，用之不疑。講行新法，傅會經義。制置三司，編修條例。招來新進，擯黜老成。韓絳傳法，惠卿叛荊。熙河重費，永樂終陷，子雱既死，上亦益厭。〔註43〕

其中雖有褒貶，但個人感興意味淡薄。也有一些敘史詩保留有較多詠史詩的特點，如《顧氏詩史》敘述諸葛亮事蹟云：

> 五星不復聚，天命莫可回。興復徒有志，終難然死灰。荊州虎牙折，成都鳳翼摧。孝直亦云亡，謀臣安在哉。吞吳信非策，軍沒長江限。白帝撫遺孤，屬之王佐才。王圖竟不遂，千古一悲哀。〔註44〕

雖然全篇主體部分在敘述諸葛亮事蹟，但其中多用「安在哉」、「竟不遂」、「一悲哀」等情緒化很強的語辭，又用「鳳翼」這樣的詞代指皇帝，這樣的修辭手法其實與《文選》中所列的敘事為主的詠史詩非常接近。

而詠史詩（以《總目》列於集部的作品而論）則帶有更強的抒情色彩，其修辭手法更臻於極致。舉胡曾《詠史詩》中的《瀘水》一詩為例：

> 五月驅兵入不毛，月明瀘水瘴煙高。誓將雄略酬三顧，豈憚征蠻七縱勞。〔註45〕

此詩詠諸葛亮深入瀘水，七擒孟獲之事。其詩未有作者故作的感歎，而感歎——對諸葛亮的讚頌——全在意象所營造的歷史意境中呈現出來。此詩雖全在敘事，但揣摩諸葛亮個人心理，描繪征瀘水時的環境險惡，意在突出諸葛亮個人形象，而非介紹清楚征瀘水的事蹟。再以胡曾《詠史詩》全書觀之，主要是隨便拈某一段史事或某一人物而歌詠之，並不像《史學提要》那樣敘及全部或數朝歷史，各詩間也不嚴格依時代排列，此種體例上的區別也可看作是敘史詩與詠史詩間的區別之一。

由於詠史詩和敘史詩兼有文史的特點，所以詠史詩和敘史詩著作在不同的書目中的歸類也不盡一致。以下列表說明在《總目》之前一些詠史詩與敘

〔註43〕〔宋〕黃繼善：《史學提要》卷三，《四庫全書存目叢書》史部第280冊，第817頁。

〔註44〕〔明〕唐汝詢：《顧氏詩史》卷七，《四庫全書存目叢書》史部第288冊，第124頁。

〔註45〕〔唐〕胡曾：《詠史詩》卷三，《四部叢刊》三編景宋鈔本。

史詩著作在不同書目中的分類：

作者與著作	《宋史·藝文志》	《國史經籍志》	《百川書志》	《千頃堂書目》	《澹生堂藏書目》	《明史藝·文志》	《清文獻通考》
胡曾《詠史詩》	集部別集類	集類別集類		經部小學類	史部史評類	經部小學類蒙訓	無
嚴遂成《明史雜詠》							集部詩集類
周宣武《詠史六言》							集部詩集類
宋無《嘌嚘集》				集部別集類	史部記傳類		無
黃繼善《史學提要》	無	無		經部小學類	無	經部小學類蒙訓	無
《顧氏詩史》	無	無		集部別集類	無	集部別集類	無
程敏政《讀史詩注》					史部史評類		
程繁政《詠史絕句》				集部文史類			
林茂桂《廣詠史絕句注釋》					史部史評類		
蘇茂相《讀史韻言》				集部文史類	史部史評類		
王懶雲《詠史續編》				集部文史類		集部別集類	
馮蘭《雪湖詠史》			史部史詠	集部文史類			
俞深《續詠史詩》				集部文史類			
姜璉《詠史詩》				集部文史類			
陳恪《詠史詩》				集部文史類		集部別集類	
楊子器《詠史詩》				集部文史類			
張素《和續詠史詩》				集部文史類		集部別集類	

徐元 《太史鑑吟》		集部文史 類		
周禮 《讀史詩集》		集部文史 類		
楊維楨 《鐵崖詠史》	史部史 詠			
李東陽 《西崖擬古 樂府》	史部史 詠			

　　可見在《總目》之前，詠史詩與敘史詩的分類極不統一，有的分在經部小學類，有的分在史部史評類，有的分在集部別集類、詩集類或文史類。分在經部小學類看重的是有關著作便於孩童學習歷史知識的方面；分在史部史評類，重在其繼承詠史詩，帶有一些感歎評論的特點，或是直接將詠史詩視作史評；分在集部別集類、詩集類、文史類〔註46〕，則是將敘史詩視作詠史詩，並看重此類著作辭章之學的一面；《百川書志》直接為詠史詩和敘史詩立「史詠」一類，則雖重其史的特點，但也突出其在史部中的特殊性。各書目對於這類著作的不同歸類也代表著對不同的敘史詩與詠史詩分類標準，若某著作被置於史部史評類與經部小學類，那麼基本上就是將其視作敘史詩了；若某著作被置於集部別集類或詩集類，或是史部史詠，則是將其視作詠史詩。以上表來看，《宋史・藝文志》和《國史經籍志》收錄此類圖書不多，參考意義不大，且均置於集部別集類；《明史・藝文志》對此類著作的分類多繼承自《千頃堂書目》，《千頃堂書目》置於哪一類，《明史・藝文志》亦作同樣安排；《百川書志》認識到此類作品的特殊性，故專門立史部史詠來安置這些著作，但未將敘史詩與詠史詩區分開；《澹生堂藏書目》將此類著作全部歸於史部史評類，是目前所見最早有意識將此類作品與史評作等量觀的目錄學著作，這一點可能影響了《總目》對此類作品的分類，不過《澹生堂藏書目》未區分詠史詩與敘史詩。

　　《總目》將詠史詩歸入集部，敘史詩歸入史部史評類，在將二者區分方面繼承了《千頃堂書目》的分類法（只是二書區分敘史詩與詠史詩的具體標準有所不同）；將敘史詩置於史評類，則繼承了《澹生堂藏書目》的分類法，

〔註46〕《千頃堂書目》文史類與之前書目的文史類不同。之前書目的文史類既收錄詩文評作品，也收錄《史通》這樣的史學義例著作。《千頃堂書目》文史類則只收錄詩文評著作，其實接近於《總目》的詩文評類。

但不像《澹生堂藏書》那樣將詠史詩亦列入史評類。故在《總目》中，胡曾《詠史詩》、宋無《嘌嘍集》、嚴遂成《明史雜詠》、周宣武《詠史六言》等詠史詩著作均入集部別集類〔註47〕，黃繼善《史學提要》、趙南星《史韻》、唐汝詢《詩史》、葛震《詩史》等敘史詩不入集部而入史部史評類〔註48〕。在此可見《總目》已明確區分詠史詩之文學功能與敘史詩之史學功能。當然，敘史詩本身較少有論斷、考據之處，其入史評類，一方面是原先詠史詩亦等於對歷史的感悟與評論，形式與內容上均與史評相關；另一方面或許受《文獻通考‧經籍考》《澹生堂藏書目》等將敘史詩歸入史評史鈔類或史評類的影響。《總目》所收此類作品數量不多，且質量優異者更少，單列一類顯得冗餘，因而姑且置於史評類中。另外，《總目》小學類不再收錄敘史詩或其他蒙學讀物，則展現了《總目》欲將此「不經之作」剔出經部的主張。將敘史詩置於史評類表明《總目》貶斥所有敘史詩及蒙學讀物的態度。

總體而言，《四庫全書總目》史評類所收錄內容範圍較前代書目中史評類收錄範圍要窄，與正史、編年體相關的很多著作歸於《總目》史部正史類、編年類，一些有少量論斷的史鈔著作歸於《總目》史鈔類，詠史詩著作歸於集部。經此一分，一方面《總目》史評類內容更加專門，相對於《總目》以前的書目，對史評的界定更加明確；另一方面，一些與正史、編年體史書關係過於密切的史評著作（史注著作除外）歸於正史類、編年類，導致了分類上過於支離，分類原則不易統一等問題。

第二節　《四庫全書總目》史評類之範疇

《四庫全書總目》史評類主要收錄史評著作，並對《四庫全書》中著錄和存目的各著作加以介紹。而在此亦要辨明何為「史評」，以說明《總目》主要將哪些內容置入史評類中。

瞿林東在《論中國古代的史評和史論》中主張以「史評」指評論史學、史書等的作品，以「史論」稱呼評論史事的作品〔註49〕。然而在中國目錄學發展歷程中，並無此種區分法，這種區分缺乏語義上的歷史傳承。事實上，

〔註47〕《四庫全書總目》，中華書局，1965 年，第 1301、1546、1676、1682 頁。

〔註48〕《四庫全書總目》卷八十九史評類存目一、卷九十史評類存目二。

〔註49〕瞿林東：《論中國古代的史評和史論》，《東嶽論叢》29 卷第 4 期，2008 年 7 月。

在中國古代的目錄學著作中，「史評」、「史論」與「史學」常常混用〔註50〕。
然而史評類中所收書目並非僅有歷史評論著作，如《史通》即非單純評論歷
史事件或人物之著作，為此需明辨《總目》史評類之細類。

最早對史評類進行分屬之目錄書當為明代祁承㸁所著之《澹生堂書目》。
此書之史評類在小目下分「考正」、「論斷」、「讀史」三類，不過其中各著作未
依據這三小類來排列〔註51〕。雖然後世目錄著作在設史評類時並未遵循此小
類劃分法，然而此劃分法或能是首次對「史評」內容作區分、界定與總結。

《四庫全書總目》雖然未為史評細分小目，然而《總目》史評類之序文
對其內容有所闡述。序文中將史評類內容分兩種：一為「考辨史體」者，「如
劉知幾、倪思諸書，非博覽精思不能成秩，故作者差稀。」〔註52〕此大體相
當於今之史學理論與歷史考證。二為「品騭舊聞，抨談往迹」者，「則才播史
略，即可成文。此是彼非，互滋簧鼓。故其書動至汗牛。又文士立言務求相
勝，或至鑿空生義，僻謬不清。如胡寅《讀史管見》譏晉元帝不復牛姓者，更
往往而有。」〔註53〕因《四庫全書總目》創作之時，第二類顯然佔據最多數，
所以，《總目》評史評類為「故瑕類叢生，亦惟此一類為甚」。〔註54〕

因《四庫全書總目》的目錄分類法對後世影響很大，所以後世目錄分類在
內容上多與《總目》相近，可據後世的目錄分類來反觀《四庫全書總目》的內
容分類。如民國時期所修《續修四庫全書提要》，將之分為「史學」、「史論」、
「考訂」三屬〔註55〕，大體與《總目》史評類序文相近。王紹曾主編的《清史
稿藝文志拾遺》將史評類分為「類編」、「義法」、「考訂」、「議論」、「詠史」、「輯
佚」、「域外」諸屬〔註56〕，實際上顯得有些冗雜，且上無所承，下無所繼。

〔註50〕中國古代目錄學中用到「史評」與「史論」時大體並無明確區分，多數收錄
　　　　史評的目錄書將之稱為「史評類」，少數將之稱為「史學類」（如《遂初堂書
　　　　目》、《絳雲樓書目》與《千頃堂書目》等）和「史論類」（如《世善堂藏書目
　　　　錄》、《也是園書目》與《孫氏祠堂書目》等）。但民國時所修《續修四庫全書
　　　　總目提要》則將「史論」設為「史評類」下之一屬，「史論」指歷史評論之作，
　　　　「史評」則是包括歷史評論、歷史考證、史學理論等的總類別。
〔註51〕祁承㸁：《澹生堂藏書目》史評上，第361頁。
〔註52〕《四庫全書總目》卷八十八史評類。
〔註53〕《四庫全書總目》卷八十八史評類。
〔註54〕《四庫全書總目》卷八十八史評類。
〔註55〕王雲武主持：《續修四庫全書提要史部簡目》，臺灣商務印書館，1972年，第
　　　　246～250頁。
〔註56〕見王紹曾主編：《清史稿藝文志拾遺》，中華書局，2000年，第1025～1034頁。

此外，呂思勉在其《史籍與史學》中對史部圖書的分類皆依照《四庫全書》而來。其論史評類曰：

> 史評一門，有論史事者，有亦有論史裁者。論史裁之書，佳作殊鮮，著名者，惟劉知幾之《史通》、章學誠之《文史通義》耳。此事當有達識通才，區區計較於瑣細之間，無當也。論史事者，高者借抒己見，或託諷時事，雖不要謂之無識，然較史事之實則不然，此不可為論史之正；下者不考事實，妄發議論，則並不免於場屋策論之習也。無已，其惟考據家之書乎，屬辭比事，參互錯綜，事實既明，則不待多發議論，而其是非得失自見，此則於讀史深有裨益者也。〔註57〕

依呂思勉所論，「論史裁者」，實可與《續修四庫全書提要》之「史學」相對應；論史事者，則可與「史論」相對應；而「考據家之書」，則可與「考訂」相對應。則大概在上世紀二三十年代，史評類當含此三類內容，已經是一些學者的共識了。

不過，這樣的細類還未能概括《四庫全書總目》史評類所錄書目之全體內容。更早一些的章學誠在《史考釋例》中即云：

> 史學專部，分為考訂（《刊誤》之類）、義例（《史通》之類）、評論（《管見》之類）、蒙求（《鑑略》之類）四門，自應各為次第。若專攻一書之史學，已附入本書後者，不復分類，但照時代後先，編入本門部次足矣。〔註58〕

其「史學」即指《總目》之史評類而言，其所分「四門」，實際上更接近於《總目》史評類之內容，其作《史考釋例》當參考了《總目》之分類原則。不過《總目》史評類並不包括「蒙求」之全部，僅用於蒙學的敘史詩可列入其中。因此《總目》史評類可分如下四種內容：一為史學義例（相當於《續修四庫全書提要》中之「史學之屬」），如劉知幾之《史通》；二為史考（相當於《續修四庫全書提要》中之「考訂之屬」），如明朱明鎬之《史糾》；三為史論（相當於《續修四庫全書提要》中之「史論之屬」），以評論史實為主，如胡寅《讀史管見》；四為敘史詩，如清葛震《詩史》。當然這也只能是一個大概的分屬，因

〔註57〕呂思勉：《史籍與史學》，《呂思勉全集》第 18 卷，上海古籍出版社，2016 年，17～18 頁。

〔註58〕〔清〕章學誠：《史考釋例》，《章學誠遺書》，文物出版社，1985 年，第 616 頁。

很多史評類著作都是史論與考證相夾雜，或以議論為主，借考證為議論提供更切實之證據；或以考證為主，然而常常從考證中申發議論。

在此與《澹生堂書目》《續修四庫全書提要》、呂思勉等所述多出來者，為敘史詩一屬。《四庫全書總目》中所收著作屬於敘史詩者，皆在存目中。暫稱為敘史詩，是因為《總目》中所收此類書均為詩、史融於一體，其內容大體以詩句韻語之形式敘述數朝之通史，因而暫作此名。

一、史學義例

史學義例著作主要是評析史學發展狀態、史書編纂體例、史官制度等的著作。《四庫全書總目》中所收錄者多為《史通》及其評注本。《總目》著錄圖書中有劉知幾《史通》與清代浦起龍《史通通釋》；存目書籍中有明陸深《史通會要》、李維楨《史通評釋》、王惟儉〔註 59〕《史通訓故》、清黃叔琳《史通訓故補》等。其中自明代以來《史通》評注本增多，說明《史通》自明代起越發受人重視，這時人們對史學義例的思考開始增加。

《史通》系列書籍論及史書修撰、史書體裁、史官制度等當時的史學總體，《總目》敘其內容大要云：「內篇皆論史家體例，辨別是非；外篇則述史籍源流及雜評古人得失，文或與內篇重出，又或牴牾。」〔註 60〕如內篇中《六家》《二體》《載言》論及不同的史書體裁，《本紀》《世家》《列傳》《表紀》《書志》各篇論紀傳體史書的體例，《論贊》《序例》《序傳》所論則為各類史書常見的內容，《題目》《斷限》《編次》《稱謂》《採撰》《載文》《補注》《因習》《言語》《浮詞》《敘事》《直言》《曲筆》《鑑識》《探頤》《模擬》《書事》《人物》《覈才》《雜述》《辨識》等篇，則涉及史書編纂的一些具體原則，如怎樣呈現歷史真相，如何選擇史料，怎樣表述名物等諸多方面。外篇所論較雜，《史官建制》論及修史機構問題，此正與唐代史館修史的繁榮相關；《古今正史》論及《尚書》《春秋》和劉知幾所見歷代正史，《疑古》《惑經》表述對《尚書》和《春秋》二經中部分內容的質疑，《申左》則表示論證《春秋》三傳中《左傳》優於《公羊》和《穀梁》；《雜說》則似閱各史之劄記，《五行志》則專駁

〔註 59〕 《總目》作王維儉，王勇在《四庫提要叢訂》中指出：「據《明史·文苑傳四》，『王維儉』作『王惟儉』，《四庫全書存目叢書》收有此書之明萬曆刻本。著有王氏題名，亦作『惟』，《總目》書『維』誤。」（王勇：《四庫提要叢訂》，齊魯書社，2018 年，第 176 頁。）

〔註 60〕 《四庫全書總目》卷八十八史部史評類。

正《漢書·五行志》;《暗惑》駁正諸史書中邏輯不通之處;《忤時》則與內篇的《自敘》相應,抒發作《史通》之緣由,並批判唐代時的史館修史制度。總體而言,內篇系統而抽象,外篇散漫而具體,其所論範圍涉及到了當時史書與修史制度的多數方面,故此後世千年左右無與之相抗衡的作品(直至《文史通義》出現),而在明代對史學義例的探討又熱門起來時,主要是通過對《史通》加以評論和注釋的方式呈現出來的,大體其論述的範圍是由《史通》確立下來的。劉知幾自敘其創作《史通》的緣由云:

> 若《史通》之為書也,蓋傷當時載筆之士,其義不純,思欲辨其指歸,殫其體統。夫其書雖以史為主,而餘波所及,上窮王道,下掞人倫,總括萬殊,包吞千有,自《法言》已降,有鑑戒焉,迄於《文心》而往,固以納諸胸中,曾不蒂芥者矣。夫其為義也,有與奪焉,有褒貶焉,有諷刺焉。其為貫穿者深矣,其為網羅者密矣,其所商略者遠矣,其所發明者多矣。蓋談經者惡聞服、杜之嗤,論史者憎言班、馬之失,而此書多譏往哲,喜述前非。獲罪於時,固其宜矣。猶冀知音君子,時有觀焉。〔註61〕

在其中足見劉知幾本人創作時立意之高,主觀上即已抱有綜括史學,並延及天道人倫的目的,還重在強調自己的著作效法《法言》,多有自我發明,明確說明《史通》的觀點多與當時社會通行的觀點有別。抱類似志向者,在章學誠之前可能也就劉知幾一人而已。

《史通》之後的史學義例著作則主要論及部分史書的修撰體例,如呂夏卿《唐書直筆》以論述《新唐書》體例為主,其提要云:

> 是書乃其「在書局時所建明」,前二卷論記、傳、志,第三卷論舊史繁文闕誤,第四卷為《新例須知》,即所擬發凡也。〔註62〕

第一、二、四卷主要論及史書書法,其例如下:

> 不稱王師者,窮兵黷武非中國之道,用輕文。
>
> 《太宗紀》書曰「十四年八月,平高昌城。十九年五月甲申,收遼東城」是也。〔註63〕

〔註61〕〔唐〕劉知幾著,〔清〕浦起龍通釋:《史通通釋》卷十,第271頁。
〔註62〕《四庫全書總目》卷八十八史部史評類。
〔註63〕〔宋〕呂夏卿:《唐書直筆》卷一《命將征伐》,王東、左宏閣:《唐書直筆校證、新唐書糾謬校證》,四川大學出版社,2014年,第28頁。

大體上句言《新唐書》之書法，下句舉例證之。其論史書書法之道，近於《公羊傳》之解《春秋》。

此外，明代張之象《太史史例》某種程度上亦可歸於此類。《太史史例》多達一百卷，單列《史記》一書的體例，其自序稱：

> 子長之書法，其意愈深，則其言愈緩。其事愈繁，則其言愈簡。
> 微而顯，絕而續，正而奇。文見於此，而起義於彼。離合變化，不可名物。〔註64〕

不過此書大量摘引《史記》原文以論證《史記》體例，《總目》稱其「以說《春秋》家之窠臼移而論史矣」〔註65〕。若與《史通》及後起的《文史通義》等長於對史學義例的議論相比，則《太史史例》的形式確實不太典型，此書內容基本就是先列體例，再列舉《史記》文段附於其後而已，並不再加以議論或考證。其體例大體在史學義例與史鈔之間，對史書編纂的總結與指導作用皆不強。

總體而言，《總目》中史學義例著作數量很少，其作者中，劉知幾曾長期供職於國史館，呂夏卿參與纂修《新唐書》，張之象參與《史通》刊刻工作〔註66〕，皆為有史書編纂經驗或長期精於史學思考者，確實也說明此類書籍「非博覽精思不能成秩」。

二、史考

史考指對歷史進行考證之作，重點在揭示歷史事實，糾正常見的歷史認識錯誤，或考訂某史書史料源流、史事文字錯誤等。《總目》中收錄史考著作尚不多，因史考文字多見於史書的注本中，或是同經、子、集考證一起作於筆記、劄記之中。單純的史考著作自乾嘉時期起方蔚為大觀，修《四庫全書》時此一類自然還未能占太大比重。此外，史考著作在明代前多考證其他正史

〔註64〕〔明〕張之象：《太史史例自序》，《四庫全書存目叢書》史部第283冊，第92～93頁。

〔註65〕《四庫全書總目》卷八十八史部史評類。

〔註66〕如《善本書室藏書志》云：「《史通》二十卷，萬曆張之象刊本。」（〔清〕丁丙：《善本書室藏書志》卷十四。）又張之象在《太史史例自序》中云：「予少無他嗜，耽玩典籍，周覽博涉，尤篤是書。雖不能至哉，然心固鄉往之也。反覆鑽味，積有歲月，求端討緒，洞識指歸。」亦自以精讀《史記》而自詡。

類、編年類史書,在《四庫全書》的收錄原則中,這些史考著作多附於正史類
與編年類史書之後,如倪思《班馬異同》列於正史類《漢書》之後,司馬光之
《資治通鑑考異》列於編年類《資治通鑑》之後等。

目前所見最早的史考著作為三國時期譙周《古史考》,在北宋時因《新唐
書》《新五代史》《資治通鑑》等大型史書的編修而有不小的發展,明、清兩代
繼踵前代,亦各有發展。就《總目》史評類收錄情況看,宋、明的史考著作明
顯比之前多。《總目》史評類的史考著錄著作有宋劉羲仲《通鑑問疑》、李心
傳《舊聞證誤》、明朱明鎬《史糾》等。存目書籍有明程敏政《宋紀受終考》、
王世貞《史乘考誤》、黃宗羲《歷代甲子考》、王建衡《讀史辨惑》等。這些史
考著作或就多種史書內容加以考證,如《史糾》提要云:

> 其書《三國志》及八史,多論書法之誤,而兼核事實。《唐書》
> 《宋史》則大抵考證同異,指謫復漏,中多沿襲裴松之《三國志
> 注》、劉知幾《史通》、吳縝《唐書糾繆》、司馬光《通鑑考異》之
> 文。〔註67〕

其所引之依據亦多為史考與史注著作,其所考證者主要圍繞正史而來。可舉
其考《新唐書·太宗紀》之文來看其特點:

> 《紀》云:「太宗降宗室郡王非有功者,爵為縣公。」此史官書
> 誤。宗室降為郡公,非縣公也。吳縝《糾繆》之言良然。縝又云:
> 「《紀》中太宗享年差三歲。」余細考年曆,太宗生於開皇之十八年,
> 隋文崩日,已七歲矣。合大業十三年、武德九年、貞觀二十三年計
> 之,應五十二歲。今紀云年五十三,所差一歲。據吳氏言之,則太
> 宗享年五十矣。吳氏之言亦不為無謬。當以劉昫之《紀》為正。劉
> 昫書曰:「太宗年五十二。」〔註68〕

此處考證《新唐書·太宗紀》有關的兩條內容,一是「降宗室為郡公」而非
「縣公」,此駁《新唐書》記載之誤;另一條考證唐太宗年齡,辨別《新唐書》
記載與吳縝《唐書糾繆》之異,並通過計算指出吳書之誤。其內容均緊扣史
書中所記載的史事而展開,未探討義理,亦未作時論。

〔註67〕《四庫全書總目》卷八十八史部史評類。

〔註68〕〔明〕朱明鎬:《史糾》卷四,《通鑑問疑(及其他一種)》,中華書局,1991
年,《史糾》第61頁。

有些史考單考一朝之史。如王世貞《史乘考誤》僅考有明一朝歷史，以《明實錄》為主要參考資料，兼參考其他材料，以考證明代的野史與家乘。

> 《剪勝野聞》謂：劉基嘗攜客泛西湖，抵暮，仰天而言曰：「天子氣在吳頭楚尾。」後十年當興，我其輔之。及過蘇，見張士誠，曰：「貴不及封侯，何可久也？」夜登虎丘山，曰：「天子氣尚在吳頭楚尾。」聞郭子興據濠上，就見之。遇太祖，曰：「吾主翁也。」深自結納，曰：「後十年君為天子，我當輔之。」按：公遊西湖，見雲起西北，謂：「天子氣在金陵，後十年我將輔之。」然是謝江浙儒學副提舉時語。其後張士誠據吳郡之日，郭子興據濠上之時，公方再起，官在處、紹間，足跡未嘗至濠與吳郡也。後至太祖下金華，始遣人聘基，非素相識也。何不經若此？〔註69〕

此段先列《剪勝野聞》中所述劉基稱金陵有王氣的內容，再以劉基個人履歷展示劉基有「不在場證明」，以證明《剪勝野聞》中所述劉基之預測為虛妄。表面上看，此條考證不雜議論，單求史實真相，但此種考證並非只是求真而已，也在撥開明朝開國史中的鬼神怪異迷霧，這便把作者的史觀融於考證中了。

有些史考著作單考證一件史事，如《宋紀受終考》集中考證宋太祖是否被宋太宗所弒；《歷代甲子考》為黃宗羲與朱朝英辯論之文，以考證魯隱公前歷代甲子，並證明：「武王伐紂之必非戊子也。當從班氏以己卯為準，而後《春秋》以上之時日，始可得耳」〔註70〕。這些單考一事的著作主要也是考證史書中的內容。此外，明代史考不像宋代史考那樣集中在《新唐書》《新五代史》《資治通鑑》等的考證上面，其所考內容呈現日益多元化的傾向。

三、史論

史論占史評類的絕大多數，即使在著錄圖書中，也是以史論為主。這大概也是容易讓人以為史評類即是史論之類目的原因。《總目》史評類中史論著作著錄情況如下表：

〔註69〕〔明〕王世貞：《史乘考誤》二，《弇山堂別集》卷二十一，上海古籍出版社，2017 年，第 491 頁。

〔註70〕〔清〕黃宗羲：《歷代甲子考》，《黃宗羲全集》，浙江古籍出版社，2005 年，第 2 冊第 275 頁。

朝　　代	作者與書名
宋	范祖禹《唐鑑》、孫甫《唐史論斷》、唐庚《三國雜事》、曹彥約《經幄管見》、葛洪《涉史隨筆》、李燾《六朝通鑑博議》、呂中《大事記講義》、錢時《兩漢筆記》、王應麟《通鑑答問》、無名氏《歷代名賢確論》
元	陳櫟《歷朝通略》、胡一桂《十七史纂古今通要》
明	邵寶《學史》
清	清聖祖《御批通鑑綱目》、清高宗《御製評鑑闡要》與《欽定古今儲貳金鑑》

《總目》史評類中史論著作存目情況如下表：

朝　　代	作者與書名
宋	胡寅《讀史管見》、陳亮《三國紀年》、書坊本《議史摘要》、書坊本《三國六朝五代紀年總辨》、南宮靖一《小學史斷》
元	王惲《承華事略》、錢天祐《敘古頌》、楊維禎《史義拾遺》
明	寧王朱權《通鑑博論》、劉定之《宋論》、商輅《蔗山筆塵》、夏寅《政監》、趙弼《雪航膚見》、李東陽《新舊唐書雜論》、許浩《宋史闡幽》與《元史闡幽》、李士實《世史積疑》、霍韜《兀涯西漢書議》、范光宙《史評》、方鵬《責備餘談》、田維祐《東源讀史錄》、何思登《翼正錄》、鄒泉《尚論編》、呂顒《世譜增定》、張居正與呂調陽《帝鑑圖說》、戴璟《群史品藻》與《漢唐通鑑品藻》、唐順之《兩漢解疑》與《兩晉解疑》、洪垣《覺山史說》、范槚《洗心居雅言集》、吳崇節《古史要評》、賀詳《史取》、徐三重《餘言》、朱正色《涉世雄談》、陳懿典《讀史漫筆》、熊尚文《蘭曹讀史日記》、楊一奇與陳簡《史談補》、涂一榛《尚友齋論古》、鄭賢《人物論》、王志堅《讀史商語》、鍾惺《史懷》、張大齡《左語外編》、馮士元《測史剩語》、吳宏基《史拾載補》、程至善《史砭》、郭大有《讀史心見》、鄭庚唐《古質疑》、陳繼儒《讀書鏡》、茅元儀《青油史漫》、宋存標《史疑》、張溥《歷代史論》、胡夢泰《讀史書後》、昌起宗《拙存堂史括》〔註71〕、孟稱舜《孟叔子史發》、楊時偉《狂狷裁中》、張自勳《廿一史獨斷》、正誼齋《宋史筆斷》、印鬚子《尚論編》、匪齋《賣菜言》
清	劉善《綱鑑附評》、孫庭銓《漢史億》、華慶遠《論世八編》、魏裔介《鑑語經世編》、黃鵬揚《讀史吟評》與《史評辯證》、張彥士《讀史矕疑》、賀裳《史摺》、施鴻《澂景堂史測》、金維寧《垂世芳型》、陳詵《資治通鑑述》、秦鏡《通鑑大感應錄》、朱直《史論初集》、張篤慶《班范肪截》與《五代史肪截》、夏敦仁《十七史論》、張鵬翼《芝壇史案》、宋士宗《史學正藏》、費宏灝《讀史評論》、郭倫《十七朝史論》、劉風起《石溪史話》、周池《唐鑑偶評》

〔註71〕當作《史括》，見王勇：《四庫提要叢訂》，齊魯書社，2018 年，第 190 頁。

史論最常見的格式，是先列一段史事，再就此段史事作議論。此種格式大體與史書中先敘史事，末列論斷的結構相呼應，只是這裡的重點不再是敘事，而是史論。如范祖禹《唐鑑》論唐太宗觀國史：

> 初，帝謂監修國史房玄齡曰：「前世史官所記，皆不令人主見之，何也？」對曰：「史官不虛美，不隱惡。若人主見之，必怒，故不敢獻也。」帝曰：「朕之為心異於前代帝王，欲自觀國史，知前日之惡，為後來之戒，公可撰次以聞。」諫議大夫朱子奢上疏諫帝，不從。玄齡乃與給事中許敬宗等刪定為《高祖今上實錄》。書成，上之。帝見書殺建成、元吉事多微隱，謂玄齡曰：「昔周公誅管、蔡以安周，季友鴆叔牙以存魯。朕之所為亦類是耳，史官何諱焉？」命削去浮詞，直書其事。

> 臣祖禹曰：古者官守其職，史書善惡，君相不與焉。故齊太史兄弟三人死於崔杼，而卒不沒其罪。此姦臣賊子所以懼也。後世人君得以觀之，而宰相監修，欲其直筆，不亦難乎？司馬遷有言曰：「文史星曆，近乎卜祝之間。」蓋止於執簡記事，直書其實而已，非《春秋》有褒貶賞罰之文也。後之為史者，務褒貶而忘事實，失其職矣。」人君任臣以職，而宰相不與史事，則善惡庶乎其信也。〔註72〕

《唐鑑》先敘唐太宗問監修國史房玄齡等要看「國史」，最終房玄齡修成《（唐）高祖今上實錄》獻給唐太宗，然後唐太宗要求修史時不要忌諱玄武門之變，而是要以周公誅管、蔡等事來類比。這樣做其實就是要修史時把唐太宗誅殺兄弟的行為合理化。范祖禹的評論則落在修史制度上，主張為保證修史的中立性，國君和宰相不當干預修史。這表面上是論史，實質上是論政治。其他著作，如《涉史隨筆》《大事記講義》《兩漢筆記》《讀史管見》等皆是這種體例。

另一種則敘事與議論融匯於一起，如胡一桂《十七史纂古今通要》之論唐高祖事蹟：

> ……至於定律令，置學校，舉明經，立官制，定均田、租庸調法，授人以口分世業之田，有田則有租而出粟，有家則有調而出絹，有身則有庸而出繒布，與夫定雅樂，汰浮屠，皆為政之要者。其於

〔註72〕〔宋〕范祖禹：《唐鑑》卷六，上海古籍出版社，1984年。按，《唐鑑》所引史事多自《資治通鑑》節錄改寫而來，此段亦然。

用人也，旌孫伏伽、李素立等。開言路，首詔隋氏子孫，並付所司，量才選用，由漢以來，最為忠厚之至。其享國長世，不亦宜哉？獨惜其舉事之初，設詐罔眾，殺人利己，其與行一不義殺一不辜而得天下不為之氣象已大不同。況昵裴寂之邪而受宮女，聽文靜之說而臣突厥，是以唐世人主無正家之法，藩鎮多跋扈之習，亦高祖有以始之也。嗚呼！煬惟不道，而高祖興，使能為湯、武之師，亦何庸假代王以襲近世之跡哉！此《綱目》書「稱皇帝」，書「廢隋帝」，無以異於纂取者焉。蓋不得而私之也。癸未以前，猶與諸僭亂國同在分書之列，至武德七年甲申始特筆大書「正統甫定」。吁，嚴矣哉！〔註73〕

其體例先敘史事再作評論，但史事與評論融為一體，不分為二截，以合於「講義」之名。其末尾議論《資治通鑑綱目》的書寫體例。此種方式既便於介紹歷史知識，又便於闡發作者的歷史認識。其他如《經幄管見》《新舊唐書雜論》《通鑑答問》等體例與之相類。

還有一種則單有議論而不再加史事，或者即使涉及史事，也完全是為了論證的需要。如《唐史論斷》之《房杜相業》條云：

論曰：或問：「房杜之相謀議施為，不見赫赫之事，而世大賢之何也？」答曰：「宰相之功，何必赫赫？觀時事如何耳？房、杜自秦府遇主講天下事固詳，太宗即位，遂命作相，付任之專，不與他相同，乃得盡心助治，致時太平，以事明之，其功可見。宰相之任，莫先乎正官職，用賢才。若官得其才，宰相總其大要，庶事舉而天下治矣。貞觀元年，房、杜定文武官六百四十員，官既少，則才可擇，才可擇，則官不濫，官不濫，則職自舉，況公於取士，各盡其才，以房、杜得佐主，興治之要道也。以至臺閣規模，典章文物，皆其所定。又防姦邪，抑權倖，各有著法大概。如此，不惟一時之治，固足以垂憲於後也。其他軍國機務，雖謀議不著，每籌事，太宗從之。以太宗之英睿，專任二相，而從其所籌，其賢又可知也。即貞觀時事之治，二相之功可見矣。」或曰：「貞觀四年，天下大治，太宗惟稱魏公之力，不及房、杜，何也？」答曰：「貞觀之初，太宗求治方切，魏公專論王道，封倫橫議以沮之，太宗不惑姦言，力行

〔註73〕〔元〕胡一桂：《十七史纂古今通要》卷十五，元刻本。

王道。及天下之治也，嘉賢人之論，足以明道，故稱魏公之力，嫉
小人之言，惜不能使之慚悔。故恨封倫之不見，其言自不及房、杜
也。然魏公議臣也，房、杜宰相也。魏公論其治體，房、杜助其施
為爾。後世賢房、杜，而不見其功者，惟詳觀太宗專任之意，貞觀
時事之要可也。」〔註74〕

整篇之中不再專門列舉房玄齡和杜如晦的史事，而是直接回應一些問題，這
些問題只是引出文章的論點而已，所論集中在君相關係、宰相與其他大臣的
關係。此篇大體體現史論的常見特點，既表達對歷史的看法，更展現對現實
政治的關照。此種行文之法與諸子學的議論之法頗有相近之處。其他如《唐
史論斷》《歷代名賢確論》等亦採取這種體例。

當然史論中還有其他體例，如《帝鑑圖說》先有圖，再有文言文解釋，
最後再有白話文解釋圖解部分，其實其中僅有少部分文句議論史事，且此
種議論基本都是勸誡之語。由前面的表格可看出，史論自宋代開始繁榮起
來，至明清為極盛，大體與理學的興盛相始終，非義理式的史論創作量反而
很少，可見在近代史學研究舉起之前，史論是思想界活躍情況在史學中的
晴雨表。

四、敘史詩

敘史詩多以韻語敘述史事，其中也間有評論，或寓褒貶於其中。其形式
似詠史詩，但實質內容與詠史詩有較大區別。不過不是所有以韻語編成之史
評類著作均適合視作敘史詩。如《四庫全書總目》論清代黃鵬揚《讀史吟評》
曰：「是編雜詠史事，每詩之後，附以論斷。」〔註75〕《讀史吟評》每條可分
兩部分，前一部分為詠史詩，此類詩皆以品評人物史事為主，後半部分則詳
解其詩中評論之意。《讀史吟評》雖以韻語編成，但事實上與敘史詩以韻語紀
事有別，而更接近史論。此書大體以韻語敘史，從實質上講與很多史論中先
列史事再作議論的模式相同。敘史詩著作在《總目》史評類中全部列於存目
中，其書目大體如下表：

〔註74〕〔宋〕孫甫：《唐史論斷》卷上，《景印文淵閣四庫全書》第 685 冊，第 651
　　　　～652 頁。
〔註75〕《四庫全書總目》卷九十史部史評類存目二。

朝　代	作者與書名
宋	黃繼善《史學提要》
明	趙南星《史韻》、唐汝詢《詩史》〔註76〕
清	仲宏道《增定史韻》、葛震《詩史》、曹荃《四言史徵》
時代不明	凌緯《事偶韻語》

其中仲宏道《增定史韻》是對趙南星《史韻》的注釋與擴展〔註77〕，曹荃《四言史徵》則是葛震《詩史》的詳注本〔註78〕。敘史詩的主體部分講求敘事簡潔，為了合韻語，一些名詞難免作壓縮或簡寫，若不加注釋，往往不能確切知其所指，或易產生誤解。所以今日所見《總目》中的敘史詩著作，均有注釋，無注釋則似乎不完整一樣。

敘史詩著作主要承擔兩個功能，一是作兒童的歷史啟蒙教材，二是抒發作者的歷史情感與認知。敘史詩用韻語寫就，一般作者在寫作時即希望其作品有助於兒童背誦。所以敘史詩著作與其他史評類著作不同，其目的主要不是供文人舉子閱讀以傳遞觀點立場，而意在通俗易讀，其讀者面是向下的。在抒發作者的歷史感情與認知方面，敘史詩上承詠史詩的詠歎之風，又可以用更簡短的篇幅，寫盡歷史總體的滄桑變化，較之鄭樵《通志》式的通史大作而言，要更便捷。

因要承擔啟蒙幼童和抒發情感、史識這兩項功能，所以絕大多數的敘史詩都是通史著作。以《總目》收錄者為例，《史學提要》自上古講到宋朝滅亡，

〔註76〕 《詩史》本題名「顧正誼撰」，而《總目》認為屬唐汝詢撰。王勇《四庫提要叢訂》認為當為顧正誼撰，唐汝詢目盲，雖能作詩，但無法從事此著述之事。然其所引明徐樹丕《識小錄》卷一「唐仲言」條即稱：「又能注古之詩文，不下數萬言。」則此注書之事必然亦需要「勤事檢索」而能成，若信取徐樹丕之言，則此句亦當信之，不應如此否定其能力。《續文獻通考》載唐汝詢著《唐詩解》五十卷。又如《列朝詩集》云：「仲言五歲而瞽，父兄抱膝上授以三百篇及唐詩，無不成誦。旁通經史，能為諸體詩。箋注唐詩，援據賅博，亦近代一異人也。」此外，明代程至善《史砭》一書有唐唐詢所作《小引》，其於史學非不關涉。而顧正誼著述差稀，此書為唐汝詢所作之可能性很大，姑從《總目》之說。

〔註77〕 《總目》史評類《增定史韻》提要云：「以趙南星《史韻》前載年號，浮文妨要，注又寥寥，不詳所以，不行於世，乃刪其繁冗，補其闕略，以成是編。」（《四庫全書總目》卷九十史部史評類存目二。）

〔註78〕 《總目》史評類《四言史徵》提要云：「即葛氏《詩史》。曹荃為之注釋，改題此名也。」（《四庫全書總目》卷九十史部史評類存目二。）

《史韻》自漢代寫到元代,《顧氏詩史》從三皇五帝寫到元末明初,仲宏道《增定史韻》從三皇五帝時期寫到明代,葛震《詩史》自三皇五帝寫到明代,各書大體都會寫到作者所在朝代的前朝為止。而未被《總目》所收錄的《四字鑑略》與《五字鑑略》等更為通俗簡易,也更為流行的敘史詩著作,亦是通史著作,其中《四字鑑略》原本從盤古講到明代,又被後人陸續增添到辛亥革命;《五字鑑略》從三皇寫到元代,後人又擴充到滿洲入關之時。

總而言之,《總目》史評類所收錄作品包括史學義例、史考、史論、敘史詩四類內容,四類作品(尤其是前三類作品)常常互有交叉,如《史通》其實評論與考辨各種史書、史官、修史制度等歷史現象,實際上既是史論亦是史考;如《唐書直筆》針對《新唐書》而論,與史學義例亦有關聯;如明代冒起宗《拙存堂史拈》雖以評論為主,但「間有考證」〔註 79〕。不過除去作品數量較少,內容較特別的敘史詩外,中國古代史評概念下至少可包含史學義例、史考、史論三者。

第三節　《四庫全書總目》史評類分類原則的影響

《四庫全書總目》作為當時一項大型的國家級文化與學術項目,又有大量著名學者參與其中,因此其分類體例雖不具有國家強制意義,但會自然成為各藏書家編修目錄時難以越過的參考對象,其對後世目錄學的影響恐怕遠大於《總目》之前的目錄學著作,也會大於《清文獻通考‧經籍》《明史‧藝文志》等與《總目》時代相近的其他目錄學著作。此外,《總目》所處年代尚在前近代社會,當時宗法制的國家與父母官主導的地方、宗族管控的鄉里等形成一種自上而下的父權結構,尚談不上有超脫和獨立於此宗法體系外的社會,所以學術精神與近代重學術「獨立」的精神會有很大差別,國家編訂的書目也就容易成為私家書目或其他公家書目的綱領。但總的父權結構的相似性卻不能掩蓋私人學者、學者型官員與朝廷意志之間的些許差別,故向《總目》這條綱領學習、模仿的過程,同時也是依據各自藏書實際情況而對分類原則加以修正,提出自我創見的一個過程。

自《總目》設史評類後,在分二級或三級部類的書目中,於史部中設史評類成為一種通例(一些書目收書過少,大部類下不再分小類,因而也就不

設史評類）。而各書目史評類內容亦側重在收錄史學義例、史論、史考三類作品，部分也收錄敘史詩或詠史詩；此外，《總目》後的各目錄學著作與《總目》一樣，將正史或編年體史書注本歸於正史類或編年類中，而不再像《總目》之前的書目中多列於史評類；《總目》後各書目之史評與史鈔不列於同一類中，而是明確區分為兩類。這些均足見《總目》史評類對後世書目之影響。

一、依四部分類法的書目

《四庫全書總目》之後至民國時期，四部分類法仍佔據目錄學分類法之主流。《總目》之前，獨立的史評類只在部分書目中設立，即使有史評類，也常常與史鈔類混作一類；《總目》之後，獨立的史評類則成為常設類目，且普遍與史鈔類分作二類。

除個別收書較少的書目外，修成於《總目》之後的目錄學著作多數會設史評類，如清代沈復粲《鳴野山房書目》、馬瀛《唫香仙館書目》、周中孚《鄭堂讀書記》、耿文光《萬卷精華樓藏書記》、丁立中《八千卷樓書目》、丁日昌《持靜齋書目》、劉錦藻主編的《清朝續文獻通考‧經籍考》，民國時期《清史稿‧藝文志》《續修四庫全書總目提要》、鄧邦述《群碧樓善本書錄》、葉德輝《觀古堂藏書目》、張鈞衡《適園藏書志》、傅增湘《藏園群書經眼錄》、莫之友與傅增湘《藏園訂補邵亭知見傳本書目》等。這些書目不僅設立史評類，且明確與史鈔類分為兩個類別。在具體收錄哪些書籍上，則大體上依《總目》之範式，但也稍有出入。尤其是自《總目》修撰時及修成之後仍有很多史評著作產生，這些著作未錄入《總目》。由於對《總目》歸類精神與原則的理解不同，導致不同書目在史評類之歸類法上略有不同。

就內容上講，多數書目皆依《總目》之範式，收錄史學義例、史考、史論三部分內容。因多數書目未收錄敘史詩，所以敘史詩的歸類情況尚不足以視作一種典型。就史評著作在不同部類的歸類而言，多數設史評類的書目依《總目》之例，將某些為正史、編年體史書作注釋、考證與評論的作品列於正史類、編年類中，將不純粹包含史評之著作置於子部雜家類中。而在將哪些為正史、編年體史書作評論與考證的著作列於史評類，則是不同書目間常見之分歧點。

以《八千卷樓書目》為例，其史評類首列《史通》《史通通釋》《史通訓故補》《史通削繁》等史學義例之作；其次列《唐鑑》《唐史論斷》《唐書直

筆》等年代偏早的史評著作，及清計大受《史林測義》、段玉裁《明史十二論》、潘世恩《讀史鏡古編》等史論著作；《舊聞證誤》《史糾》等史考著作，《史學提要》這樣的敘史詩等，均列入史評類中。〔註80〕如《班馬異同》《新唐書糾謬》《五代史記纂誤》《舊五代史考異》等為某部正史作考證的著作列入正史類〔註81〕，《資治通鑑考異》《通鑑釋例》《通鑑注辯證》等為某編年體史書作注釋與考證的著作則列於編年類中〔註82〕。

民國時葉德輝《觀古堂藏書目》史評類分二屬，一為「史法之屬」，包括《史通》《史通通釋》《史通訓故補》《唐書直筆》《通鑑問疑》《舊聞證誤》《通鑑答問》《文史通義》《校讎通義》等書，實際上此屬包括了史學義例與史考二種內容；一為「史事之屬」，包括《涉史隨筆》《唐鑑》《唐史論斷》《責備餘談》《讀通鑑論》等書，基本同於史論；〔註83〕又《班馬異同》《新唐書糾謬》《五代史纂誤》等列於正史類音注抄補之屬；《通鑑考異》《通鑑問疑》（《總目》入史評類）等則列入史部編年類。〔註84〕其義例亦與《總目》相類，不過其史評類範圍與《總目》史評類相比有所縮小。

《鄭堂讀書記》史評類置於史部最末，其中亦包含有《史通》《史通會要》等史學義例著作，《唐書直筆》《唐鑑》《三國雜事》等史論，及《通鑑問疑》《舊聞證誤》《二十二史考異》、清章宗源所輯《古史考》等史考著作；〔註85〕明凌稚隆《史記評林》、清梁玉繩《史記志疑》《班馬異同》《新唐書糾謬》、明凌稚隆《史記評林》與《漢書評林》等著作則列於正史類〔註86〕，《資治通鑑考異》、元胡三省《通鑑釋文辨誤》、錢大昕《通鑑注辯證》等置於編年類〔註87〕。其體例與《總目》同。

〔註80〕〔清〕丁立中：《八千卷樓書目》卷九，國家圖書館出版社，2009 年，第 541～549 頁。

〔註81〕〔清〕丁立中：《八千卷樓書目》卷四，第 183～194 頁。

〔註82〕〔清〕丁立中：《八千卷樓書目》卷四，第 197～198 頁。

〔註83〕葉德輝：《觀古堂藏書目》卷二，《海王村古籍書目題跋叢刊》第五冊，中國書店，2008 年，第 70～71 頁。

〔註84〕葉德輝：《觀古堂藏書目》卷二，《海王村古籍書目題跋叢刊》第五冊，第 46 頁。

〔註85〕〔清〕周中孚：《鄭堂讀書記》卷三十五，《鄭堂讀書記補逸》卷十九，上海書店出版社，2009 年，530～544 頁，第 1584～1588 頁。

〔註86〕〔清〕周中孚：《鄭堂讀書記》卷三十五，264、265、283 頁。

〔註87〕〔清〕周中孚：《鄭堂讀書記》卷三十五，299～301 頁。

　　《萬卷精華樓藏書記》史評類首先列《史通》《史通訓故》《史通通釋》等史學義例著作，接下來收錄《讀史管見》《四明尊堯錄》《歷代名賢確論》《唐書直筆》等史論著作，及《舊聞證誤》《諸史然疑》《廿二史劄記》《二十二史考異》《十七史商榷》等史考著作。〔註88〕其內容範疇與《鄭堂讀書記》基本相同；另《史記索引》《史記志疑》《新唐書糾謬》《新舊唐書互證》等列入正史類〔註89〕，《通鑑釋例》《通鑑問疑》（《總目》列入史評類）則入編年類〔註90〕。其總體體例亦與《總目》相同。

　　張之洞《書目答問》為晚清頗具影響的目錄學著作，其史部史評類分為論史法與論史事兩屬。其中論史法包括《史通通釋》《唐書直筆》《舊聞證誤》《史糾》《文史通義》《校讎通義》等，大體上包括史學義例和史考兩種內容；論史事包括《涉史隨筆》《東萊博議》《三國雜事》《兩晉解疑》《唐鑑》《唐史論斷》《新舊唐書雜論》《明事斷略》《御批通鑑輯覽》《讀通鑑論》《宋論》《空山堂十七史論》《史林測義》等著作，皆為史論。〔註91〕且與《總目》相同，亦將史評類置於史部最末。《總目》置於史評類的史考著作，在《書目答問》中亦置於史評類。

　　由於《廿二史劄記》《廿二史考異》《十七史商榷》等考證諸多正史之著作完成於《總目》之後，《總目》之後的書目對於如何給這些著作歸類便產生分歧。一種是進一步縮減史評類之範疇，將此類著作列於正史類中；如《八千卷樓書目》將《廿二史考異》《三史拾遺》《十七史商榷》《諸史考異》《廿二史劄記》等均列入正史類〔註92〕，《觀古堂藏書目》將《十七史商榷》《二十二史考異》《二十二史劄記》等均列於正史類音注抄補之屬〔註93〕，《持靜齋書目》將《廿二史考異》《三史拾遺》《諸史拾遺》等書列於史部正史類〔註94〕，《藏園訂補知見傳本書目》將《廿二史考異》《十七史商榷》《廿二史劄記》均

〔註88〕　〔清〕耿文光：《萬卷精華樓藏書記》卷七十二，黑龍江人民出版社，1997 年，第 1953～1986 頁。

〔註89〕　〔清〕耿文光：《萬卷精華樓藏書記》卷二十六，第 685～820 頁。

〔註90〕　〔清〕耿文光：《萬卷精華樓藏書記》卷二十九，第 903～905 頁。

〔註91〕　〔清〕張之洞著，陸居淵編，朱維錚校：《書目答問二種》卷二史部，中西書局，2012 年，第 121～122 頁。

〔註92〕　〔清〕丁立中：《八千卷樓書目》卷四，國家圖書館出版社，2009 年，第 196 頁。

〔註93〕　葉德輝：《觀古堂藏書目》卷二，第 44～45 頁。

〔註94〕　〔清〕丁日昌：《持靜齋書目》卷二，上海古籍出版社，2008 年，第 122 頁。

列於正史類〔註95〕；《書目答問》將《史記質疑》《二七史商榷》《廿二史考異》《廿二史劄記》《歷代建元考》《歷代沿革圖》等與正史相關的史考型著作歸入正史類，可以說這種分類非常普遍。另一種大體沿續《總目》史評類之範圍，將此類著作列於史評類〔註96〕。如前述《鄭堂讀書記》與《萬卷精華樓藏書記》即將此三種以正史為主要考證對象的史考著作列於史評類而非正史類。

這樣的史評類分類影響到民國時期的大型書目。如1928年出版之《清史稿·藝文志》及20世紀二三十年代所修之《續修四庫全書總目提要》均於史部設史評類。其中《清史稿·藝文志》的史評類範圍較《總目》史評類有所縮小，主要收錄清人所著與所輯的史評著作，其中主要收錄史論，如《評鑑闡要》《讀通鑑論》《宋論》《史說》《茗香堂史論》等〔註97〕；其次收錄史學義例著作，如《文史通義》《校讎通義》；再者收錄少量史考著作，如清《四庫》館臣所輯李心傳《舊聞證誤》；還收錄一部敘史詩著作，即楊錫祐《史學提要箋釋》。其中列於《總目》史評類者亦全數列入《清史稿·藝文志》史評類，史考著作則多列於正史類與編年類中，如《三國志辨疑》《舊五代史考異》《二十二史考異》《十七史商榷》《廿二史劄記》《四史發伏》《諸史考異》等均列入正史類〔註98〕，《通鑑胡注舉正》《通鑑注辨正》等列入編年類〔註99〕，不過牛震運《史記評注》又列於史評類〔註100〕，當是《清史稿·藝文志》收錄不嚴整之處。大體上看得出《清史稿·藝文志》史評類的分類原則亦受《總目》史評類影響，且受後世縮小版史評類的影響，即將對眾多正史與編年體史書的考證之作歸於正史類與編年類，以縮小史評類之規模，使史評類更多集中在史學義例與史論上。

劉錦藻主編的《清朝續文獻通考·經籍考》在史部中設史評類，收書範圍亦為較《總目》史評類要小。其中包括傅澤鴻《史漢發明》、紀昀《史通削

〔註95〕〔清〕莫友芝撰，傅增湘訂補：《藏園訂補知見傳本書目》，中華書局，2009年，第229～230頁。

〔註96〕〔清〕張之洞著，陸居淵編，朱維錚校：《書目答問二種》卷二史部，第64～73頁。

〔註97〕趙爾巽等：《清史稿》志一百二十八藝文二，中華書局，1977年，第4322～4323頁。

〔註98〕趙爾巽等：《清史稿》志一百二十八藝文二，第4268～4270頁。

〔註99〕趙爾巽等：《清史稿》志一百二十八藝文二，第4271頁。

〔註100〕趙爾巽等：《清史稿》志一百二十八藝文二，第4322頁。

繁》、章學誠《文史通義》與《校讎通義》等史學義例著作，崔述《考信錄》這樣的史考著作，及王夫之《讀通鑑論》和《宋論》，及牛運震《空山堂十七史論》、段玉裁《明史十二論》、胡季堂《讀書任子自鏡錄》、李調元《史說》、計大受《史林測義》、潘世恩《讀史鏡古編》、葛元福《讀史問答》、林伯桐《史記蠡測》、施國祁《史論五答》等史論著作，未收錄敘史詩。〔註 101〕其史評類共收錄二十種著作，規模較小。另如《十七史商榷》《廿二史考異》《廿二史劄記》《諸史考異》等考證各史的史考著作，均列於史部正史類。〔註 102〕

　　《續修四庫全書總目提要》史評類的收錄原則更接近《鄭堂讀書記》和《萬卷精華樓藏書記》的體例，而且還分史學、史論、考訂三屬，將不同的範疇以分屬的形式固定下來。如史學屬收錄《史通削繁》《讀史劄記》《文史通義》等書；史論之屬收錄唐虞世南《帝王略論》、明仇俊卿《通史它石》、清王夫之《讀通鑑論》《宋論》、彭孫貽《茗香堂史論》、朱里《史續》等書；考訂之屬收錄《廿二史考異》《三史拾遺》《宋遼金元四史朔閏考》《十七史商榷》《廿二史劄記》《四史發伏》《諸史瑣言》《殷卜辭中所見先公先王考》等國人著作；及荷蘭希勒格《中國史乘中未詳諸國考證》、法國鄂盧梭《秦代初平越南考》、法國伯希和《鄭和下西洋考》等西洋人著作。〔註 103〕將王國維的著作與西洋人的中國史研究著作收入史評類，可見史評類亦可容納近代史學研究著作。而對正史和編年體史書的考證之作，則只有考證一兩種正史或編年體者方列於正史類與編年類中，如杭世駿《史記考證》、牛運震《史記評注》、李慈銘《史記劄記》等列於正史類〔註 104〕，張九鐔《竹書紀年考證》、錢大昕《通鑑注辯正》等歸於編年類〔註 105〕。大體上其體例較《清史稿·藝文志》要嚴整很多，其史評類體例與《總目》亦相類，足見《續修四庫全書總目提要》史評類在分類原則與範疇上繼承了《總目》史評類。

〔註 101〕　〔清〕劉錦藻：《清朝續文獻通考》卷二百六十五經籍九，浙江古籍出版社，1988 年，第 10091 頁。

〔註 102〕　劉錦藻：《清朝續文獻通考》卷二百六十一經籍五，第 10060 頁。

〔註 103〕　王雲五主持：《續修四庫全書提要》，臺灣商務印書館，1972 年，第 8 冊第 3367～3418 頁。

〔註 104〕　王雲五主持：《續修四庫全書提要·史部·正史類》，《續修四庫全書提要》第 4 冊，第 1～31 頁。

〔註 105〕　王雲五主持：《續修四庫全書提要·史部·編年類》，《續修四庫全書提要》第 4 冊，第 78～103 頁。

二、不依四部分類法的書目

清代有一些目錄學著作不依四部分類法，不過即使在這些書目中，通常也會設置史評類。這其中較顯型者有孫星衍所撰《孫氏祠堂書目》、繆荃孫《藝風藏書記》等。

其中孫星衍所撰《孫氏祠堂書目》刊刻於嘉慶十五年（1810 年）〔註 106〕。此書分經義／經學、小學、諸子、天文、地理、醫律、史學、金石、類書、詞賦等共十二部，大體依學科門類而劃分。其史學部又分正史、編年、紀事、雜史、傳記、故事、史論、史鈔等類〔註 107〕。在《孫氏祠堂書目》中，錢大昕《二十二史考異》列於正史類〔註 108〕，譙周《古史考》（《總目》未收錄）列入傳記類〔註 109〕，孫亮《三國紀年》入編年類（《總目》入史評類）〔註 110〕。後面二書歸類體例與《總目》不同，大體是由於《古史考》考證列傳內容為主，《三國紀年》依年月發論為主〔註 111〕。此孫氏相比《總目》而言不察之處。其內編史論類著作有唐劉知幾《史通》、清趙翼《廿二史劄記》二種〔註 112〕，外編史論類收錄清浦起龍《史通通釋》、宋胡寅《讀史管見》、宋唐庚《三國雜事》、明寧王權《通鑑博論》、明楊慎《二十一史彈詞》、明朱建《古今治平略》、清蔡方炳《廣治平略》、清牛震運《讀史糾謬》、清杭世駿《諸史然疑》等共九種〔註 113〕。在這些著作中，《史通》《史通通釋》

〔註 106〕 焦桂美、沙莎：《平津館鑑藏記書籍、廉石居藏書記、孫氏祠堂書目點校說明》，《平津館鑑藏記書籍、廉石居藏書記、孫氏祠堂書目》，上海古籍出版社，2008 年，第 7 頁。

〔註 107〕 〔清〕孫星衍：《孫氏祠堂書目序》，《平津館鑑藏記書籍、廉石居藏書記、孫氏祠堂書目》，第 236～238 頁。

〔註 108〕 〔清〕孫星衍：《孫氏祠堂書目》內編卷三，《平津館鑑藏記書籍·廉石居藏書記·孫氏祠堂書目》，第 470 頁。

〔註 109〕 〔清〕孫星衍：《孫氏祠堂書目》內編卷三，《平津館鑑藏記書籍·廉石居藏書記·孫氏祠堂書目》，第 482 頁。

〔註 110〕 〔清〕孫星衍：《孫氏祠堂書目》外編卷三，《平津館鑑藏記書籍·廉石居藏書記·孫氏祠堂書目》，第 525 頁。

〔註 111〕 《總目》史評類《三國紀年》提要云：「名為《紀年》，實史家論斷之體。」（《四庫全書總目·史部·史評類》，《景印文淵閣四庫全書》第 2 冊，第 825 頁。）則《總目》在分類時更重此書實質內容。

〔註 112〕 〔清〕孫星衍：《孫氏祠堂書目目錄》內編卷三，《平津館鑑藏記書籍、廉石居藏書記、孫氏祠堂書目》，第 494 頁。

〔註 113〕 〔清〕孫星衍：《孫氏祠堂書目目錄》外編卷三，《平津館鑑藏記書籍、廉石居藏書記、孫氏祠堂書目》，第 536～538 頁。

等屬史學義例之作,《讀史管見》《讀通鑑論》等屬一般史論,《廿二史劄記》
《諸史然疑》屬史考著作,《二十一史彈詞》則為詠史詩。《孫氏祠堂書目》
史論類所收內容接近於《總目》史評類,足見其史論類受到《總目》史評類
影響。然而《孫氏祠堂書目》將詠史詩列入其史論類中,與《總目》做法不
同,反而接近於《澹生堂藏書目》的處理方法,此或許是由於孫星衍視詠史
詩為史論一種,認為其「史」重於「文」的緣故。

　　繆荃孫《藝風堂藏書記》(包括《續記》,不含《再續記》)則在分類上
繼承《孫氏祠堂書目》,共分經學、小學、諸子、地理、史學、金石(《藏書
記》)／目錄(《續記》)、類書、詩文、藝術、小說共十部,與《孫氏祠堂書
目》相比少天文、醫律二類,其中天文類與醫家類均歸入諸子部中,可見
《藝風堂藏書記》較《孫氏祠堂書目》要更保守些。其「史學」部下分正史、
古史、編年、別史、傳記、史鈔、奏議、經政、史評等共八類。此書中史評
類與《總目》同,皆置於史部／史學部末尾。其中《藝風堂藏書記》史評類
所收書籍有明嘉靖陸深刻本《史通》、影寫宋刊本《唐鑑》、舊抄本《涉史隨
筆》、影寫宋刊本《舊聞證誤》、抄校閣本《舊聞證誤》、明刻本《宋紀受終
考》等六種〔註114〕,《續記》史評類所含著作有明張之象刻本《史通》、明
影宋刻本《涉史隨筆》、舊鈔本《明史論斷》、舊鈔稿本清楊寧《雜諍》共三
種〔註115〕。拋去版本不談,其中所收著作共有《史通》《史通會要》(陸深
刻本)、《唐鑑》《涉史隨筆》《舊聞證誤》《宋紀受終考》《明史論斷》《雜諍》
等八種,總量並不多。就內容而言,《史通》與《史通通釋》二種為史學義
例著作,《唐鑑》《涉史隨筆》《明史論斷》為史論,其餘三種為史考〔註116〕,
未收錄敘史詩(《藝風堂藏書目》全書就沒有收錄敘史詩作品)。另外,《藝
風堂藏書續記》亦將史考作品《新唐書糾謬》置於正史類中,此做法與《總
目》相同。可見《藝風堂藏書目》史評類在內容收錄體例上亦類同《總目》
史評類。

　　綜上可看出,自《四庫總目》之後未依四部分類法分類之書目,亦沿《總

〔註114〕　繆荃孫:《藝風堂藏書記》卷四,《藝風堂藏書記》,上海古籍出版社,2007
　　　　　年,第94～95頁。
〔註115〕　繆荃孫:《藝風堂藏書續記》卷四,《藝風堂藏書記》,第346～348頁。
〔註116〕　《雜諍》亦為史考,《藝風堂藏書續記》稱此書云:「此書專考史事,《宋史》
　　　　　一卷,《晉書載記》一卷,《魏書》一卷。考訂均極翔審。」(《藝風堂藏書記》,
　　　　　第348頁。)

目》之例設史評類，且其史評類收錄內容類別與《總目》大體相近，這些著作的史評類部類劃分未因其沒有遵循四部分類法而有大的改變。

進入民國後，史學日益近代化，敘述史學的創作漸漸不占主體地位，史學研究型著作日益發展。就其內容而言，可以說是史評類中的史考發展很快。體裁上西方傳入之章節體又漸居主流，史學部類再以著作體裁劃分為主已不合史學之實際發展情形了。在此情況下，近代化之部類劃分反而不便再單設史評類了，史評類便主要在古籍整理領域尚保有自己的一片園地了。

小結

史評作為一種史學體裁，其內容並不侷限於史評類中，還存在於正史類、編年類、史鈔類、子部雜家類、集部等部類中，瞭解這一情況，一方面便於研究歷代史評，另一方面可看得出《總目》對史評更加專門化的分類標準，其內容較前代書目中的史評類更加狹窄，但也更少些駁雜。《總目》將正史類與編年類史書的注本與考證著作列入正史類與編年類，而非像之前的書目一樣列於史評類，在相當程度上模仿了經部著作的分類法。在經部中，各類著作的注本皆歸於本類之下，而不再單獨設一個「經評類」。以經部結構規範史部結構的做法，無形中更加突出了經部的作用，再宏觀些講，即以皇權統道統，道統體現在經部，而以經部規範其他部類，則最終史強化皇權在學術中的統馭地位。

《總目》明辨史評類與史鈔類，《總目》史鈔類中有很多著作亦有評論之語，《總目》從著作的主次層面將那些僅有簡要或不全面評語的著作置於史鈔類，而將全書重點在評論或是評論較完善的著作置於史評類。在以往同時設置史評類和史鈔類的書目中，史評類與史鈔類的位置通常是緊挨著的，如《澹生堂藏書目》先史鈔類後史評類，《千頃堂書目》先史學類後史鈔類，《總目》則將史評類與史鈔類隔開，史鈔類位居史部第八位，而史評類位居史部第十五類（末一位）。表面上看，此種位置安排表明《總目》欲更明確區分史鈔類與史評類，但實際上是盡力貶低史評類的地位。《總目》提要也盡力貶低史鈔類著作中的史評文字，不管其點評文字是好是壞，這與對史評類的整體貶低有關。雖然史鈔類在《總目》中的著錄比例也很低〔註117〕，但畢竟《總目》

〔註117〕 《總目》史鈔類共收著作種，其中著錄僅 3 種，存目 40 種，著錄占史鈔類書籍種類的比例為 7%。且《總目》史鈔類中無敕撰書籍。

史鈔類以鈔錄為主而非以議論為主，不怎麼體現觀點分歧與爭論，因而不至於如史評類一樣位居於《總目》史部之末。這體現出《總目》總的壓抑思想闡發的特點。

《總目》史評類通過區分敘史詩和詠史詩，明確二者重文、重史之別，同時由於《總目》貶低蒙學讀物，敘史詩與詠史詩間又有密切關係，所以史評類這個在史部中頗受貶低的部類就勉強將敘史詩塞入其中。

通過《四庫全書總目》史評類所收錄內容，可以判斷出其中所收錄內容大體為史學義例、史考、史論與敘史詩四類內容。史評類的這一收錄原則在《總目》之後至民國時的眾多書目中（不論是否遵循四部分類法）亦得以貫徹。

第三章 《四庫全書總目》史評類與史子關係

　　史部多數部類的著作以敘述為主，其中正史類、別史類有人物傳記、典章制度介紹等，編年類依時間敘事，傳記類多為人物傳記，雜史類雜收各未錄入正史、編年、別史之史書，載記類記某割據政權之史，地理類敘全國或一地之狀況，詔令奏議類為王朝檔案公文，史鈔類多鈔節正史或編年類史書。史部史評類外的其他各類均以闡述或記錄某歷史所發生之事為主，不以直接闡發作者觀點為主。唯史評類以評論與考證為主，直接反映作者之歷史認識，闡明作者之史觀，與史部其他類目形成鮮明對比。

　　子部則多以闡述一家學說或一門學問為主。如《總目》子部總敘云：

　　　　自六經以外立說者，皆子書也。其初亦相淆，自七略區而列之，名品乃定。其初亦相軋，自董仲舒別而白之，醇駁乃分。其中或佚不傳，或傳而後莫為繼，或古無其目而今增，古各為類而今合，大都篇帙繁富，可以自為部分者。〔註1〕

而史評類恰恰亦是「自六經之外立說者」，即在六經之外，以史書立說。從這個角度講，史評類著作亦多可列為「子書」，只是其立說之內容多立足於史事而已。因而可說史評類其實屬於史部與子部的交叉部類。

　　在中國古典目錄學發展歷程中，有很多著作會在史部與子部之間流動。如《山海經》在《隋書・經籍志》《舊唐書・經籍志》《新唐書・藝文志》《崇文總目》《直齋書錄解題》等書中皆入史部地理類，在《宋書・藝文志》中列入子部

────────────────

〔註1〕《四庫全書總目》卷九十一《子部總敘》。

五行類，在《四庫全書總目》中列入子部小說家類〔註2〕；譜牒類圖書在《總目》以前屬於史部，在《總目》中列入子部譜錄類〔註3〕；雖歷代目錄將小說家類列於子部，但劉知幾《史通》卻以史料視之〔註4〕；《拾遺記》在《直齋書錄解題》之前列於史部，而在之後列於子部小說家類〔註5〕；《晏子春秋》「舊列子部，今移入於此（史部傳記類）」〔註6〕；總之，史部與子部間書目流動情況頗為常見，史評類作為史部與子部的交叉類目又與其他這些帶有交叉性的類目有所不同，因其他這些著作依舊以敘述性內容為主，而史評類則以評論考證為主。

第一節　史部中之子部學

在《總目》史部裏除史評類外，其他各類均以敘述和記事為主，而人們對史書的認識也主要認為其為記事之書。如呂思勉云：「何謂史？史也者，記事者也。」〔註7〕只不過各部類的敘述內容與方式各有不同，一類以記人記事為主，如正史類、編年類、別史類、傳記類、載記類等；一類是檔案資料與國家制度之彙編，如詔令奏議類、政書類等；一類則記述某專門領域，如地理類、目錄類、時令類等；此外如雜史類兼收眾體，史鈔類則以節抄其他史書（主要來自正史類和編年類）為主。正如呂思勉所言：

> 書籍之以記載現象為主者，是為史。就現象加以研求，發明公
> 理者，則為經、子。〔註8〕

又劉咸炘云：

> 蓋天下之文，以內容分不外三者，事為史，理為子，情為詩；
> 以體性分，則不外記載與著作。史，記載也。子、詩則著作也。詩
> 不關知識，知識之所在則史與子而已。天下之學惟事、理，故天下

〔註2〕翟蕾：《〈山海經〉從子部入史部考證》，《文學界（理論版）》，2010 年第 12 期。

〔註3〕馬志超：《古代譜牒類專著在古典目錄中的歸屬演變》，《懷化學院學報》，2017年第 4 期。

〔註4〕陳文新：《「小說」與子、史──論「子部小說」共識的形成及其理論內涵》，《文藝研究》，2012 年第 6 期。

〔註5〕張千帆：《拾遺記由史入子考》，《圖書館理論與實踐》，2018 年第 1 期。

〔註6〕《四庫全書總目》卷五十七史部傳記類。

〔註7〕呂思勉：《史籍與史學》，《呂思勉全集》，上海古籍出版社，2016 年，第 18 冊第 5 頁。

〔註8〕呂思勉：《經子解題》，《呂思勉全集》，第 16 冊第 93 頁。

　　之書惟史、子矣。集則情、文而兼子、史之流者也。經則三者之源

　　也。此四部之大義也。〔註9〕

可見呂思勉與劉咸炘都以「史」為「記載」之學，主要錄其事；「子」則為「著
作」之學或「研求」之學，主要述其「理」。若以呂氏、劉氏給「史」「子」下
的定義，則史評類顯然應歸於子學而非史學。然而自《郡齋讀書志》設立史
評類以來，各有史評類的目錄學著作就都將史評類置於史部而非子部，即自
宋代以來人們還是將史評類視作一種史學而非子學。在此需辨明《總目》史
部除史評外其他各類目的記載之學與史評類議論考證之學的區分。

一、從「左史記言，右史記事」到史部的記載之學

　　史部本當以記載之書為主，古人早有此認識。《漢書・藝文志》云：

　　　　古之王者世有史官，君舉必書，所以慎言行，昭法式也。左史
　　記言，右史記事，事為《春秋》，言為《尚書》，帝王靡不同之。……
　　（孔子）以魯周公之國，禮文備物，史官有法，故與左丘明觀其史
　　記，據行事，仍人道，因興以立功，就敗以成罰，假日月以定禮數，
　　藉朝聘以正禮樂。有所褒諱貶損，不可書見，口授弟子，弟子退而
　　異言。丘明恐弟子各安其意，以失其真，故論本事而作傳，明夫子
　　不以空言說經也。〔註10〕

無論《春秋》與《左傳》是否為孔子與左丘明所修撰，就此段文字可反映出，
在東漢時的班固看來，《春秋》與《左傳》的內容皆以記事為主，且班固認為
古之史官即以記事、記言為職業。又許慎《說文解字》云：「史，記事者也。
從又持中，中正也。凡史之屬皆從史。」〔註11〕亦視「史」為「記事者」。又
《說文解字》解「事」云：「職也，從史之省稱。」〔註12〕可見在漢代人眼中
「史」即與「事」相通，「史」與「記事」有關。這雖然與成型的史學還有區
別，但史當記事的觀念卻有較深的淵源。

　　再向上追溯至商周時期，則「史」與「事」在文字上亦相通。如羅振玉釋
甲骨文「史」云：

〔註9〕劉咸炘著，黃曙輝編校：《劉咸炘學術論集・校讎學編》，廣西師範大學出版
　　　社，2010年，第315頁。
〔註10〕〔漢〕班固：《漢書》卷三十《藝文志》，中華書局，1962年，第1715頁。
〔註11〕〔漢〕許慎：《說文解字》卷三，中華書局，1963年，第65頁。
〔註12〕〔漢〕許慎：《說文解字》卷三，中華書局，1963年，第65頁。

凡官府簿書謂之中，故諸官言治中、受中。小司冠斷庶民獄訟之中，皆謂簿書，猶今之案卷也。此中之本，故掌文書者謂之史，其字從又，從中。」〔註13〕

其釋「事」云：

卜辭「事」字從又持簡書，執事之象也，與「史」字同意。〔註14〕

王國維《釋史》云：

史為掌書之官，自古為要職。殷商以前，其官之尊卑雖不可知，然大小官名及職事之名，多由史出，則史之位尊地要可知矣……然殷人卜辭皆以「史」為「事」，是尚無「事」字。如毛公鼎、番生敦二器，「卿事」作「事」，「大史」作「史」，始別為二字。〔註15〕

他們皆認為「史」早出而「事」後出，「史」有管理案卷的官職之意，以史為記事之意，也就可推至商周時期了。此「史」與後世史學之史雖然有意義上的區別，但字義卻有一定的延續性，即後世之史學能冠以「史」名，即因後世史學為「記事」與「記言」之學。

至春秋時期，諸侯國各有史官以紀其國史，如《孟子》云：「王者之迹熄而《詩》亡，《詩》亡然後《春秋》作。晉之《乘》，楚之《檮杌》，魯之《春秋》，一也。其事則齊桓、晉文，其文則史。孔子曰：『其義則丘竊取之矣』。」〔註16〕《孟子》此言將這類著作之「文」視作「史」，即記事之文。這些著作絕大多數沒有流傳下來，目前所可見到的只有一部魯國《春秋》，即《春秋》時魯國之史記。《春秋序》云：

《春秋》者，魯史記之名也。記事者以事繫日，以日繫月，以月繫時，以時繫年，所以繫遠近，別同異也。故史之所記，必表年以首事，年有四時，故錯舉以為所記之名也。〔註17〕

此處亦稱《春秋》為「記事者」所書。然而《春秋》記事極為簡略，因而又有為其作傳者，較早問世的為《左傳》，《春秋序》云：

〔註13〕羅振玉：《增訂殷虛書契考釋》卷中，《羅振玉學術論著集》第一冊，上海古籍出版社，2013年，第181頁。此源出江永《周禮疑義舉要》。

〔註14〕羅振玉：《增訂殷虛書契考釋》卷中，《羅振玉學術論著集》第一冊，第262頁。

〔註15〕王國維：《觀堂集林》卷六《釋史》，中華書局，1959年，第269頁。

〔註16〕〔清〕焦循：《孟子正義》卷十六《離婁章句下》，中華書局，2015年，第617～619頁。

〔註17〕〔晉〕杜預注，〔唐〕孔穎達疏：《春秋左傳注疏》卷一《春秋序》。

> 左丘明受經於仲尼，以為經者，不刊之書也。故《傳》或先經
> 以始事，或依經以辯理，或錯經以合異。隨義而發，其例之所重，
> 舊史遺文略不盡舉，非聖人所修之要故也。身為國史，躬覽載籍，
> 必廣記而備言之。其文緩，其旨遠，將令學者原始要終，尋其枝葉，
> 究其所窮……〔註18〕

雖今人經考證已不認為《左傳》作者為左丘明，但就序文所言，《左傳》亦以搜集「載籍」以記事，且在此過程中對史料多有辨別整理。可見《春秋》與《左傳》二者與傳統的史官記事之作已有很大的不同，舊時史官所記之言行乃當朝之事，《春秋》與《左傳》則重在追溯以往之事，此處方真正顯出「史」與「事」的區別。但「史」為記載之學的特點，則於中國史學的萌芽時期已形成。除此之外，春秋時優良史官的職責已是「秉筆直書」了，極為出名的便是南史與董狐的事蹟。如《左傳》襄公二十五年載：

> 大史書曰：「崔杼弒其君。」崔子殺之。其弟嗣書，而死者二人。
> 其弟又書，乃舍之。南史氏聞大史盡死，執簡以往，聞既書矣，
> 乃還。〔註19〕

此處實際上褒揚了齊國太史兄弟不畏死亡威脅直書其事的品格。又宣公二年載：

> 乙丑，趙穿攻靈公於桃園。宣子未出山而復。太史書曰「趙
> 盾弒其君」，以示於朝。宣子曰：「不然。」對曰：「子為正卿，亡
> 不越竟，反不討賊，非子而誰？」……孔子曰：「董狐，古之良史
> 也，書法不隱。趙宣子，古之良大夫也，為法受惡。惜也，越竟
> 乃免。」〔註20〕

此處借「孔子曰」發了一段史論，以董狐「書法不隱」而稱之為「良史」，也是在稱頌史官能直書其事。其實無論齊太史兄弟還是董狐所書還都是當時的時事，而非後世經過剪裁選擇後的史書。

西漢司馬遷作《史記》時雖尚無明確的史學意識，但《史記》延續了《春秋》記載之學的特點。《史記·太史公自序》云：

> 罔羅天下放失舊聞，王迹所興，原始察終，見盛觀衰，論考

〔註18〕〔晉〕杜預注，〔唐〕孔穎達疏：《春秋左傳注疏》卷一《春秋序》。
〔註19〕楊伯峻：《春秋左傳注》襄公十二年，中華書局，2016年，第1212頁。
〔註20〕楊伯峻：《春秋左傳注》宣公二年，第724～725頁。

之行事，略推三代，錄秦漢，上記軒轅，下至于茲，著十二本紀，
既科條之矣。並時異世，年差不明，作十表。禮樂損益，律曆改
易，兵權山川鬼神，天人之際，承敝通變，作八書。二十八宿環
北辰，三十輻共一轂，運行無窮，輔拂股肱之臣配焉，忠信行道，
以奉主上，作三十世家。扶義俶儻，不令己失時，立功名於天下，
作七十列傳。……太史公曰：余述歷黃帝以來至太初而訖，百三
十篇。〔註21〕

此處敘及《史記》內容時，用了「錄」、「記」、「著」、「作」等詞，知司馬遷作
《史記》雖目的在於「成一家之言」，但為達到此目的的手段則是記載歷史，
以之成書。而在《自序》中並未專門講其「太史公曰」作用。

至《漢書·敘傳》亦表明其作書以記載為主的特點：

故探纂前記，綴輯所聞，記述《漢書》，起高祖，終於孝平王莽
之誅，十有二世，二百三十年，綜其行事，旁貫《五經》，上下洽通，
為春秋考紀、表、志、傳，凡百篇。

凡《漢書》，敘帝皇，列官司，建侯王。準天地，統陰陽，闡元
極，步三光。分州域，物土疆，窮人理，該萬方。緯六經，綴道綱，
總百民，贊篇章。函雅故，通古今，正文字，惟學林……〔註22〕

自《春秋》與《左傳》發其端，《史記》與《漢書》繼其踵，逐步形成了中國
古典史學的記載傳統。若按《四庫全書總目》史部各書而言，這種記載傳統
則至少影響著正史類、編年類、紀事本末類、別史類、傳記類、史鈔類、載記
類等類中的著作。這種傳統下記言記行只是史書的內容與形式，而其目的與
旨趣，卻在於祖述《春秋》以宏道，如「緯六經，綴道綱」；以資治，如「總
百民」。這些義理借史書的記載形式來闡發出來。史評則直接道明義理，闡述
治術。

自《漢書·藝文志》之後，目錄分類有的繼續《七略》之分法，如王儉
《七志》、阮孝緒《七錄》等；但四部分法也逐步產生，如荀勗《新簿》分四
部，「一曰甲部，紀六藝及小學等書。二曰乙部，有古諸子家、近世子家、兵

〔註21〕〔漢〕司馬遷：《史記》卷一百三十《太史公自敘序》，中華書局，2014年，
第4027～4029頁。

〔註22〕〔漢〕班固等：《漢書》卷一百《敘傳》，中華書局，1962年，第4235、4271
頁。

書、兵家、術數。三曰丙部，有史記舊事、皇覽簿、雜事。四曰丁部，有詩賦、圖贊、汲冢書」〔註23〕。據《隋書·經籍志》所載，此後，還有謝靈運《四部目錄》，晉王亮和謝朏《四部書目》，梁任昉、殷鈞《四部目錄》等。《隋書·經籍志》之前採用四部分類法的目錄學著作未能完整保存下來，也就難以得知其對各部類是如何闡釋的。目前可見最早的採用四部分類法的完整書目是《隋書·經籍志》。《隋書·經籍志》追敘古代史學之起源云：

> 書契已傳，繩木棄而不用，史官既立，經籍於是興焉。夫經籍也者，先聖據龍圖，握鳳紀，南面以君天下者。咸有史官以紀言行，言則左史書之，動則右史書之，故曰「君舉必書」，懲勸斯在。考之前載，則三墳、五典、八索、九丘之類是也。下逮殷周史官，尤備紀言書事，靡有闕遺。……則諸侯史官，亦非一人而已，皆以記言書事，太史總而裁之，以成國家之典，不虛美，不隱惡，故得有所懲勸，遺文可觀。〔註24〕

《隋志》亦以史官之「記言書事」為史學創作之起源。又其敘設立史部之由云：

> 書美以彰善，記惡以垂戒，範圍神化，昭明令德，窮聖人之至賾，詳一代之亹亹。自史官廢絕久矣，漢氏頗循其舊，班、馬因之。魏、晉以來，其道逾替。南董之位，以祿貴遊，政、駿之司，罕因才授。……一代之記，至數十家，傳說不同，聞見舛駁，理失中庸，辭乖體要。致令允恭之德，有闕於典墳，忠肅之才，不傳於簡策。斯所以為蔽也。班固以《史記》附《春秋》，今開其事類，凡十三種，別為史部。〔註25〕

足見至唐代修《隋書·經籍志》設史部時，視正史為記載之作，所以才會上溯商周史官與班固、司馬遷，下敘魏晉南北朝時期國史出於多門、記載各異、多有舛駁的情況。可見《隋書·經籍志》史部明確以收錄記載史事之書為主，《隋志》雖提到「彰善」與「垂戒」的史書功能，但此功能並非如子部著作一樣直接闡述出來，而是要像《春秋》一樣以微言大義表達出來。

宋晁公武《郡齋讀書志》首次列獨立的史評類，然而其史部小序中並未

〔註23〕〔唐〕魏徵等：《隋書》卷三十二《經籍》一，第 1026 頁。
〔註24〕〔唐〕魏徵等：《隋書》卷三十二《經籍》一，第 1024 頁。
〔註25〕〔唐〕魏徵等：《隋書》卷三十三《經籍》二，第 1121～1122 頁。

言及史評類的性質：

> 後世述史者，其體有三：編年者，以事繫日月而總之於年，蓋本於左丘明；紀傳者，分記君臣行事之終始，蓋本於司馬遷；實錄者，其名起於蕭梁，至唐而盛，雜取兩者之法而為之，以備史官采擇而已，初無制作之意，不足道也。若編年、紀傳，則各有所長，殆未易以優劣論。雖然，編年所載，於一國治亂之事為詳；紀傳所載，於一人善惡之迹為詳，用此言之，編年似優，又其來最古。而人皆以紀傳便於披閱，獨行於世，號為正史，不亦異乎？舊以職官、儀注等，凡史氏有取者，皆附之史，今從焉。〔註26〕

晁氏在此將史部著作分為三大類，一類是紀傳體與編年體史書，是已經對史料進行了再加工的史書；另一類是「實錄」，是供紀傳體、編年體創作所用的史料，編撰上也不及紀傳體與編年體史書精細；第三類實際上不可稱為史書，只是因襲舊例而附於史部的「職官」、「儀注」等，這些一般是供他人撰史所採擇的一手資料。就三類而言，第三類為詔令、奏議、起居注、檔案等基礎史料，第二類為實錄這樣經過加工的史料或初步編輯的史書，第一類為像正史著作這樣成熟的史書，這三類均為記言載事之書。可見在《郡齋讀書志》中，史評類仍屬於史部中一個邊緣化小類別，且與其他類目的不同之處便在於史評類著作非記載與撰述史事之書。

大略而言，中國古代史部起源於商周時代史官所記之典章簡策，後來逐步發展出像《左傳》這樣追述以往之事的歷史創作。這帶給史部以兩方面影響：一方面，史官的記事與記言職責影響了後人對史學的認識，即認為史書即為記言記事之書，在使用四部分類法的書目中，也注意將涉及國家政治治理的記事記言之書收入史部（如《總目》史部之政書類、詔令奏議類）；另一方面，後世史家在進行歷史創作時，以據事直書為道德準則，至《文史通義·史德》總結稱：「蓋欲為良史者，當慎辨於天人之際，盡其天而不益以人也。盡其天而不益以人，雖未能至，苟允知之，亦足以稱著述者之心術矣。」〔註27〕「天」即今之所謂客觀性，「人」即主觀性，即強調作史當盡量尊重客觀史實，而少些個人

〔註26〕〔宋〕晁公武著，王猛校證：《郡齋讀書志校證》卷五，上海古籍出版社，1990年，第174頁。

〔註27〕〔清〕章學誠著，葉瑛校注：《文史通義校注》卷三《史德》，中華書局，2014年，第258頁。

主觀意見，此觀點自然是針對作為記言載事的史書撰寫而言的，與史評中占多數的史論正好相反，因史論相較而言更重個人主觀意見的表達。史考雖重視客觀事實的呈現，但其體例亦非記事，與史論一樣史考亦有其要揭示的內容，更兼考論二者常常不可斷然相割。因此史評類與總體上收錄記事之書的史部有如此多的不同，而更近於《總目》子部諸子學之議論與考證。

二、正史體例與史部類目

　　《總目》史部在類目編排上受到正史體例的影響，在一定程度上是正史體例在史部中的投射。當然這並非始自《總目》，自乙部或史部設立以來就大體如此，只是《總目》將其繼承並強化了而已。《總目》史部序文云：

> 首曰正史，大綱也；次曰編年，曰別史，曰雜史，曰詔令奏議，曰傳記，曰史鈔，曰載記，皆參考紀傳者也；曰時令，曰地理，曰職官，曰政書，曰目錄，皆參考諸志者也；曰史評，參考論贊者也。〔註28〕

此處指明了《總目》在史部類目設置方面的安排用意，呂思勉論及史部各類目時亦云：

> 記理亂興衰，而以時為綱，是曰編年；以人為綱，是為紀傳；（表亦有時可用。）以事分類，是曰紀事本末。記典章經制，而限於一代者，為斷代史之表志；通貫歷代者，則為通史之表志及《通典》《通志》一類之政書。此四者，以昔時學者之見衡之，實皆可謂之正史。〔註29〕

因此在《總目》史部中，正史類作為「大綱」居於首位，以明確其統管史部其他各類之意。

　　編年類居於其次，是因為編年類一來歷史悠久，古時甚至也得「正史」之名，至《隋書‧經籍志》將編年體分出而為「古史」，與「正史」相別；二來，編年體近於《春秋》及《左傳》，為史家產生之源頭所在。如《隋書‧經籍志》云：

> 起漢獻帝，雅好典籍，以班固漢書文繁難省，命潁川荀悅作《春秋左傳》之體，為《漢紀》三十篇。……至晉太康元年，汲郡人發

〔註28〕《四庫全書總目》卷八十八《史部總敘》。
〔註29〕呂思勉：《史籍與史學》，《呂思勉全集》，第18冊第12頁。

魏襄王冢，得古竹簡書，字皆科斗……《紀年》皆用夏正建寅之月
為歲首……蓋魏國之史記也。其著書皆編年相次，文意大似《春秋
經》。諸所記事，多與《春秋左氏》扶同。學者因之，以為《春秋》
則古史記之正法，有所著述，多依《春秋》之體。〔註30〕

而《春秋》自四部分類法以來一直列於經部（甲部），地位尊崇，故而在古代
書目中的位次僅次於正史類。三來，古人會以編年體與正史中的「本紀」相
類比。如《史通》云：

昔汲冢竹書是曰《紀年》，《呂氏春秋》肇立紀號。蓋紀者，綱
紀庶品，網羅萬物。……蓋紀之為體，猶《春秋》之經，繫日月以
成歲時，書君上以顯國統。〔註31〕

本紀既以紀皇帝之事為主，而與之有相對應關係的編年類的地位自然也無比
尊崇，故而可在包羅萬象的正史類之外居於第二位。

紀事本末類著作出現比較晚，與正史中各個體裁無所關聯，之所以能居
於編年類之後，則是由於此體例產生於編年類。《總目》紀事本末類小序云：

至宋袁樞以《通鑑》舊文，每事為篇，各排比其次第，而詳敘
其始終，命曰「紀事本末」，史遂有此一體。〔註32〕

則紀事本末類與正史著作的各部分無對應之處，算是一種特殊情況。不過其
「詳敘始終」，說明此類所收著作亦以記載為主。

別史類則顯得有些雜亂，如《總目》云：

《史記》《漢書》以下，已列為正史矣。其岐出旁分者，《東觀
漢記》《東都事略》《大金國志》《契丹國志》之類，則先資草創；《逸
周書》《路史》之類，則互取證明；《古史》《續後漢書》之類，則檢
校異同。……名曰「別史」，猶大宗之有別子云耳。包羅既廣，六體
兼存，必以類分，轉形瑣屑。〔註33〕

別史類之「別」主要是與正史類之「正」字相對而言的，故而呂思勉稱之為
「未列史官之正史也」〔註34〕。別史類著作的內容與體例並不統一，有紀傳

〔註30〕〔唐〕魏徵等：《隋書》卷三十三《經籍》二，第1087頁。
〔註31〕〔唐〕劉知幾著，〔清〕浦起龍通釋：《史通通釋》卷二《本紀》，第33～34
　　　　頁。
〔註32〕《四庫全書總目》卷四十九史部紀事本末類。
〔註33〕《四庫全書總目》卷五十史部別史類。
〔註34〕呂思勉：《史籍與史學》，《呂思勉全集》，第18冊第16頁。

體，如《大金國志》《契丹國志》《古史》等；有的並非紀傳體，如《逸周書》與《尚書》的體例更為接近。

雜史類的內容更加雜亂，史部設雜史類，與子部設雜家類有相類似之處。雜史類雜收諸多體例的史學著作，不過能置於別史類之後，則因《總目》認為雜史類有其重要性，《總目》《雜史類小序》云：

> 今仍用舊文，立此一類。凡所著錄，則務示別裁。大抵取其事繫廟堂，語關軍國。或但具一事之始末，非一代之全編；或但述一時之見聞，只一家之私記。〔註35〕

其列於別史之後，在於其能「事繫廟堂」。而其內容，亦以記載為主。只是其所記載往往不像正史類、編年類、紀事本末類、別史類那樣全面而已。

詔令奏議類與紀傳體正史內各部分內容本來不相關，且其所載之書並不像前面其他幾類史書那樣，是作者經過對原始史料加以別裁，並將之融匯編撰而成。詔令奏議類中的著作本就是一種原始史料，其能居雜史類之後，傳記類之前，則一在於其內容關涉國家大事，二在於其對史學講有重要的史料價值，《總目》云：

> 王言所敷，惟詔令耳……夫煥號明堂，義無虛發，治亂得失，於是可稽。此政事之樞機，非僅文章類也。……《尚書》誓誥，經有明徵。〔註36〕

以此類與《尚書》誥誓相類比，足見《總目》對詔令奏議的重視。更何況《總目》詔令奏議類中列於前面的便是《太祖高皇帝聖訓》《太宗文皇帝聖訓》《世祖章皇帝聖訓》《聖祖仁皇帝聖訓》《世宗憲皇帝聖訓》《世宗憲皇帝上諭內閣》《世宗憲皇帝硃批諭旨》《世宗憲皇帝上諭八旗》《世宗憲皇帝上諭旗務議覆》《世宗憲皇帝諭行旗務奏議》等清代皇帝的經國之文，地位自然尊崇之至。

正史中有列傳，可對應《總目》史部之傳記類。《總目》這樣稱在傳記類中設「別錄之屬」的緣由：

> 至安祿山、黃巢、劉豫，諸書既不能遽削其名，亦未可薰蕕同器。
> 則從叛臣諸傳附載史末之例，自為一類，謂之曰「別錄」。〔註37〕

可見《總目》在設立「別錄」屬時所參考的是正史列傳的類傳中「叛臣列傳」、

〔註35〕《四庫全書總目》卷五十一史部雜史類。
〔註36〕《四庫全書總目》卷五十五史部詔令奏議類。
〔註37〕《四庫全書總目》卷五十七史部傳記類一。

「流寇列傳」等類傳的先例，也足見此類設立在《總目》看來與正史的列傳有對應關係。另《總目》傳記類總錄之屬案語云：

> 合眾人之事為一書，亦傳類也。其源出《史記‧儒林》《游俠》《循吏》《貨殖》《刺客》諸傳。其別自為一書，則成於劉向《列女傳》。〔註38〕

可見《總目》認為其傳記類總錄之屬與正史類傳有傳承關係。類似的說法又見於《隋書‧經籍志》雜傳類小序：

> 而操行高潔，不涉於世者，《史記》獨傳夷、齊，《漢書》但述楊王孫之儔，其餘皆略而不說。又漢時，阮倉作《列仙圖》，劉向典校經籍，始作《列仙》《列士》《列女》之傳，皆因其志尚，率爾而作，不在正史。〔註39〕

《史記》有《伯夷叔齊列傳》，《漢書》有《楊（王孫）胡（建）朱（雲）梅（福）雲（敞）傳》。而《隋書‧經籍志》中也將其他傳記與正史中的列傳相提並論，並認為由於正史列傳所記有所缺漏不足，而促使其他單行傳記的產生，因而「雜傳類」（類似於《總目》傳記類）有補正史列傳之缺的功能。又部分傳記類書籍在寫法上完全模仿正史，如《京口耆舊傳》提要云：「蓋是書體例，全仿正史，每為一傳，首尾該貫，生卒必詳。」〔註40〕由此可見傳記類之設立可對應正史之列傳。

　　史鈔類與正史類著作的各部分內容無對應關係，但史鈔著作多節錄正史而就，其次是鈔錄《資治通鑑》與《資治通鑑綱目》，因此其體例與正史無對應關係，但內容上卻與正史多有重合之處。以下列表說明《總目》史鈔類所收各書鈔錄的史書〔註41〕：

作　者	書　名	所抄錄史書
宋楊侃	《兩漢博聞》	《漢書》《後漢書》
宋沈樞	《通鑑總類》	《資治通鑑》
清沈名蓀、朱昆田	《南史識小錄》《北史識小錄》	《南史》《北史》

〔註38〕《四庫全書總目》卷五十八史部傳記類二。
〔註39〕〔唐〕魏徵等：《隋書》卷三十二《經籍》二，第1110頁。
〔註40〕《四庫全書總目》卷五十七史部傳記類一。
〔註41〕《四庫全書總目》卷六十五史部史鈔類。

宋洪邁	《史記法語》	《史記》
	《南朝史精語》	《宋書》《南齊書》《梁書》《陳書》
宋呂祖謙	《十七史詳節》	《史記》《漢書》《後漢書》《三國志》《晉書》《南史》《北史》《隋書》《新唐書》《五代史》
	《東漢精華》	《後漢書》
宋錢端禮	《諸史提要》	《史記》《漢書》《後漢書》《三國志》《晉書》《南史》《北史》《新唐書》《五代史》
宋林越	《漢雋》	《漢書》
明張九韶	《元史節要》	《元史》
明王洤	《兩晉南北奇談》	《晉書》《宋書》《南齊書》《梁書》《陳書》《魏書》《北齊書》《北周書》
佚名	《分類通鑑》	《通鑑總類》
明方瀾	《讀書漫筆》	《漢書》《後漢書》《三國志》《晉書》《宋書》《南齊書》《梁書》《陳書》《魏書》《北齊書》《周書》《南史》《北史》《隋書》《新唐書》
明陳深	《諸史品節》	《國語》《史記》《漢書》《後漢書》
明唐順之	《史纂左編》	「是書以歷代正史所載君臣事蹟，纂集成編。」〔註42〕
明茅坤	《史記鈔》	《史記》
明梁夢龍	《史要編》	「是書雜採諸史之文，為正史三卷，編年三卷，雜史三卷，史評一卷。」〔註43〕
明凌迪知	《左國腴詞》	《左傳》《國語》
	《太史華句》	《史記》
	《兩漢雋言》	《漢書》（此部分採林越《漢雋》）《後漢書》
明穆文熙	《四史鴻裁》	《左傳》《國語》《戰國策》《史記》
明項篤壽	《全史論贊》	《史記》《漢書》《後漢書》《三國志》《晉書》《宋書》《南齊書》《梁書》《陳書》《魏書》《北齊書》《周書》《南史》《北史》《隋書》《新唐書》《新五代史》《宋史》《遼史》《金史》《元史》
明王思義	《宋史纂要》	《宋史》
明汪應蛟	《古今彝語》	諸史
明馬維銘	《史書纂略》	二十一史

〔註42〕《四庫全書總目》卷六十五史部史鈔類。

〔註43〕按：此書所鈔錄，多為各書的序文，少數為關於某書之考訂，不鈔錄正文內容。

明吳士奇	《史裁》	諸史
明謝肇淛	《史觿》	十七史
明趙維寰	《讀史快編》	二十一史
明余文龍	《史臠》	二十一史
明周詩雅	《南北史鈔》	《南史》《北史》
明彭以明	《二十一史論贊輯要》	二十一史
明陳仁錫	《史品赤函》	「上起古初，下迄於《晉書》」〔註44〕
明楊以任	《讀史集》	諸史
明文德翼	《宋史存》	《宋史》
明施端教	《讀史漢翹》	《史記》《漢書》
明沈國元	《二十一史論贊》	二十一史
明張毓睿	《三國史瑜》	《三國志》《晉書》
明姚允明	《史書》	「是書自三皇以訖元代，摭採史文」〔註45〕
明張墉	《廿一史識餘》	二十一史
明俞文龍	《史異編》	諸史
清王士祿	《讀史蒙拾》	諸史
清陳允錫	《史緯》	諸史
清陳維崧	《兩晉南北集珍》	《晉書》等

依上表，除了《通鑑總類》和《分類通鑑》實際上抄自《資治通鑑》外，其餘各書主要鈔錄正史內容而成。因而史鈔類能以「博取約存，亦資循覽」之故，次於傳記類。

載記類主要收錄記述各割據政權、少數民族政權、屬國歷史的書籍，「載記」之名即來自正史，《總目》載記類小序云：

案《後漢書·班固傳》稱撰平林、新市、公孫述事為「載記」。

《史通》亦稱平林、下江諸人，《東觀》列為「載記」。又《晉書》

附敘十六國，亦云「載記」。〔註46〕

正史中對這些政權的歷史介紹，有的專設一門，如《晉書》專設載記一門記載十六國之事；其餘的多數正史將這些政權的歷史置於列傳之中，如《宋書》有《索虜傳》（記北魏史）《鮮卑傳》《蠻夷傳》《氐胡傳》等，《南齊書》有《魏虜傳》（記北魏史）《蠻東、南夷傳》《芮芮虜、河南、氐、羌傳》，魏書有《僭晉司馬睿、竇李雄傳》《高句麗、百濟、勿吉、失韋、豆莫婁、地豆於、庫莫奚、

〔註44〕《四庫全書總目》卷六十五史部史鈔類存目。

〔註45〕《四庫全書總目》卷六十五史部史鈔類存目。

〔註46〕《四庫全書總目》卷六十六史部載記類。

契丹、烏洛侯傳》等，實際上亦與《晉書》載記相類似；如《舊唐書》有《南蠻、西南蠻傳》《西戎傳》《東夷傳》《北狄傳》《安祿山（子安慶緒）、高尚、孫孝哲、史思明（子史朝義）傳》等，亦可與載記類相對應；晚近如《明史》之《土司傳》記湖廣、四川、雲南、貴州、廣西諸省土司，《外國傳》記朝鮮、日本、安南、琉球、呂宋、合貓里、美洛居、韃靼、瓦剌等政權，《西域傳》記哈密衛、柳城、火州、吐魯番、烏思藏大寶法王等，仍延續此例。故而載記類在內容上大體可對應正史中記載偏霸政權和外國政權的列傳。又呂思勉云：「編隅之國，正史不能甚詳，載記一門，足補其闕。」〔註47〕載記類諸書畢竟專記載某偏霸政權的史事與地理情況，較之正史類各書只纂其要要精細很多。

時令類為史部收書數量最少的一類，《總目》如此解釋將其列入史部並專設一類的緣由：

> 其本天道之宜以立人事之節者，則有時令諸書。孔子考獻徵文，以《小正》為尚存夏道。然則先王之政，茲其大綱歟？……然民事即王政也，淺識者岐視之耳〔註48〕

雖然依《總目》所述，時令類著作涉及農業國家的大政——依時間安排農業生產，且屬記載四時月令的書籍，置於史部也未為不可，不過僅十一部作品即單獨列為一類則多少顯得突兀。呂思勉反對將時令類置於史部：

> 時令類本不數隸史部，舊時書目，無類可歸，乃強隸焉，實最無理可笑者也。或謂氣候與人生關係甚大，雨暘寒燠，於政治生計文化，咸有影響，隸之史部，未為不可。然則何事於人生無關涉，復何書不可隸史部乎？故謂讀史者當參考時令之書則可；謂時令之書當入史部，實不可也。以舊時分類論，毋寧入之子部天文家，為較當矣。〔註49〕

呂思勉所論亦頗具情理，因就時令類的實際內容而言，多涉於物候學、氣象學等自然科學知識，置於天文類也無不可。又劉咸炘云：

> 時令一門可不必立，既知選辭章、隸故實者不足為史，而所收又僅二書，《歲時廣記》為啟札應用而設，豈有關於史？惟《月令輯要》一種主於授時耳。《存目》之中，亦罕史義。夫授時者政之一事

〔註47〕呂思勉：《史籍與史學》，《呂思勉全集》第 18 冊，第 16 頁。
〔註48〕《四庫全書總目》卷六十七史部時令類。
〔註49〕呂思勉：《史籍與史學》，《呂思勉全集》，第 18 冊第 17 頁。

耳，併入政書，於義為允，《歲時廣記》宜入類書。〔註50〕

劉氏所言要更詳細一些，對時令類中各書的體義作了辯證，以明確不同內容在目錄學分類中應有的歸屬。《總目》之所以將時令類列於史部，或許也與歷史沿革有關，如《崇文總目》史部設歲時類，陳振孫《直齋書錄解題》、焦竑《國史經籍志》、錢曾《讀書敏求記》之史部均設有時令類，因而《總目》沿襲之而單獨在史部設立時令類。

地理類則可與正史中之地理志、河渠志相對應。《總目》地理類中所包括的內容有：

> 首宮殿疏，尊宸居也；次總志，大一統也；次都會郡縣，辨方域也；次河防，次邊防，崇實用也；次山川，次古蹟，次雜記，次遊記，備考核也；次外紀，廣見聞也。〔註51〕

總志屬、都會郡縣屬、河防屬、邊防屬、山川屬、古蹟屬等大體可與正史之地理志相對應，山川屬則可與河渠志相對應。又《隋書·經籍志》地理類小序云：

> 武帝時，計書既上太史，郡國地志，固亦在焉。而史遷所記，但述河渠而已。其後劉向略言地域，丞相張禹使屬朱貢條記風俗，班固因之作《地理志》。〔註52〕

可見《隋書·經籍志》認為，地理類書籍與《史記》中的《河渠書》，《漢書》中的《地理志》《溝洫志》，《宋史》的《河渠志》，《金史》的《河渠志》等可相互對應。

《總目》職官類可與正史中之職官志相對應。《後漢書》有《百官志》，《晉書》有《職官志》，《宋書》有《百官志》，《南齊書》有《百官志》，《魏書》有《官氏志》，《隋書》有《百官志》，《舊唐書》有《職官志》，《新唐書》有《選舉志》《百官志》，《宋史》有《選舉志》《職官志》，《遼史》有《百官志》，《金史》有《選舉志》《百官志》，《元史》有《選舉志》《百官志》，《明史》有《職官志》《選舉志》。

《總目》政書類主要收錄典章制度之書，其小序云：

> 志藝文者，有故事一類。其間祖宗創法，奕葉慎守者，為一朝

〔註50〕劉咸炘：《續校讎通義》，黃曙輝編校：《劉咸炘學術論集·校讎學編》，廣西師範大學出版社，2010年，第70～71頁。
〔註51〕《四庫全書總目》卷六十八史部地理類一。
〔註52〕〔唐〕魏徵等：《隋書》卷三十三《經籍》二，第1116頁。

之故事。後鑑前師，與時損益者，是為前代之故事。史家著錄，大
抵前代事也。〔註53〕

《總目》指出其源自舊史籍中的「故事類」，未說明與正史著作中某部分的關
係。呂思勉則認為政書與表志有關：

> 一代典章，於國政民生，所關極鉅。正史表志所載，僅其厓略
> 耳。若求詳備，則政書尚焉。此中門類甚多，各視其所欲治者而究
> 心可也。此為今後撰專門之史者所必資，然即為考證普通史籍計，
> 取材亦不少矣。〔註54〕

劉咸炘則指明了所包含的門類：

> 政書一門，大體既詳論矣，此門舊稱故事，乃因古者有律有
> 令有故事，無六典總括之書，但有瑣細章程，所謂故事者，非如
> 律令之早定，皆臨事斟酌以成之，猶後世之事例，今總合職官、
> 典要、儀注、刑法，則故事二字以小貫大，不能該矣，不特易與
> 傳記混也。〔註55〕

以「職官、典要、儀注、刑法」等來看，正史的「志」中與政書類所收內容相
近的，《漢書》有《禮樂志》《刑法志》《食貨志》《郊祀志》，《後漢書》有《禮
儀志》《祭祀志》《輿服志》，《晉書》有《禮志》《輿服志》《食貨志》《刑法志》
等，《宋書》有《禮志》，《新唐書》有《禮樂志》《儀衛志》《車服志》《兵志》
《食貨志》等，《宋史》有《禮志》《樂志》《儀衛志》《輿服志》《食貨志》《兵
志》《刑法志》等，《遼史》有《營衛志》《儀衛志》《刑法志》，《金史》有《禮
志》《樂志》《儀衛志》《兵志》《刑志》《食貨志》，《元史》有《禮樂志》《祭祀
志》《輿服志》《食貨志》《兵志》《刑法志》，《明史》有《禮志》《樂志》《食貨
志》《兵衛志》《刑法志》《輿服志》。基本是正史著作中不可或缺的部分。

　　《總目》目錄類可與正史中之「經籍志」、「藝文志」相對應。自《漢書》
設《經籍志》後一直到唐代，正史中多不立經籍志，直到唐代官修《隋書》方
又開始立經籍志，然後至清代所修《明史》，除《舊五代史》《遼史》《金史》
等少數正史著作外，大體均有經籍志或藝文志。不過嚴格說來，《總目》目錄

〔註53〕《四庫全書總目》卷八十一史部政書類一。
〔註54〕呂思勉：《史籍與史學》，《呂思勉全集》，第18冊第17頁。
〔註55〕劉咸炘：《續校讎通義》，黃曙輝編校：《劉咸炘學術論集》，廣西師範大學出
　　　　版社，2010年，第75頁。

類中包括「經籍」、「金石」二屬，經籍屬在名稱上亦與正史之經籍志相一致，金石屬則是《總目》自己列入目錄類的，前代目錄書中並無此例。此外《總目》目錄類經籍之屬中收有宋王應麟《漢書經籍志考證》，亦足見目錄類經籍之屬與正史經籍志、藝文志之對應關係。

　　史評與以上這些列入史部的部類的不同之處在於，它無法對應正史類中本紀、列傳、志、表中單列的某部分，也不是正史的史料採集之所，也非由正史鈔節而來，而是由正史論贊發展而來，正如《總目》史評類小序所指出：

　　　　《史記》自為序、贊，以著本旨，而先黃老，後《六經》，退處
士，進姦雄，班固復異議焉。此史論所以繁也。〔註56〕

《總目》認為史評起源於《史記》，《漢書》延續《史記》的做法亦在紀傳末尾附以論贊。可以說《總目》列史評類亦有意對應史書論贊。不過《總目》對於非記載之學的史評類評價甚低，其在史部的位置亦置於最末一類，此與之前絕大多數書目不同。如《郡齋讀書志》史評類在史部十三類中排第六位，《澹生堂藏書目》史評類在史部十五類中排第七，前為史鈔類，後為霸史類。之所以會這樣，可能是由於其一，《總目》以前之書目未明確以正史各單元與史部各類相對應；其二，《總目》以前的書目尚未像《總目》一樣貶斥史評類書籍；其三，史評類原先與史鈔類常混而為一，因此在史評類單獨出現時，便常常與史鈔類比鄰而居；其四，或許是由於《總目》以史評類未可對應正史中某一單獨的單元，而其在正史中即僅是附屬作用，因而將史評類居於最末；其五，史評類所錄各書非記載之書，而是評論與考證諸書，亦正好與子部相應。

　　不過也不是所有正史中可對應之內容單元均列於史部，如天文算法類可與正史中的律曆志、天文志等相對應，術數類可與正史中五行志相對應，但此二類在《總目》中列入子部。一方面當與部類的歷史沿革有關，如《隋書・經籍志》中天文、曆數、五行等均在子部，沿及後世，亦遵此例；另一方面，史部總體來講收錄的是記載之學，但天文算法類書籍為「言天」、「推衍」之學，且《總目》指出「三代上之制作，類非後世所及。惟天文算法則愈闡愈精」〔註57〕，術數類則是「傅以雜說」，「物生有象，象生有數，乘除推闡，務究造化之源者，是為數學」〔註58〕，這些類目與史部均有巨大差異，其所

〔註56〕《四庫全書總目》卷八十八史部史評類。
〔註57〕《四庫全書總目》卷一百六子部天文算法類。
〔註58〕《四庫全書總目》卷一百八子部術數類。

錄各書並非如正史五行志、天文志等記載現象為主,故而不列入史部。

三、史評類:附於史書與附於史部

　　史評在史書中處於一種附屬狀態,很多史書會在記事文字之後附以史評,以發表議論,補充正文內容,或對正文內容加以考證。這種附屬狀態其實表明了史評在史書之中與敘述記載為主的正文有不同的特性,相比於正文,會有更強的作者個人色彩。由於《總目》史部的部類設置即與紀傳體史書內部結構相關,所以《總目》史評類也就帶有作為史部附屬而與史部整體特徵所不同的特點。

　　首先是正史類、別史類、編年類等類別的史書多在卷末或卷中附以史評。其中正史的史評亦稱「論贊」,多附於紀傳之末,志末、表末則不附論贊。如《史記》中為「太史公曰」;《漢書》中為「贊曰」;《後漢書》中分為散文體的「論曰」和四言體韻文「贊曰」;《三國志》中為「評曰」;《晉書》中為「史臣曰」和「贊曰」;《宋書》為「史臣曰」;《南齊書》中為「史臣曰」;《梁書》為「史臣曰」;《陳書》為「史臣曰」;《魏書》為「史臣曰」;《北齊書》為散文體的「史臣曰」和四言韻文體的「贊曰」;《周書》為「史臣曰」;唐李延壽所撰《南史》與《北史》為「論曰」;《隋書》為「史臣曰」;《舊唐書》紀傳末附散文體的「史臣曰」和四言韻文體的「贊曰」;《舊五代史》;宋歐陽修所撰《新唐書》和《新五代史》為「贊曰」;元朝脫脫等所修《宋史》為「論曰」或「贊曰」,二者僅名稱有別,無體例之分,《遼史》與《金史》則為「贊曰」;《元史》不立論贊;《明史》為「贊曰」。總體而言,除《元史》外正史類各書紀傳末多附論贊,僅有個別篇章之後不附論贊。

　　在編年類中,《竹書紀年》體裁近於《春秋》,不附論贊。至東漢荀悅《漢紀》在卷中夾有「荀悅曰」,西晉袁宏《後漢紀》,則於卷中夾有「袁宏曰」,二書均非每卷都有論贊;〔註59〕司馬光《資治通鑑》在卷中有「臣光曰」,同時會引用其他人的評論;《宋史全文》於卷中偶附有「臣留正等曰」。與正史類不同的是,編年類史書中的論贊不一定每卷皆有,且多雜於卷中,而非像正史一樣,將論贊固定置於卷末,這應該是學習《左傳》中「君子曰」的結果。

　　在紀事本末類中,有的如《通鑑紀末本末》《宋史紀事本末》《元史紀事本末》等敘數朝或一朝之事,有的如《三朝北盟會編》《平定三逆方略》《親征

〔註59〕〔漢〕荀悅、〔晉〕袁宏:《兩漢紀》,中華書局,2002 年。

朔漠方略》等敘某一事之始末。其中《通鑑紀事本末》的史論多直接將《資治通鑑》中的「臣光曰」抄來，而作者袁樞未立自己的論斷；《宋史紀事本末》有時在卷中附他人史論，後面附有「史臣曰」、「陳邦瞻曰」、「李燾曰」、「羅從彥曰」等。其他如《三朝北盟會編》則全無論斷，《總目》稱其「徵引皆全錄原文，無所去取，亦無所論斷」〔註60〕，則其不列論贊，是有記錄客觀史實而不重議論的撰史書法在。其他如《平定三逆方略》《親征朔漠方略》等均有資料彙編性質，亦不專附論斷。《蜀鑑》搜集史傳中關於蜀地的史料而成書，體例上每一事為一篇，未附論贊。

別史類所錄多數史書與正史類一樣，多數也是紀傳體，不過不似正史體例完備，不僅志、表多缺，而且紀傳末也常常不附論贊。如唐許嵩《建康實錄》、宋曾鞏《隆平集》、宋鄭樵《通志》等皆無論贊。有一些別史類著作則附有論贊，如蘇轍《古史》附有「蘇子曰」，不僅出現在卷末，也出現於卷中某列傳之後。〔註61〕宋王偁《東都事略》個別篇章後附論贊。宋羅泌《路史》實際上亦仿紀傳之體，依上古傳說中的帝王來立紀，部分紀後有「贊」，多數紀後有「論」，大體亦與論贊相近，且其論贊篇幅遠大於紀文篇幅。如其「軒轅氏」後「贊」云：

> 禪通著紀，伊予握旋。秉數稽功，一德乘乾。地不愛珍，乃權畸羨。制彼貨刀，與民通變。稱物平施，有無以遷。皇上縣尊，大號軒轅。〔註62〕

又論云：

> 軒轅氏，古封禪之帝也。在黃帝氏之前，承學之士，乃皆以為即黃帝氏，失厥所謂，莫此為甚焉。昔蒙莊氏論至德之世，軒轅氏後，乃有赫胥，而尊盧祝融次之。又後乃有伏羲、神農、黃帝，其明著若是。訊諸幣款有黃帝金，而又有軒轅金；封禪文識有軒轅氏，而又有黃帝氏，則軒轅自為古帝，信矣。後世惟見史遷紀黃帝名軒轅，更弗復考，于古失之。〔註63〕

其設贊之法仿《後漢書》，很多「論」實際上是考證，如此處考證軒轅氏早于

〔註60〕《四庫全書總目》卷四十九史部紀事本末類。

〔註61〕《古史》中的「蘇子曰」在其中佔有很大的分量，所以《郡齋讀書志》將其列入史評類。

〔註62〕〔宋〕羅泌：《路史》卷七，中華書局，1985年，第36～37頁。

〔註63〕〔宋〕羅泌：《路史》卷七，第37頁。

黃帝氏，二者非一人。

雜史類著作體例駁雜，《總目》稱雜史類「義取乎兼包眾體，宏括殊名」〔註64〕。因其多不採紀傳、編年、紀事本末等較成熟完備的體裁，所以雜史類中的著作多無論贊。如宋王禹偁《五代史闕文》形同紀傳體，但無論贊。宋陶岳《五代史補》、宋彭百川《太平治迹統類前集》體例上類似於紀事本末體，但內容極簡，僅紀事無論贊；宋曹勳《北狩見聞錄》、宋洪皓《松漠紀聞》、佚名《咸淳遺事》、元王鶚《汝南遺事》為聞見記錄，有些甚至未必算史書，只是一種當代記錄而已。唐余知古《渚宮舊事》、唐裴庭裕《東觀奏記》這樣的雜記著作亦無論贊。不過《貞觀政要》有每篇後皆有「愚按」，雖為按語形式，但實際上等於是論贊。因雜史類著作多數亦屬採擇史料後加以編排撰寫的著作，所以其中論贊多缺的情況已表明了論贊在史書中不僅是附庸，且非必須要有的內容。

詔令奏議類基本為文獻彙編，算是一種一手史料而非史學著作，因此其體例不可與其他部類相提並論。

傳記類本身源自紀傳體中的列傳，體例上多有模仿正史而在傳記中附論贊者，如劉向《古列女傳》每傳之後附有「頌曰」，《東林列傳》每傳後皆附「外史氏曰」。又如宋王當《春秋列國諸臣傳》提要云：「所傳凡一百九十一人，各以贊附於後。」〔註65〕宋費樞《廉吏傳》提要云：「每傳各系以論斷。」〔註66〕宋袁韶《錢塘先賢傳贊》提要云：「傳贊亦古雅可誦，固非後來地志家夸飾附會之比也。」〔註67〕《唐才子傳》提要云：「傳後間綴以論，多掎摭詩家利病……」〔註68〕清孫奇逢《中州人物傳贊》提要云：「人各為傳，多者連數紙，少或僅一行，云無徵者則不詳，不以詳略為褒貶也。」〔註69〕另一些傳記類書籍則不附論贊，如皇甫謐《高士傳》、黃宗羲《明儒學案》等皆無論贊，僅敘傳主行事，或附以傳主語錄。

史鈔類中少數亦附評語，第二章第一節已論及，在此不詳述。

載記類是依內容而非體裁而設的類目。一些載記類著作採用紀傳體，則亦在其紀、傳之末附以論贊，如晉常璩《華陽國志》於卷末附「撰曰」；宋馬

〔註64〕《四庫全書總目》卷五十一史部雜史類。
〔註65〕《四庫全書總目》卷五十七史部傳記類一。
〔註66〕《四庫全書總目》卷五十七史部傳記類一。
〔註67〕《四庫全書總目》卷五十七史部傳記類一。
〔註68〕《四庫全書總目》卷五十八史部傳記類二。
〔註69〕《四庫全書總目》卷五十八史部傳記類二。

令《南唐書》在部分紀、傳後附有論贊，均以「嗚呼」起頭；宋陸游《南唐書》在個別紀傳後附「論曰」；宋張唐英《蜀檮杌》於每卷之末附有「黃松子曰」；清吳任臣《十國春秋》在紀、傳之末附「論曰」。也有一些載記類中的紀傳體著作不附論贊，如漢趙曄《吳越春秋》、宋龍袞《江南野史》、崔鴻《十六國春秋》皆不附論贊。其他非紀傳體之載記類書籍則不列論贊，如唐樊綽《蠻書》體例更近於地方志，全無論贊。

其他如地理類、職官類、政書類、目錄類等皆對應正史中某志、某表，其所收錄者皆記載地理、職官、制度、書目等專業門類，而論贊多論人物、史事等，因而在這些類目中沒有形成附論贊的慣例。

若將《總目》史部看作正史體例的一種目錄學上的延伸，那麼史評類在《總目》史部中的地位便如同附屬於其他類目史書一樣，作為史部的附屬而出現。早於《總目》而編成的《四庫全書薈要總目》史部案語即云：

> 班、馬而下，其體不一，或以紀、傳、表、志括一朝之典，或分年以纂錄，或因天時以布令，或以詳山川郡邑，或以紀朝廷詔令，或以載法制令式，或別體以繫古事，或隨事以綜舊聞；而凡史家之論斷，群籍之簿錄，因而類之，以備參考，總而稱之曰史。〔註70〕

儘管《薈要總目》的史評類尚未居於最末，但與目錄類一起是「以備參考」的類目，因而此二類次第居於《薈要》史部之末二位，其中以目錄類墊底。至《總目》則史評類居最後而目錄類居倒數第二，可見此過程中史評類的地位進一步下降。此種下降，又恰恰與宋、明以來史評類著作的大發展不相稱，很可能是館臣在編修《四庫全書總目》的過程中刻意貶低史評類的結果。舊日書目亦視史評類為史部附屬，多將史評類置於正史、別史、編年、國史等類目之後，但未至於像《總目》那樣將史評類的地位貶低得如此嚴重。而其作為史部最後一個類目，後面緊接著就是子部，倒是事實上形成了史評類在史部與子部之間的格局。

第二節 《總目》子部中之史評

《總目》子部各類中，並非每一類均有收錄與史評相關的書籍，因為《總

〔註70〕《四庫全書薈要總目》三，《景印擒藻堂‧四庫全書薈要》，世界書局，1988年，第 1 冊第 137 頁。

目》採納四部分類法，而在子部中的類目有的依學派而劃分，有的依學科而劃分。如《隋書・經籍志》中說明：「儒、道、小說，聖人之教也，而有所偏。兵及醫方，聖人之政也，所施各異。」〔註71〕則已說明子部內部的此種區別。天文算學類、醫家類、農家類、術數類、譜錄類、藝術類等，以今日眼光看，皆表示某一學科而非某一派思想，在這些類目中不含史評內容。史評內容主要出現在表達不同學派觀點的諸子學中，或是在包含大量考證內容的雜家類中。以下就子部各類的情況作一探討。

一、儒家類中的史評

《總目》儒家類主要收錄符合清廷官方正統的非經部儒學著作，這些著作多自立一家，漫談經史子集諸家以闡發其觀點。有些儒家類著作會有個別內容借史評以闡發儒家義理，有些著作則通書介於史評類與儒家類之間。

如賈誼《新書》中，「首載《過秦論》」〔註72〕，而《過秦論》上下兩篇論秦之興亡，屬於史論。除《過秦論》外，《新書》其他一些篇章也有「史論」，不過要小心的是有些篇章是一種假史論，即改編某一歷史事件或人物而加以論述。這其實在承襲戰國諸子橫議之風。這種評論所述事件多不合歷史事實，更像是一種寓言，而寫作目的重在借寓言以闡發自己的觀點。如《連語》篇有三條劄記，其中前兩條為史論，第一條論商紂王之罪，第二條論梁王決疑獄。〔註73〕又如《春秋》篇舉春秋與秦朝十事而論述之，其格局如下：

> 楚懷王心矜好高人，無道而欲有伯王之號，鑄金以象諸侯人君，令大國之王編而先馬，梁王御，宋王驂乘，周、召、畢、陳、滕、薛、衛、中山之君，皆象使隨而趨。諸侯聞之，以為不宜，故與師而伐之。楚王見士民為用之不勸也，乃征役萬人，且掘國人之墓。國人聞之振動，晝旅而夜亂。齊人襲之，楚師乃潰。懷王逃適秦，克尹殺之西河，為天下笑。此好矜不讓之罪也，不亦羞乎？〔註74〕

《史記》未載楚懷王鑄各諸侯銅像之事，且楚懷王本是與秦國在武關盟會時被扣，而非被列國進攻而逃於秦國，亦非在秦國被殺。如《史記・楚世家》云：

〔註71〕〔唐〕魏徵等：《隋書》卷三十四《經籍》三，第1188～1189頁。
〔註72〕《四庫全書總目》卷九十一子部儒家類一。
〔註73〕〔漢〕賈誼撰，閻振益、鍾夏校注：《新書校注》，中華書局，2000年，第197～198頁。
〔註74〕〔漢〕賈誼撰，閻振益、鍾夏校注：《新書校注》，第249頁。

（楚懷王）三十年……於是往會秦昭王。昭王詐令一將軍伏兵於武關，號為秦王。楚王至，則閉武關，遂與西至咸陽，朝章臺，如蕃臣，不與亢禮。楚懷王大怒，悔不用昭子言。秦因留楚王，要以割巫、黔中之郡。……頃襄王三年，懷王卒於秦，秦歸其喪于楚。〔註75〕

其他經史之書亦未發現與《新書》關於楚懷王的事蹟相類者，所以最可能的就是賈誼為發表自己的看法而自編了一套故事（當然也不排除有這樣的民間傳說），這種故事不可與史實相等同。後世史評雖然常有引用史文不合史實處，但作者在主觀上並非要刻意編造一個寓言，其問題多由於引書不可靠，未考訂史實所致。不過《新書》中影響非常廣的《過秦論》則是一種篇幅較長的史論，與這些以寓言而闡發論點的假史評不同。此外，受戰國諸子橫議之風影響下的這些寓言雖不可視作史論，但文風影響到後世史論。

宋范祖禹《帝學》亦多有史論，《總目》云：「由伏羲至宋神宗，每條後間附論斷。……今觀此書，言簡義明，敷陳剴切，實不愧史臣所言」。〔註76〕可見《總目》評價此書時亦重范祖禹的史臣身份。《唐鑑》每篇皆先列史事，再發史論；《帝學》則選擇性加入十三條史論。如其論宋太祖云：

臣祖禹曰：昔武王克商，未及下車，而襃先聖之後，封（聚土曰封，張守節《史記正義》：「封，謂益其土及畫疆」）賢臣之墓（《史記周本紀》載武王「命閎夭封比干之墓」），表商容之閭，釋箕子之囚，是以天下悅服。傳世三十，歷祀八百，蓋由此也。太祖皇帝承五代之季，受天眷命，皇業初基，日不暇給。而即位之月，首幸國學，謁歁（同「款」。謁款，虔誠拜謁）先聖，次月又幸，尊師重道，如恐不及。儒學復振，寔（同實）自此始，所以啟祐後嗣立太平之基也，與武王未及下車之政，何以異哉？〔註77〕

此段將宋太祖比於周武王，稱二人均重視先賢先聖，宋太祖亦能獎勵儒學。范祖禹在此歌頌宋太祖，不應只看作是文臣之諛詞，其目的主要是以此來勸誡當朝皇帝能像宋太祖一樣禮敬先賢，尊崇儒學。由此窺之，此書之史論與

〔註75〕〔漢〕司馬遷：《史記》卷四十《楚世家》，中華書局，2014年，第2081～2083頁。《史記·屈原賈生列傳》所述楚懷王事蹟與《楚世家》相近，只是更簡略而已。

〔註76〕《四庫全書總目》卷九十一子部儒家類一。

〔註77〕〔宋〕范祖禹撰，陳曄校釋：《帝學校釋》卷三，華東師範大學出版社，2015年，第71頁。

政論關係非常密切。

宋呂祖謙《麗澤論說集錄》總體上以論經為主，但也有少量史論，其提要云：「凡《周易說》二卷，《詩說拾遺》一卷……《周禮說》一卷，《禮記說》一卷，《論語說》一卷，《孟子說》一卷，《史說》一卷，《雜說》二卷。」〔註78〕《史說》中的內容即呂祖謙在講學時的論史之語，第一條論史書體裁及讀史之法，第二條論「溫公論才德自分明」，第三條及其後各條論自三家分晉至唐代史事，主要從《資治通鑑》中抽出部分史事而發論。〔註79〕

宋代陳埴所著《木鍾集》除論經書外，亦有少量史論。《總目》云：

> 凡《論語》一卷，《孟子》一卷，《六經總論》一卷，《周易》一卷，《尚書》一卷，《毛詩》一卷，《周禮》一卷，《禮記》一卷，《春秋》一卷，《近思雜問》一卷，《史》一卷。……史論惟及漢、唐，則伊洛之傳不以史學為重，偶然及之，非專門也。〔註80〕

全書十一卷中史評僅一卷，確實偶然及之，但仍可見理學家中研究史學者並不少見。不過就其《史》的內容來看，則論、考兼有，非獨有史論。史考如《漢鬻爵之法》云：

> 漢初，賣爵入粟不入錢，賣爵不賣官。在文景時可考，至武帝時不賣舊爵，別立武功爵，此乃前術窮而更新一法，到此時入緡錢矣，爵與官俱賣矣。此五大夫有為吏先除之法，豈不是連官賣了？一夫之爵，值錢若干，今不可考。其級爵止賣十一級，千夫爵是第七級，得除吏；第九級則免徭役，未知是否又云茂陵書只載十一級，其餘不見？（十九級是關內侯，二十級是通侯。）〔註81〕

其內容絲毫不帶義理之解說，全部都在考證史事。其他如《考漢選舉法》《南北軍辨》《又漢選舉法》《考儒林傳公孫弘新學法》《唐百官志宰相之名學士之職如何》等，與《漢鬻爵之法》一樣皆屬史考。另如《趙長平之敗》《趙括》《毛遂》《魯仲連》《書武帝行事》《書王莽傳》《書卜式傳》則議論史書中所載人事，而非專門考究史事人物之原委。總體上其史論緊切史事，不蔓延至史事之外而作政論或子學思辨。

〔註78〕《四庫全書總目》卷九十二子部儒家類二。

〔註79〕〔宋〕呂祖謙：《麗澤論說集錄》卷第八，《呂祖謙全集》第二冊，浙江古籍出版社，2008年。

〔註80〕《四庫全書總目》卷九十二子部儒家類二。

〔註81〕〔宋〕黃埴：《木鍾集》卷十一，國家圖書館出版社影印元吳氏堂刻本。

宋真德秀《大學衍義》提要云：

> 是書因《大學》之義而推衍之，首曰帝王為治之序，帝王為學
> 之本；次以四大綱，曰格物、致知，曰正心、誠意，曰修身，曰齊
> 家，各繫以目。格物致知之目四：曰明道術、辨人材、審治體、察
> 民情。正心誠意之目二：曰崇敬畏、戒逸欲。修身之目二曰：謹言
> 行、正威儀。齊家之目四：曰重妃匹、嚴內治、定國本、教戚屬。
> 中惟修身一門無子目，其餘分子目四十有四。皆徵引經訓，參證史
> 事，旁採先儒之論以明法戒，而各以己意發明之。〔註82〕

而檢視其書，則多數內容論史，僅有很少數的內容論經。

真德秀所著《西山讀書記》亦有論史之篇章，《總目》云：

> 《乙記上》即《大學衍義》，久進於朝，其下未及繕寫而真德秀
> 沒……《乙記》載虞、夏以來名臣賢相事業，略仿編年之體……而
> 書中至唐李德裕而止……至於致治之法，《衍義》所未及詳者，則於
> 《乙記》中備著其事。古今興衰治忽之故，亦犁然可睹。在宋儒諸
> 書之中，可謂有實際者矣。〔註83〕

則其乙編體例依編年體，略似於范祖禹《唐鑑》，大字摘取史事，雙行小字輯
他人論述或發表自己的議論。如其論申屠嘉悔未斬晁錯云：

> 申屠嘉伸於文而詘於景，即此一事，而二帝之優劣可知。然大
> 臣以道事君，不可則止，其請誅姦臣者，職也。言不從而去之，義
> 也。進不得行其職，則當退以全吾之義，將無適而不自得，豈必發
> 憤歐血習俗自殞其生耶？此嘉不學之過也。〔註84〕

其他如甲編卷二十四《廣大學問》中亦有部分史論，如其論漢高祖與唐太宗
云：漢高祖私意分數尚少，唐太宗一切假仁義以行其私。〔註85〕此乃借史
論以翼經。

宋項安世所著《項氏家說》之提要云：「此蓋其讀經史時條記所得，各以
成編者也。……其八、九、十三卷則先以《說事篇》，次《說政篇》，次《說學

〔註82〕《四庫全書總目》卷九十二子部儒家類二。
〔註83〕《四庫全書總目》卷九十二子部儒家類二。
〔註84〕〔宋〕真德秀：《西山讀書記》乙下之八，《全宋筆記》第十編第四冊，大象
　　　　出版社，2018年，第137頁。
〔註85〕〔宋〕真德秀：《西山讀書記》甲集二十四，《全宋筆記》第十編第二冊，第
　　　　267頁。

篇》。」〔註86〕又陳振孫《直齋書錄解題》云:「其第八卷以後雜說文史政學。」
〔註87〕其中《說事篇二》論古人,《說政篇》論古代制度,多數算是史論。如
其《說事篇二》論曹參條云:

> 太史公《曹參贊》謂參所以能功多若此者,以與淮陰俱。其意
> 蓋少參也。予觀參起自沛,專以戰多受賞,從中涓十遷至假左丞相,
> 皆以戰得之。戰大小不可勝記。其從韓信攻魏、趙、齊,乃在為左
> 丞相後。要之高祖諸將,善戰無逾曹參者,故常遣副韓信,示漢未
> 嘗無人,又因以監之。是信以參而安,非參以信而重也。在則參之
> 武伐,豈可少耶?〔註88〕

此處所論主要依《史記》記載而來,亦與時政不相關,純粹就史論史而已。

《黃氏日鈔》為宋代理學家宋黃震所著,《總目》云:

> 是書本九十七卷……讀史者五卷,讀雜史、讀諸子者各四
> 卷……其存者實九十五卷也。……是書以所讀諸書隨筆箚記,而斷
> 以己意。……大旨於學問排佛、老,由陸九淵、張九成以上溯楊時、
> 謝良佐,皆議其雜禪。……於治術排功利,詆王安石甚力……其他
> 解說經義,或引諸家以翼朱子,或舍朱子而取諸家,亦不堅持門戶
> 之見。〔註89〕

此書主體為闡述黃震理學思想的作品,但其中亦有九卷內容為史論,其中讀
史部分在卷四十六至卷五十,主要議論正史內容,宋代部分則論諸名臣其言
行;讀雜史部分在卷五十一至卷五十四,論正史之外的其他史書,如蘇轍《古
史》、《汲冢周書》《國語》《戰國策》《吳越春秋》《越絕書》《春秋世紀》《東萊
大事記》等,論雜史部分所論史事大體集中在先秦時期。《黃氏日鈔》中的史
論既論史事,又論各史書。如其《日鈔漢書》部分論項籍云:

> 項王非特暴虐,人心不歸,亦無統一天下之心。既滅咸陽而都
> 彭城,既復彭城而割滎陽,既割鴻溝而東歸皆是。羽按甲稱伯之秋,
> 不知高祖志不在小,天下不歸於一不止也。〔註90〕

〔註86〕《四庫全書總目》卷九十二子部儒家類二。

〔註87〕〔宋〕陳振孫:《直齋書錄解題》卷三,上海古籍出版社,1987年,第83頁。

〔註88〕〔宋〕項安世:《項氏家說》卷九,中華書局,1985年,第100頁。

〔註89〕《四庫全書總目》卷九十二子部儒家類二。

〔註90〕〔宋〕黃震:《黃氏日抄》卷四十七《日抄漢書》,《全宋筆記》第十編第九冊,
第408頁。

黃震指出項羽無爭天下之志，足見黃震有卓越的史識。因為是繼承秦朝的大
一統還是恢復封建制，正是楚漢之爭成敗的關鍵之處。且黃氏論史多就史論
史，沒有太濃的義理之氣。

　　明代丘濬所著《大學衍義補》為補充宋代真德秀《大學衍義》而作，且
相較《大學衍義》增加了很多史論內容。《總目》論之曰：

　　　　濬以宋真德秀《大學衍義》止於格致、誠正、修齊，而闕治國、
　　　　平天下之事。雖所著《讀書乙記》採錄史事，稱為是書之下編，然
　　　　多錄名臣事蹟，無與政典，又草創未完。乃採經傳子史，輯成是書，
　　　　附以己見……〔註91〕

可見無論其所補內容還是真德秀原作之文，皆有一定數量論史文字在其中。
此書每列一主題，則採經、史諸書中有關內容，及一些名儒評論來論證，每
引一條皆有作者自己的按語。如「（漢）文帝每朝，郎從官上書疏，未嘗不止
輦受其言。言不可用置之，言可用採之。未嘗不稱善」條按語：

　　　　臣按：三代以下稱帝王之賢者，文帝也。帝之善政非止一端，
　　　　而好言納諫，尤其盛德焉。後世人主於封章之入，固有未嘗一經目
　　　　者。況敢犯其行輦，而欲其止而受之乎？可用者未必肯用，不可用
　　　　者輒加之罪。心知其善而口非之者亦有矣。況本不善而稱其善乎？
　　　　吁！若文帝者，可謂百世帝王之師矣。〔註92〕

若單就此段內容而言，此段與一般史論並無大的區別，大體借稱頌漢文帝而
指出國君當虛懷納諫。這大體是經筵中借史論來規勸國君的做法。此書歸於
子部儒家類，一來可能是因為此書主要依要闡述的故事主題而列史事與議論，
書中史論要為各主題服務，而非像其他史評類作品那樣，以史書記載或時間
順序為脈絡；二來因此書亦有少量經學議論，不純為論史而作，所以不便於
將此書歸入史部史評類。

　　明代周琦所著《東溪日談錄》中有論史內容二卷，《總目》云：

　　　　凡性道談二卷，理氣談一卷，祭祀談二卷，學術談一卷，出處
　　　　談一卷，物理談一卷，經傳談三卷，著述談一卷，史系談二卷，儒
　　　　正談一卷，文辭談一卷，異端談一卷，辟異談一卷。〔註93〕

〔註91〕《四庫全書總目》卷九十三子部儒家類三。
〔註92〕〔明〕丘濬：《大學衍義補》卷四《廣陳言之路》，海南書局，1931年。
〔註93〕《四庫全書總目》卷九十三子部儒家類三。

此書經、史、子、集四部均有論及，其中第十三卷與十四卷「史系談」依朝代
為斷，每一朝論數人數事。如「東漢」條第一段云：

> 光武起於新莽篡亂之餘，郡國僭竊之日，芟刈群雄，克復舊物，
> 行仁義，務儒術，興學校，以中興漢室。高祖之後，一人而已。雖
> 文、景、武、宣不讓也。惟吏事深刻，未盡善耳。蓋少在舂陵，與
> 民間人伍，天下之事，無不周知，故不任三公，事歸臺閣。如是也，
> 視後世事屬於人，權移於下，則又大徑庭矣。〔註94〕

此段論漢光武帝，既贊其功業，亦論其不足，並指出東漢「事歸臺閣」與後世
「權移於下」的不同。「史系談」其他各篇，亦與此相近。

《御覽經史講義》是乾隆時期清高宗御定的經筵講義。其提要云：

> 考講義著作，莫盛於南宋。其解經者，如袁燮《毛詩講義》之
> 類，其論史者如曹彥約《經幄管見》之類，皆經筵所陳也。……乾
> 隆二年，特詔翰林詹事六科十三道諸臣，輪奏講義。或標舉經文，
> 下列先儒義疏，而闡明其理蘊；或節取史事，下列先儒評品，而辨
> 析其得失，略如宋人「故事」之例。〔註95〕

該條提要首先將《毛詩講義》這種解經之作和《經幄管見》這種史論著作相
提並論，已說明此書有模仿前人經筵中論經論史之意，而其後「節取史事」
之文，亦重在從史文出發以闡發史論。由此也看得出清代經筵中，史論作為
表達皇帝歷史認為的途徑，佔有相當重要的地位。

清李光地《榕村語錄》以論經為主，有少量論子、史、集的內容，其提要云：

> 冠以「經書總論」，與論《四書》者為八卷，論《易》《書》《詩》
> 《三禮》《春秋》《孝經》者為九卷，論六子、諸儒、諸子、道統者
> 為三卷，論史者為一卷，論歷代者為一卷，論學者為二卷，論性命、
> 理氣者為二卷，論治道者為二卷，論詩文者為二卷，而「韻學」附
> 焉。〔註96〕

其中「論史者」主要是論各史書記載之當否，屬於史學義例；「論歷代者」即
史論，皆論歷代之人事。

〔註94〕〔明〕周琦：《東溪日談錄》卷十三，《景印文淵閣四庫全書》第714冊，第
　　　　237頁。
〔註95〕《四庫全書總目》卷九十四子部儒家類四。
〔註96〕《四庫全書總目》卷九十四子部儒家類四。

清代陸隴其所撰《三魚堂賸言》亦為作者日常劄記，其中經、史、子皆有論及。《總目》云：

> 一卷至四卷皆說《五經》，五卷、六卷皆說《四書》，而附《太極圖說》、《近思錄》、《小學》數條，七卷、八卷皆說諸儒得失，九卷至十二卷皆說子史，而亦間論雜事。……故凡所考論，率有根據。〔註97〕

《三魚堂賸言》九至十二卷部分雜有史論與史考，且多似講學之語。如其論公孫弘云：

> 公孫弘盡有好處，如誅郭解，抑卜式，殺主父偃，皆不可謂不是，特陰汲黯、董仲舒，則不能為之解。〔註98〕

此處是史論。又其考《史記·司馬相如列傳》之「八川」：

> 《史記·相如傳》序《上林》「八川」，而云「東注太湖」，何謬至此？注不能正，而反附會之，何也？〔註99〕

此段為隨筆劄記式考證。其實就一至八卷而言，亦多考證，只是無論考、論，皆不專為史而發。

明詹淮輯，陳仁錫訂正之《性理綜要》一書，《總目》以為「為庸俗坊本……大抵為場屋剿竊之用。」〔註100〕稱其用途為「剿竊」，大抵詆毀過渡，不過此書確實主要用於科考參考。此書從卷十八到卷二十為「歷代」，雜收理學名家對歷史人物的評論，可作為考試重點的地方標圈畫點，當是為科舉策論徵引名人話語之用。另明玉峰道人輯有《性理群書大全》（《總目》作《性理群書集覽》），其體例與此書大致相同，且自五十八卷至六十四卷中有「歷代」，錄理學名家的史論。只是書中沒有圈點句讀，且注釋相對較多而已。

明林胤昌有講學之作《經史耦義》，其提要云：

> （允）〔胤〕昌集子弟月三會於其中之棲綠堂，每會講《五經》及諸史。〔註101〕

〔註97〕《四庫全書總目》卷九十四子部儒家類四。

〔註98〕〔清〕陸隴其：《三魚堂賸言》卷九，陸隴其：《子海精華編·問學錄、三魚堂賸言》，山東人民出版社，2018年，第147頁。

〔註99〕〔清〕陸隴其：《三魚堂賸言》卷九，陸隴其：《子海精華編·問學錄、三魚堂賸言》，第147頁。

〔註100〕《四庫全書總目》卷九十六子部儒家類存目二。

〔註101〕《四庫全書總目》卷九十六子部儒家類存目二。

其講史之語實際上亦是史評。其合經史而共論，則源於王陽明之「五經皆史」之論〔註102〕。又門人張拱宸《小引》云：

> 儒者通說經，日月也；史，山海也……故日月亦可以成史，山海亦可以垂經，此召師素翁先生所以有《經史合轍》之作也。〔註103〕

其書每一卷為一期，林胤昌自序云：

> 吾今與諸子約月期三會，人各兼經，講經畢，則論史，不必全概其文，而務剖析其義。義必自出己見，而折衷于前人；言必自成一家，而力追于大雅。史始于漢者，黜秦也，以漢繼周也；終于宋者，黜元也，以明再辟也。〔註104〕

因而其史論皆其講學時與門人互相論史之語，而其結構，也是每期皆依次立《易》《書》《詩》《春秋》《禮》、史各議論部分。此處可見子部儒家類著作中經史共論的風氣。

清孫承澤《藤陰劄記》為「講學之語」，其內容也多有史論。其提要云：

> 是編乃其講學之語，共一百餘條。大抵以程、朱為宗，而深詆金溪、姚江，亦頗涉及史事。〔註105〕

其「涉及史事」部分實際上就是史論。其論史部分有論許衡（魯齋），論薛瑄，論《史記》，論《資治通鑑》，論《資治通鑑綱目》，論《唐鑑》，論元好問、危素與楊惟楨之存金、元、宋史，論實錄等。〔註106〕

清張烈《王學質疑》中多借史論以反駁王學，其提要云：

> 其附錄則首為《朱陸異同論》；次為《史法質疑》，通論史體；次為《讀史質疑》五篇，一論明孝宗時閹宦之勢，一論李東陽之巧宦，一論《宋史》以外不當濫立《道學傳》，亦為王學而發，一論王守仁宜入《功臣傳》，而以明之亂亡全歸罪於守仁，一論萬曆時爭東宮梃擊諸臣之非。〔註107〕

〔註102〕〔明〕池顯方：《經史轍義序》，《四庫全書存目叢書》子部第十七冊，第94～95頁。

〔註103〕〔明〕張拱宸：《經史轍義小引》，《四庫全書存目叢書》子部第十七冊，第95頁。

〔註104〕〔明〕林胤昌：《轍義說》，《四庫全書存目叢書》子部第十七冊，第97頁。

〔註105〕《四庫全書總目》卷九十七子部儒家類存目三。

〔註106〕見〔清〕孫承澤：《藤陰箚記》，《四庫全書存目叢書》子部第19冊。

〔註107〕《四庫全書總目》卷九十七子部儒家類存目三。

則此書中不僅有史論，亦有少許史學義例之作；即使論史學義例的部分，主要還是在論「王學之弊」，如稱：「陽明恐人攻己，則援古本《大學》以為據，此挾天子以令諸侯之智也；著《朱子晚年定論》，此以敵攻敵之術也；以行兵之權謀用之於講學，其心術險譎，而技窮可知。」「但所謂良知，正佛氏所呵」〔註108〕。以為王陽明之學既然不是儒家之學，那麼就不當入《儒學傳》《道學傳》，而當入《功臣傳》。其將明亡歸於王學之論難免失當，但其以史論來為自己的理學主張張目之舉則非常明顯。

總體而言，古代士人論學常常兼及經史子集各部，不僅在《總目》儒家類中，雜家類雜學之屬的著作亦常常如此。這些包含史評，甚至多數內容均為史評的著作之所以被歸入儒家類，或者由於其中兼及經史，除論史外還常常論及經書、詩文的內容；或者由於部分著作的結構體例均非為論史而設，如不以時間先後為編排順序，而是列於不同的經世名目之下。因而一方面可看出在《總目》儒家類中有些著作與史評類有著密切關係，儒學化的史評類也帶有子學色彩；另一方面可知《總目》在分類時，其史評類嚴格限定於全書（或絕大多數）內容為史評的著作。

二、兵家類中的史評

中國古代歷史著作中多對戰爭、軍事等的敘述，呂思勉認為：「古人作史之宗旨，不同於今者，大端有三。一曰偏重政治……一曰偏重英雄……一曰偏重軍……三者弊亦相因，以政治軍事，古多合而為一。」〔註109〕這種著史時重軍事史的傾向也導致史評中常有對軍事與戰爭史的評論，或有作者借助史論來闡發自己的軍事思想。

宋代何去非《何博士備論》本為論軍事的著作，但主要議論的是歷史上的用兵情形，其提要云：

> 去非本以對策論兵得官，故是編皆評論古人用兵之作。其文雄快踔屬，風發泉湧，去蘇氏父子為近。蘇洵作《六國論》，咎六國之賂秦；蘇轍作《六國論》，咎四國之不救。去非所論，乃兼二意，其

〔註108〕〔清〕張烈：《讀史質疑四》，《王學質疑附錄》，《四庫全書存目叢書》子部第23冊，第104～106頁。

〔註109〕呂思勉：《史籍與史學》，《呂思勉全集》第18冊，上海古籍出版社，2016年，第19～20頁。

旨尤近，故軾屢稱之。〔註110〕

《總目》指出此書兼蘇洵《六國論》與蘇軾《六國論》的主旨而立論，加之評論古人用兵，亦屬對歷史的評論，因此《何博士備論》實際上屬於一種集中於評論軍事史的史論。再就其篇目而言，為《六國論》《秦論》《楚漢論》《晁錯論》《漢武帝論》《李廣論》《李陵論》《霍去病論》《劉伯升論》之類，亦明確為論史之作。在歷代書目中，《直齋書錄解題》與《文獻通考》將之歸於集部別集類，《遂初堂書目》將之歸於子部兵書類，《宋史》將之歸入史鈔類（因《宋史》之史鈔類兼收史評與史鈔著作，大體《宋史》將此書視作史評史鈔這一大類）。從書目上講，也看得出其在歸類上有子、史皆可的特點（一些書目將其置於別集類估計是考慮書名上「何博士」之故）。

宋戴溪《將鑑論斷》提要云：

> 是書採輯古來善用兵者，始於孫武，終於郭崇韜，凡九十三人，各以時代為次。每人之下，皆以一語標目，評其得失，而反覆論其所以然，大抵多為南渡後時事而發。……然大旨主於尚仁義，賤權謀，尊儒者，抑武臣。〔註111〕

此書亦明確以歷史上「善用兵者」（是歷史人物的一部分）而發論，有明確主旨，實際上不僅為兵家之書，也是史論的一種。

宋李舜臣《江東十鑑》及其子李道傳所著《江東十考》亦以論歷史上戰事為主。《江東十鑑》提要云：

> 是編蒐輯江東戰勝之迹，上起三國，下至六朝，共得十事：一曰周瑜赤壁之戰，二曰祖逖譙城之戰，三曰褚裒彭城之戰，四曰桓溫灞水之戰，五曰謝玄淝水之戰，六曰劉裕關中之戰，七曰到彥之河南之戰，八曰蕭衍義陽之戰，九曰陳慶之洛陽之戰，十曰吳明徹淮南之戰。皆先敘其事，次加論斷。蓋宋自高宗南渡偏據一隅，地處下游，外臨勁敵，岌岌乎不能自保，故舜臣特作此編，以勵戰氣。〔註112〕

又《江東十考》提要云：

> 是書前有自序曰：「……竊謂戰勝存乎備具，退守存乎人心，因

〔註110〕《四庫全書總目》卷九十九子部兵家類。
〔註111〕《四庫全書總目》卷一百子部兵家類存目。
〔註112〕《四庫全書總目》卷一百子部兵家類存目。

　　復考六朝備具之實，曰屯兵之地，曰統兵之任，曰取兵之制，曰財

　　賦之出，曰出師之途，曰饋運之方，曰舟師之利，曰出騎之用，曰

　　守城之規，曰守江之要，凡十篇。參之古今，論其大略云云。」蓋

　　以補其父之書，然皆儒生坐談之見也。〔註113〕

可見《江東十鑑》與《江東十考》相近，均論軍事史，而非專門闡述兵法。在
歷代書目中，《宋史‧藝文志》將《江東十鑑》歸入史部史鈔類；《文淵閣書
目》將其歸入「史雜」類，可見這兩種書目也是將此書視作史部書而非子部
書的；其他書目，如《明書》亦將之歸入史雜。而《總目》又將《江東十鑑》
與列入史評類的李燾《六朝通鑑博議》相提並論，稱《六朝通鑑博論》「覈其
義例，蓋亦《江東十鑑》之類」〔註114〕。足見《江東十鑑》同時具有史評類
與兵家類之特點。

　　宋張預撰，翟安道注《百將傳》雖名為「傳」，但實際上此書主要目的並
非為武將立傳，而在於議論歷史上的武將。其提要云：

　　　　其書採歷代名將百人，始於周太公，終於五代劉鄩，各為之

　　　　傳，而綜論其行事。……蓋欲述古以規時，亦戴少望《將鑑論斷》

　　　　之類。〔註115〕

可見此書亦在子部兵家類與史部史評類之兩可地位，內容上論武將之功業，
是兵家之事；形式上又是對歷史人物的評論，乃史評之格。

　　明李材《將將紀》內容較雜，但也有很多史論。其提要云：

　　　　是書大旨專重御將，而首卷至九卷詳載漢、唐、宋七帝《本紀》

　　　　之文，牽連並書，殊無斷制。十卷至二十一卷分別得失，用為法戒。

　　　　自虞、夏迄於南宋，各綴數條，亦未完備。二十二卷至二十四卷援

　　　　摭經文，旁及子史，議論尤迂。〔註116〕

《總目》對此書好壞之評價未必符合實際，但就其所敘《將將紀》內容看，則
除自己的評論外，還借經史而為自己的主張做依據。

　　明熊明遇《劍草》提要云：

　　　　是編摘取古今名將事蹟，為之論斷，凡百餘條。蓋隨筆箚記之

〔註113〕《四庫全書總目》卷一百子部兵家類存目。
〔註114〕《四庫全書總目》卷八十八史部史評類。
〔註115〕《四庫全書總目》卷一百子部兵家類存目。
〔註116〕《四庫全書總目》卷一百子部兵家類存目。

文，不足以當著述之目。〔註117〕

大體亦為評論軍事史之著作。

　　明宋徵璧《左氏兵法測要》提要云：

　　　　是書節略《左氏》所紀兵事，而論其得失。《春秋》車戰事與後

　　　世迥異，徵璧引以談兵，殊為不達時變也。〔註118〕

則《左氏兵法測要》與《左氏兵略》有相近之處，皆議論《左傳》中的戰事。

其議論多切史事，如其論葵丘之盟前宰孔與晉侯的會話云：

　　　　東西南北，不遑寧處，此桓之所以霸也。宰孔即以為譏「遠略

　　　之不知」，何云修德矣！宰孔之意，乃在晉亂耳。〔註119〕

若非專門指明，恐怕都看不出這是在專門論軍事，而可能讓人以為是一般

的史論。《總目》稱其「殊為不達時變」，恐怕也與其所論非專門兵家之言有

關。

　　兵家類本是收錄專門的兵學著作為主的類目，但其中很多著作都專論軍

事史，因其所論內容侷限於軍事史而在《總目》中列入兵家類。這部分作品

是兵家類與史評類的交叉型著作，因這些作品主要涉及對軍事史的評論，而

非立足於當下解決當下的軍事問題，所以《總目》對其評價不高，多將這類

著作列於存目中。

三、雜家類與史評

　　子部雜家類中亦有一些史評內容，有些書中甚至考論史學文字佔據多數。

雜家類內容較雜，分屬亦較多，其分屬情況如下：

　　　　立說者謂之雜學；辯證者謂之雜考；議論而兼敘述者謂之雜說；

　　　旁究物理，臚陳纖瑣者謂之雜品；類輯舊文，塗兼眾軌者謂之雜纂；

　　　合刻諸書，不名一體者，謂之雜編，凡六類。〔註120〕

其中雜學、雜考、雜說、雜纂、雜編諸屬均有一定史評內容。尤其是雜考與史

評關係之辯證，則與古今「史學」概念的變遷密切相關。

〔註117〕《四庫全書總目》卷一百子部兵家類存目。

〔註118〕《四庫全書總目》卷一百子部兵家類存目。

〔註119〕〔明〕宋徵璧：《左氏兵法測要》卷三，《四庫全書存目叢書》子部第34冊，
　　　　　第449頁。

〔註120〕《四庫全書總目》卷一百十七子部雜家類一。

（一）雜學之屬

雜學之所以稱雜，與《總目》對儒學正統觀有的認識有關。在《總目》看來不屬於正統儒學思想，又不便歸入道家、釋家、法家等類的著作，均列入雜學屬中。《總目》雜家類雜學之屬小序云：

> 實皆儒之失。其本原者各以私智變為雜學而已，其傳者寥寥無幾，不足自名一家。今均以雜學之其他談理而有出入，論事而參利害，不純為儒家言者，亦均附此類。〔註121〕

可見《總目》雜家類雜學之屬以《總目》所認為的「不純為儒家」著作為主體。真正非儒家的雜家大概只有墨家、名家等少數一些先秦學派的著作。不過既然雜學屬主要是因相關著作的觀點不完全符合清廷正統儒家認識而列入雜家，那麼實際上史評類與雜學屬的關係會同儒家類同史評類的關係有相近之處，雜學屬中也會有大量兼論經史的內容，會包含史論內容，甚至會有個別著作以史論為主體。

如宋葉適《習學記言》提要云：

> 是書乃輯經史百氏各為論述，條列成編。凡經十四卷，諸子七卷，史二十五卷，文鑑四卷，所論喜為新奇，不屑摭拾陳語……至於論唐史諸條，往往為宋事而發，於治亂通變之原，言之最悉，其識猶未易及。〔註122〕

可見其書中史論所可占一半篇幅。宋人汪綱原稱：

> 余曩得林德叟所傳水心《習學記言》前後兩帙：一自《書》《詩》《春秋》三經、歷代史記訖《五代史》，大抵備史法之醇疵，集時政之得失，所關於世道者甚大。一自《易》《禮》《論》《孟》五經、諸子訖呂氏《文鑑》，大抵究物理之顯微，著文理之盛衰，所關於世教者尤切。〔註123〕

可見當時人亦重此書的史論，且將關於《書》《詩》《春秋》等經書的論述亦視作史論的一部分。其史論大體依各正史而論，且分本紀、志、列傳而立論；論《春秋》和《左傳》部分亦重在論史而非論經義。

〔註121〕《四庫全書總目》卷一百十七子部雜家類一。
〔註122〕《四庫全書總目》卷一百十七子部雜家類一。
〔註123〕〔宋〕汪綱原：《習學記言序目跋》，葉適：《習學記言序目》，中華書局，1977年，第762頁。

明高拱《本語》多有論歷史人物之篇什，其提要云：

> 是書成於萬曆丙子，距拱罷歸之日已十三年，故開卷即否、
> 泰兩卦，君子、小人消長為言。其中論裴度，論劉晏，皆陰以自比；
> 論李林甫，論哈瑪爾（原作「哈麻」，今改正），皆以陰比徐階；論
> 盧懷慎，則陰比殷士儋輩；亦發奮而著書者也。……五卷以下，皆
> 論時事，率切中明季之弊。〔註124〕

檢視其書，則全書六卷中，第一至四卷雜論史事與理學觀點，第五、六二卷
則專論明代政事。其《自序》敘此書本旨云：

> 天理不外於人情，然聖人以人情為天理，而後儒遠人情以為天
> 理。夫事有本情，人有本心。出吾本心，以發事之本情，則議道而
> 道不暌，作之於事，可推四海而準，通千古而不謬，何者？天理、
> 人情固如是也。〔註125〕

高拱在《本語》中雜論史事、道學、政事，主要是為了闡述其理學主張，是為
了「議道」；討論史事與政事，則是要「發事之本情」。亦可見史論與其他議論
皆可為子部之學。

雜學屬存目中涉及史論者亦有很多。如明祝允明《祝子罪知錄》提要云：

> 一卷至三卷皆論人，四卷論詩文，五卷、六卷論佛、老，七卷
> 論鬼神妖怪。其說好為創解，如謂湯、武非聖人，伊尹為不臣，孟
> 子非賢人，武庚為孝子，管蔡為忠臣，莊周為亞孔子一人，嚴光為
> 姦鄙，時苗、羊續為姦貪，謝安為大雅君子……〔註126〕

可見一卷至三卷名為論人，實際上論歷史人物，屬於史論的一種，大體占其
書近半篇幅。祝允明自己亦認為《罪知錄》在相當程度上是論史：

> 允明異夫近代學士，辨之弗明，輒措安之，往往視古人臧否事，
> 為應趨背勸懲，每至朱紫易采，土炭倒衡，非盡由其不思，抑黨同
> 比周，迷棄本情，怵勢以乏勇也。于是素所研攬，好惡必察，平心
> 反覆，群而不黨。〔註127〕

其言「古人臧否事」，實際上即論史。此外，有些書目亦將此書置於史評類，

〔註124〕《四庫全書總目》卷一百十七子部雜家類一。
〔註125〕〔明〕高拱：《本語自序》，《本語》，中華書局，1985年。
〔註126〕《四庫全書總目》卷一百二十四子部雜家類存目一。
〔註127〕〔明〕祝允明：《祝子罪知錄自序》，《祝允明集》，上海古籍出版社，2016年，
　　　　第651頁。

如《浙江採集遺書總目》將《罪知錄》置於史部史學類〔註128〕，可見後人亦有重其史論者。

明顧應詳《惜陰錄》提要云：

　　自序謂：「古今人物之賢否，政治之得失，筆之於冊。」前數卷論理、論學諸篇，皆主良知之說。〔註129〕

《惜陰錄》卷七至卷九為《論古》，主要論考史事，卷十至卷十二為《雜論》，亦有一些史論與史考。其書力主良知之說，個別內容涉及學派之爭，如「宋理宗在位四十一年」條云：「夫元使尚知宋祚不遠，而宋之臣獨不知之，方且自謂道學大明……」〔註130〕則借機以駁朱子之學，借史論來弘揚心學。

明張練《經濟錄》提要云：

　　末附以史論四條，一論趙盾，一論秦坑儒，一論漢高祖斬丁公，一論王導負周顗，益與經濟無關。〔註131〕

當然這其中的史論還只是附錄而已。

明陳汝錡《甘露園長書》《短書》提要云：

　　《長書》於經史及古今人物各為論一篇，大約多縱橫之辭，持論亦多紕繆。……《短書》尤議論多而考證少，亦間記時事，大致失之佻巧，已開屠隆、陳繼儒等小品風氣。〔註132〕

其中論歷史人物者，屬於史論。《短書》卷八至卷十多數內容亦論歷史人物，屬史論；只有少數條目兼及當朝人物，類似小說家言。

明胡宷《東水質疑》提要云：

　　前四卷皆史論，起周訖宋後；後二卷皆讀書題記，有《左傳》《國語》以暨諸子、諸集，起周訖宋。〔註133〕

可見此書中約三分之二的篇幅為史論。其自序云：「諸生講論之暇，多以前史往事相質，深愧遺忘，不能答問，教職之負也如此。思欲轉借考訂，而郡中蓄書亦少。乃拾葺舊見，為論數十篇，少間，俟再續之……特以謝諸生之意，未

〔註128〕〔清〕沈初等：《浙江採集遺書總錄》，上海古籍出版社，2010年，《序》第307頁。
〔註129〕《四庫全書總目》卷一百二十四子部雜家類存目一。
〔註130〕〔明〕顧應詳：《靜虛齋惜陰錄》卷九，《四庫全書存目叢書》子部第84冊，第167頁。
〔註131〕《四庫全書總目》卷一百二十四子部雜家類存目一。
〔註132〕《四庫全書總目》卷一百二十五子部雜家類存目二。
〔註133〕《四庫全書總目》卷一百二十五子部雜家類存目二。

暇論史事也。」〔註134〕知其本來欲作考證之書，因材料不足而改作議論之文。就其自序可看出，胡袞作此書的目的其實重在「論史事」。

　　明賀應保《迂議》提要云：

> 是編多論古事，蓋隨筆箚記之文。〔註135〕

又賀應保《迂億》提要云：

> 是編與所作《迂議》體例相近，蓋隨得一編，即各立一名，實則正、續集爾。第一卷皆解《四書》，其說以心學為本，故多與朱子齟齬。餘三卷多考證史事及經史文句……〔註136〕

則《迂議》卷數僅一卷，且多數內容為史評；《迂億》後面三卷亦多有史評文句。

　　清鄭道明《續箋山房集略》提要云：

> 是編皆讀書箚記之文。卷一曰《理氣解略》，卷二至卷四曰《四書解略》，卷五曰《四書（微）〔徵〕略》，卷六至卷八曰《四書疏略》，卷九曰《洪範解略》，卷十一至卷十四曰《經史解略》，卷十五曰《明史論略》，卷十六、十七曰《明史綱目述略》，卷十八曰《葬儀記略》《節烈記略》。〔註137〕

全書以論經學為主，不過《明史論略》可算史論，《經史解略》間雜史論。

　　綜上所見，雜學屬作品亦常有與史評有關係者，且其中所含史評內容多為史論。又以今日觀點視之，若要瞭解宋明心學及其他非正統史觀的史論，則《總目》雜家類雜學之屬中的著作為不可或缺的史料來源。

（二）雜考之屬

　　《總目》雜考之屬更接近於《四庫全書薈要總目》中的考證類，雜考屬著作之所以列入雜家，並非因為《總目》館臣認為其觀點雜有非儒家的內容，而主要是因為「其說大抵兼論經史子集，不可限以一類，是真出於議官之雜家也」〔註138〕，即因其所考內容較雜而已。且雜考之屬中的著作「兼論經史子集」，故其中部分內容為史考，有些著作中史考甚至占相當大的比重。

〔註134〕〔明〕胡袞：《東水質疑自序》，《四庫全書存目叢書》子部第87冊，第281頁。
〔註135〕《四庫全書總目》卷一百二十五子部雜家類存目二。
〔註136〕《四庫全書總目》卷一百二十五子部雜家類存目二。
〔註137〕《四庫全書總目》卷一百二十五子部雜家類存目二。
〔註138〕《四庫全書總目》卷一百二十子部雜家類三。

宋朱翌《猗覺僚雜記》提要云：

> 此編上卷皆詩話，止於考證典據，而不評文字之工拙；下卷
> 雜論文章，兼及史事。前載與丞相洪适求序書一篇⋯⋯适未及作
> 序而卒，其弟邁始為序之，稱其「窮經考古，上撐騷、雅，旁弋
> 史傳。」〔註139〕

可見此書重點在於考證與評論古代文史，其論史與考史部分實際上亦為史評。
又此書詩話部分亦重在考證，按今日觀點，這種對詩中典據的考證接近於文
學史了。

宋王觀國《學林》提要云：

> 書中專以辨別字體、字義、字音為主，自《六經》《史》《漢》
> 旁及諸書，凡註疏箋釋之家，莫不臚列異同，考求得失，多前人之
> 所未發。⋯⋯南宋諸儒，講考證者不過數家，若觀國者亦可謂卓然
> 特出矣。〔註140〕

按：《學林》通過在「六經」或《史記》《漢書》中拈出某字或某詞來加以考
證，呈現出某字某詞所表事物之本源與歷代發展情況。如其考「八陣」，先
舉《晉書·恒溫傳》之例，再上溯至班固作《燕然山銘》中有「八陣」事，
知此陣非諸葛亮所創，並指出「凡此事類，皆數以先年者為主」的考證體例。
〔註141〕此處考證「八陣」實際上即史考，且有些接近今日所談的「語義史」
或「概念史」。

宋洪邁《容齋隨筆》提要云：

> 其中自經史諸子百家以及醫卜星算之屬，凡意有所得，即隨手
> 箚記，辯證考據，頗為精確。⋯⋯如謂劉昭注《後漢書》五十八卷，
> 《補志》當在其中，而不知所注乃司馬彪《續漢書志》，章懷太子以
> 《後漢書》無志，移補其闕。⋯⋯〔註142〕

洪邁本人究心於史學，著有《史記法語》。《容齋隨筆》所論較雜，而《總目》
所舉之例屬於史學義例，因此這些史考與史學義例之作屬於史評。又宋代洪
汲《跋》云：「考核經史，捃摭典故，參訂品藻，精審該洽，學士大夫爭欲傳

〔註139〕《四庫全書總目》卷一百十八子部雜家類二。
〔註140〕《四庫全書總目》卷一百十八子部雜家類二。
〔註141〕〔宋〕王觀國：《學林》卷四《八陣》，中華書局，1985年，第109頁。
〔註142〕《四庫全書總目》卷一百十八子部雜家類二。

襲。」〔註143〕則強調經史考核方面。今人的出版前言亦言:「本書主要是講歷
史。首先是評史,對歷史事實作評論。……本書講歷史的第二個重要內容是
歷史事實的紀錄和考訂。」〔註144〕由是可見,《容齋隨筆》之史評在全書中佔
有非常重要的地位。

宋程大昌《考古編》提要云:

> 是編乃雜論經義異同及記傳謬誤,多所訂證。……其持論雖頗
> 新異,而旁引曲證,亦能有所依據。他若以在張掖者乃「鮮水」非
> 「令鮮水」,駁章懷太子所注《後漢·段熲傳》之非;以《漢書》「比
> 景縣」當從劉昫《舊唐書》作「北景」;以《荀子》所稱「子弓」即
> 仲弓,非馯臂子弓;以琅琊臺碑文證秦以前已嘗刻石,皆典確明晰,
> 非泛為徵摭。〔註145〕

《總目》中所列舉諸條,皆是對史書及史書中所載史事之考證,無疑屬於史
評。只是此書還論經、子,如卷一至卷六中有《詩論》《正朔》《象刑》《三宅
三俊》《舜論》《禹論》《夫子論》《中庸論》《莊子論》等論,因此不入史評類。
不過後人頗重《考古編》的考據,如清代屈振鏞《跋》云:「其中考證詳明,
議論精確,洵考古之一助也。」〔註146〕或直接是重其考史成就,如清代張海
鵬《跋》云:「要其博洽詳明,委實能正經解之乖違,訂史傳之闕誤。」〔註147〕
《殘本程氏續考古編跋》云:「其敘該盡,亦讀史者所宜知也。」〔註148〕大抵
《考古編》中史評內容近半,《續考古編》中則史評內容過半。

宋袁文《甕牖閒評》提要云:

> 其書專以考訂為主,於經史皆有辨論,條析同異,多所發明,
> 而音韻之學尤多精審。……謹依類詮次,分為八卷。一卷論經,二
> 卷論史,三卷論天文、地理、人事之類,四卷專論小學,五卷論詩、

〔註143〕〔宋〕洪汲:《容齋隨筆跋》,洪邁:《容齋隨筆》,中華書局,2005年,第982
　　　　頁。
〔註144〕孔凡禮:《容齋隨筆前言》,《容齋隨筆》,第4～5頁。
〔註145〕《四庫全書總目》卷一百十八子部雜家類二。
〔註146〕〔清〕屈振鏞:《考古編跋》,〔宋〕程大昌撰,劉尚榮校證:《考古編、續考
　　　　古編》,中華書局,2008年,第187頁。
〔註147〕〔清〕張海鵬:《考古編跋》,〔宋〕程大昌撰,劉尚榮校證:《考古編、續考
　　　　古編》,第188頁。
〔註148〕《殘本程氏續考古編跋》,〔宋〕程大昌撰,劉尚榮校證:《考古編、續考古
　　　　編》,第437頁。

詞、書、畫之類，六卷論飲食、衣服、器用、宮室之類，七卷論釋、

道、技術、物產之類，而以雜論因果怪異及自記之語終焉。〔註149〕

總體上講，《甕牖閒評》史考內容不多，僅卷二專門考史。

宋王楙《野客叢書》提要云：

> 是書皆考證典籍異同。

《野客叢書》考證的《史記》《漢書》《後漢書》《三國志》《蜀書》等書皆為史書。

宋葉大慶《考古質疑》提要云：

> 其書上自六經諸史，下逮宋世著述諸家，各為抉摘其疑義，考
> 證詳明，類多前人所未發。其有徵引古書及疏通互證之處，則各於
> 本文之下夾註以明之，體例尤為詳悉。〔註150〕

則此書亦雜考經、史、子各家，史考屬其中一部分。其中華書局本前言稱：
「本書現分六卷，共七十八條，內容涉及歷朝史實、典章制度、文字訓詁、詩
詞文章等許多方面，而以考證史書史實部分為最多。」〔註151〕其中考證史書
史實部分可算當時所言史評的一部分。

宋魏了翁《古今考》與元方回《續古今考》提要云：

> 了翁以古制多不可考，兩漢諸儒惟據叔孫通所定某物猶今之某
> 物，孔、賈諸疏則又謂去漢久遠，雖漢制亦不可考。乃即《漢書》
> 本紀所載隨文辨證，作《古今考》……案，回之所續亦以《漢書》
> 本文標目，而於歷代制度推類以盡，其餘如「拔劍斬蛇」條下則附
> 《廣劍考》，「范增舉玉玦」條下則附《玉佩考》，蓋特借《漢書》一
> 物之名推求古制，而與史家本文則絕不相涉也。〔註152〕

此二書重在考證漢代及漢以前諸項制度，以今日眼光看則是禮制史。可能由
於此二書借《漢書》而考制度，而非考證《漢書》中史事，因此《總目》未將
此書列入史評類而入子部雜家類。

宋趙與旹《賓退錄》提要云：

> 至於考證經史，辨析典故，則精核者十之六七，可為《夢溪筆

〔註149〕《四庫全書總目》卷一百十八子部雜家類二。

〔註150〕《四庫全書總目》卷一百十八子部雜家類二。

〔註151〕李偉國：《考古質疑前言》，〔宋〕袁文、葉大慶：《甕牖閒評、考古質疑》，
中華書局，2007年，第167頁。

〔註152〕《四庫全書總目》卷一百十八子部雜家類二。

談》《容齋隨筆》之續。〔註153〕

此書亦以雜考經史為主，內容不做分類，各個篇章亦不列標題，大體隨記隨錄。一些內容涉及當朝之事，當為小說家類文字。其餘則多有涉及史考者。〔註154〕

宋戴埴《鼠璞》提要云：

是書皆考證經史疑義及名物典故之異同，持論頗為精審。〔註155〕

宋王應麟《困學紀聞》提要云：

凡說經八卷，天道、地理、諸子二卷，考史六卷，評詩文三卷，雜識一卷。……應麟博洽多聞，在宋代罕其倫比。〔註156〕

王應麟所著《通鑑答問》已收入《總目》史評類。《困學紀聞》之考證頗受當時人及後人所重，如宋代牟應龍序云：

蓋九經諸子之旨趣，歷代史傳之事要，制度名物之原委，以至宗工巨儒之詩文議論，皆後學所當知者。公作為是書，各以類聚，考訂評論，皆出己意，發前人所未發，辭約而明，理融而達，該邃淵綜……〔註157〕

可見此書於經史子集皆有所考論。若以《總目》所在時代的觀點來看，《困學紀聞》中的史評內容僅包括卷十一至卷十六的「考史」部分，其下子目還有「《史記》正誤」、「漢河渠考」、「歷代田制考」、「歷代漕運考」、「兩漢崇儒考」等子目（不是所有內容都在這些子目中），皆為史評。若以現代史學的觀點來看，其卷一考《易》部分為古時《易》學史和哲學史；卷二考《書》部分為《尚書》學史研究，也涉及對《尚書》所載先秦史事的考證與議論；卷三考《詩》則對《詩序》、《詩》訓詁等內容無不考之；卷四考《周禮》《儀禮》，卷五考《禮記》則類於今日之禮儀史與制度史；卷五考《樂》則類於今日藝術史；卷六考《春秋》及其三傳，很多條目類似於春秋史之研究；卷七考《論語》，卷八考《孟子》、小學、經說，則有很多條類似於今日的經學史；以上考證諸經的內容中還有很多條考證漢代以來歷代經學史，其中也有一些內容屬於史論，如其論「禹有典則」云：

〔註153〕《四庫全書總目》卷一百十八子部雜家類二。
〔註154〕〔宋〕趙與峕：《賓退錄》，中華書局，1985年。
〔註155〕《四庫全書總目》卷一百十八子部雜家類二。
〔註156〕《四庫全書總目》卷一百十八子部雜家類二。
〔註157〕〔宋〕牟應龍：《困學紀聞序》，〔宋〕王應麟著，〔清〕翁元圻輯注：《困學紀聞集注》，中華書局，2016年，第1冊第3頁。

禹有典則，貽厥子孫，而有盤遊無度者；湯以義禮，垂裕後昆，而有顛覆典刑者，是以知嗣德之難也。宋武帝留葛燈籠、麻繩拂於陰室，唐太宗留柞木梳、黑角篦於寢宮，作法於儉，其敝猶侈，況以侈示後乎？〔註158〕

自卷九考天道者涉及天文學史，考曆數者涉及曆法史和數術史；卷十考地理類似今之歷史地理學；卷十一考諸子，牽涉百家思想史；卷十二至卷十六考史則與史評類著作無二致；卷十七至卷十九之評詩、評文則是今所謂文學史，如其考《古詩十九首》作者云：

《古詩十九首》，或云枚乘，疑不能明也。《驅馬上東門》《遊戲宛與洛》，辭兼東都，非盡是乘作。《文心雕龍》（《明詩》）云：「《孤竹》一篇，傅毅之詞。」〔註159〕

卷十九考「龍蹲」云：

駱賓王（《螢火賦序》）云：「類同心異者，龍蹲歸而宋樹伐；質殊聲合者，魯形出而吳石鳴。」龍蹲，謂孔子。《春秋演孔圖》：「孔子坐而蹲龍，立如牽牛。」〔註160〕

此二處皆考證詩文創作中的問題，若置於今日，則屬於文學史研究。

宋羅璧《識遺》提要云：

謂班史原於劉歆，引葛洪《西京雜記》後序為證……〔註161〕

如其第一卷十五篇中，《成書得書難》《筆史》《孔子師》《書史訛名》《孔門多才》《孔子諱魯》《理根本》《曹參不伐》《姬周姓》諸篇均為史考〔註162〕。不過其考證多疏失，如《識遺》以《漢書》為劉歆所作，《總目》認為並無可靠的史料支撐。

宋葉某《愛日齋叢鈔》提要云：

書中大旨主於辨析名物，稽考典故。〔註163〕

以其卷一為例，第一條考釋奠禮；第二條考證印書起於唐末；第三條考「宋

〔註158〕〔宋〕王應麟著，〔清〕翁元圻輯注：《困學紀聞注》卷二，中華書局，2016年，第300頁。

〔註159〕〔宋〕王應麟著，〔清〕翁元圻輯注：《困學紀聞注》卷十八，第2085頁。

〔註160〕〔宋〕王應麟著，〔清〕翁元圻輯注：《困學紀聞注》卷十八，第2201～2202頁。

〔註161〕《四庫全書總目》卷一百十八子部雜家類二。

〔註162〕〔宋〕羅璧：《羅氏識遺》卷一，中華書局，1991年，第1～16頁。

〔註163〕《四庫全書總目》卷一百十八子部雜家類二。

朝殿上大宴有蠻人控金獅子對設柱間」，考本朝史，不過類小說家；第四條考
「掛罳」；第五條考古人稱名與字同尊卑之關係；第六條為「前輩名其子弟多
不可遽解」；第七條為「古人稱公有不以爵者」，考及古「公」「翁」雜用現象；
第八條考因避諱而改詞名者，如曾公亮改「勘會」為「勘當」，蔡京改「平準」
為「平准」等；第九條為「銅人凡四鑄」；第十條考「轎」，兼及官員所乘之
具；第十一條考「蓮炬」，多及北宋之事；第十二條論春秋時「田乞行陰德於
民」；第十三條考呂后立所立少帝為漢惠帝之庶子；第十四條考夏商君主稱
「帝」稱「王」之疑……〔註164〕總體而言，除第一條顯然考證經義外，其他
數條多少都與史考有關。

元黃溍《日損齋筆記》提要云：

> 書中考證經、史、子、集異同得失，其辨史十六則尤精於辨
> 經。〔註165〕

此書共三十五則，「辨史」條目幾近二分之一，此外，「雜辨」十三則中也有
史考，如「漢有兩韓信，同為高祖將；兩張禹，俱明經；兩京房，俱治《易》；
兩王商，皆成帝時由外戚輔政；兩杜子夏，皆附王氏」〔註166〕條，即為史
考。

明代中期考證家楊慎著有《丹鉛錄》與《譚苑醍醐》等考證著作，其中
《丹鉛餘錄》《續錄》《摘錄》《總錄》提要云：

> 其考證諸書同異者，則皆以「丹鉛」為名。……慎以博洽冠一
> 時，使其覃精研思，網羅百代，竭平生之力以成一書，雖未必追蹤
> 馬、鄭，亦未必遽在王應麟、馬端臨之下。〔註167〕

提要中提到，若楊慎可集中精力於一書，可與司馬遷、鄭玄、王應麟、馬端
臨等相提並論。這已經點明《丹鉛錄》博涉經史的特點。其中「人事類」、
「人品類」考論古時人事，「史籍類」考論史籍中所載史事制度等，其他如
「訂訛類」「官爵類」「禮樂類」也多與史考有關。〔註168〕楊慎另一書《譚
苑醍醐》提要云：

〔註164〕〔宋〕佚名：《愛日齋叢鈔》卷一，中華書局，1985 年，第 1～41 頁。
〔註165〕《四庫全書總目》卷一百十八子部雜家類二。
〔註166〕〔元〕黃溍：《日損齋筆記・雜辨》，中華書局，1985 年，第 24 頁。
〔註167〕《四庫全書總目》卷一百十八子部雜家類二。
〔註168〕參考〔明〕楊慎撰，豐家驊校證：《丹鉛總錄校證》，浙江古籍出版社，2019
年。

其書皆考證之語，與《丹鉛錄》大致相出入，而亦頗有異同。……

考訂辨論，亦多獲新解。〔註169〕

則此書與《丹鉛錄》性質相似，不乏史考。

因楊慎考證多有疏失，所以明代陳耀文著《正楊》一書以駁之，其提要云：

是書凡一百五十條，皆糾楊慎之訛。……慎於正德、嘉靖之間，

以博學稱。而所作《丹鉛錄》諸書，不免瑕瑜並見，真偽互陳；又

晚謫永昌，無書可檢，惟憑記憶，未免多疏。耀文考證其非，不使

轉滋疑誤，於學者不為無功。〔註170〕

此書既為糾正楊慎錯誤而作，則其性質與所考內容範圍與楊慎之書多有重合

之處，亦多含史考內容。

明鄧伯羔《藝彀》提要云：

是書援據經籍，考證詳贍，雖多本舊文，亦頗自出新意。如疑

漢有兩牟融，辨《出師表》原有兩本，皆為有見……〔註171〕

明周嬰《卮林》提要云：

是書體近類書，而考訂經史，辨證頗為該洽。〔註172〕

《總目》言《卮林》體近類書，是以其全書分「質魚」、「諮杜」、「鐫紀」、「刺

顧」、「難裴」等類，此所謂「體近類書」之處；之後在每一類中再各擇論題加

以考辨，如「難裴」類主要是為了反駁裴松之《三國志注》，擇「魏明帝」、「神

亭」二條加以辯駁，先舉其錯陋處，再作「難曰」以詳加考證與論述。〔註173〕

清黃生《義府》提要云：

此書皆考證箚記之文，上卷論經，下卷論諸史、諸子、諸集。

〔註174〕

其考證側重於經、史、子、集各書內容的音韻訓詁問題，《義府跋》云：「黃氏

精於六書訓詁。此編辨證經史，居十之八九，間及子集，皆有新義。較《字詁》

尤勝。」〔註175〕其史考部分與其他部分一樣，重點在於考證書中錯訛之處。

〔註169〕 《四庫全書總目》卷一百十九子部雜家類三。

〔註170〕 《四庫全書總目》卷一百十九子部雜家類三。

〔註171〕 《四庫全書總目》卷一百十九子部雜家類三。

〔註172〕 《四庫全書總目》卷一百十九子部雜家類三。

〔註173〕 〔明〕周嬰《卮林（附補遺）》，中華書局，1985年。

〔註174〕 《四庫全書總目》卷一百十九子部雜家類三。

〔註175〕 《義府跋》，〔明〕黃生：《義府》，中華書局，1985年，《跋》第1頁。

清顧炎武《日知錄》提要云：

> 大抵前七卷皆論經義，八卷至十二卷皆論政事，十三卷論世風，
> 十四卷、十五卷論禮制，十六卷、十七卷皆論科舉，十八卷至二十
> 一卷皆論藝文，二十二卷至二十四卷雜論名義，二十五卷論古事真
> 妄，二十六卷論史法，二十七卷論注書，二十八卷論雜事，二十九
> 卷論兵及外國事，三十卷論天象、術數，三十一卷論地理，三十二
> 卷為雜考證。炎武學有本原，博贍而能通貫，每一事必詳其始末，
> 參以證佐，而後筆之於書，故引據浩繁，而牴牾者少。〔註176〕

其中「論古事真妄」為史考，「論史法」為史學義例，此二卷顯然為史評，其
餘如論「經義」、「政事」、「注書」、「雜事」、「雜考證」等也多少與史評（尤其
是史考）相關。又潘耒《序》稱：「凡經義史學、官方吏治、財賦典禮、輿地
藝文之屬，一一疏通其源流，考正其謬誤。」〔註177〕亦提到其史學考證的內
容。顧炎武《日知錄》不像《困學紀聞》那樣依經、史、子、集四部來排序，
不過除了《總目》所稱的「二十六卷論史法」外，其他諸卷在現代看來多帶有
史學考證的色彩。如「論政事」部分，則可以算作政治史之考證；論世風部
分，則可算是風俗史之考證；論禮制部分，則為禮制史之考證；「論科舉」，則
為科舉史之考證；「論藝文」，則為文學史之考證；「論名義」，則為稱謂史、姓
氏史之考證；「論古書真妄」，則考證史上人物及其事蹟之真偽；「論注書」，
則類今人之歷史文獻學；「論雜事」則雜取史事而考之；「論兵及外國事」，類
今日中外交通史和歷史地理學之考證；論天象數術，則為數術史之考證；「論
地理」，則為歷史地理之考證。此外，《日知錄》中的考證甚至有很多獨立成
文，類似於今日的學術論文，如卷十《馬政》篇云：

> 析、因、夷、隩，先王之所以處人民也。日中而出，日中而入，
> （《左氏》莊二十九年傳。）先王之所以處廄馬也。
>
> 漢鼂錯言：「令民有車騎馬一匹者，復卒三人。」（師古曰：「當
> 為卒者，免其三人，不為卒者，復其錢。」本傳。）文帝從之。故
> 文景之富，「眾庶街巷有馬，仟伯（「阡陌」字同）之間成群。乘牸
> 牝者，擯而不得會聚。」（《漢書‧食貨志》。）若乃塞之斥也，橋桃

〔註176〕《四庫全書總目》卷一百十九子部雜家類三。
〔註177〕〔清〕潘耒：《日知錄原序》，〔清〕顧炎武著，陳垣校注：《日知錄校注》，
安徽大學出版社，2007 年，第 20 頁。

致馬千四。(《貨殖傳》) 班壹避墜 (古「地」字) 於樓煩,致馬牛羊
數千群。(《敘傳》) 則民間之馬,其盛可知。武帝輪臺之悔,乃修馬
復令。(復卒三人之令。《西域傳》。) 唐玄宗開元九年詔:「天下之
有馬者,州縣皆先以郵遞軍旅之役,定戶復緣以升之。百姓畏苦,
乃多不畜馬,故騎射之士減曩時。自今諸州民勿限有無蔭,能家畜
十馬以下,免帖驛郵遞征行,定戶無以馬為貲。」(《唐書·兵志》。)
古之人君,其欲民之有馬如此。惟魏世宗正始四年十一月丁未,禁
河南畜牝馬。(《魏書·本紀》。延昌元年六月戊寅,通河南牝馬之
禁。) 元世祖至元二十三年六月戊申,括諸路馬。凡色目人有馬者,
三取其二,漢民悉入官,敢匿與互市者罪之。(《元史·本紀》。)《實
錄》言:永樂元年七月丙戌,上諭兵部臣曰:「比聞民間馬價騰貴,
蓋禁民不得私畜故也。漢文、景時,閭里有馬成群,民有即國家之
有。其榜諭天下,聽軍民畜馬勿禁。」又曰:「三五年後,庶幾馬漸
蕃息。」此承元人禁馬之後,故有此諭。而洪熙元年正月辛巳,上
申諭兵部,「令民間畜官馬者,二歲納駒一匹,俾得以餘力養私馬。」
至宣德六年,「有陝西安定衛土民王從義,畜馬蕃息,數以來獻。」
此則小為之而小效者也。然未及修漢唐復馬之令也。〔註178〕

《馬政》篇簡單梳理了自先秦至明代的馬政史,其所引內容主要是經書或正
史、《明實錄》等,翔實可靠。雖本篇的目的是為馬政提供借鑑,但其行文之
實則全依歷史考證的方法而來,與今日的史學研究論文沒有本質的區別。

大體而言,以今日歷史學範圍來看,《日知錄》中內容絕大多數可納入歷
史學範疇,但在《總目》編修時期,這些內容因非單純考證史部著作所記之
事而不可歸於史部史評類,而只可歸於子部雜家類雜考之屬。

閻若璩《潛丘劄記》提要云:

而存其與人答論經史書,次為卷六。……然記誦之博,考核之
精,國初實罕其倫匹。雖以顧炎武之學有本原,《日知錄》一書亦頗
經其駁正,則其他可勿論也。〔註179〕

視其書,與其他雜家類雜考著作無二致,亦雜有史考。

〔註178〕〔清〕顧炎武著,陳垣校注:《日知錄校注》卷十,安徽大學出版社,2007
年,第 597~598 頁。
〔註179〕《四庫全書總目》卷一百十九子部雜家類三。

清姜宸英《湛園劄記》提要云：

> 是書皆其考證經史之語，而訂正三禮者尤多。〔註180〕

檢視其書，考證經、子、集的條目並不多，多數條目考證史事或史書。

清王楙竑《白田雜著》提要云：

> 其讀史諸篇於《通鑑綱目》多所拾遺補缺。〔註181〕

其考訂《通鑑綱目》的內容亦屬史考。

清蔣維鈞《義門讀書記》提要云：

> 凡《四書》二卷，《詩》二卷，《左傳》二卷，《公羊》《穀梁》
> 各一卷，《史記》二卷，《漢書》六卷，《後漢書》五卷，《三國志》
> 二卷，《五代史》一卷，《韓愈集》五卷，《柳宗元集》三卷，《歐陽
> 修集》二卷，《曾鞏集》五卷，蕭統《文選》五卷，陶潛詩一卷，《杜
> 甫集》六卷，《李商隱集》二卷，考證皆極精密。〔註182〕

其中所考主要在經、史、集三大類中，考史內容占十六卷。其考史內容多集
中在考訂史書訛誤上，偶有史論，亦多引用其他人考論內容。

清徐文靖《管城碩記》提要云：

> 此其筆記也，自經史以至詩文，辨析、考證每條以所引原書為
> 綱，而各繫以論辨，略似《學林就正》之體，而考訂加詳，大致與
> 箋疏相近。……讀史引證乃及於潘榮之《總論》，劉定之之《十科策
> 略》，蔡方炳之《廣治平略》，廖文英之《正字通》，陰時夫之《韻府
> 群玉》，斯皆未免泪於俗學。〔註183〕

其中考史部分歸於「史類」，共三卷。在全書中所佔比例不大。

因雜考之屬較少直接涉及意識形態評論，所以其區分正目與存目的考量
標準主要是以各著作的考證質量而定。相較其他部類而言，雜考屬的存目部
分質量普遍不高。在此列舉其中關涉史評的內容若干。佚名《事始》提要云：

> 其書皆推原事物之始，雜引經史。如以「太師」始於呂望，考
> 之《尚書》，箕子已先為之，則非周始也……〔註184〕

此種考證之法同於今日的史學研究，卻在《總目》時代要列入雜家類中。

〔註180〕《四庫全書總目》卷一百十九子部雜家類三。
〔註181〕《四庫全書總目》卷一百十九子部雜家類三。
〔註182〕《四庫全書總目》卷一百十九子部雜家類三。
〔註183〕《四庫全書總目》卷一百十九子部雜家類三。
〔註184〕《四庫全書總目》卷一百二十六子部雜家類存目三。

宋魏了翁《正朔考》提要云：

> 是書力主周行夏時之說⋯⋯凡三篇。〔註185〕

可見此書為專考一事者，與清黃宗羲《歷代甲子考》有相似之處，而《歷代甲子考》列於《總目》史評類。

明陳霆《兩山墨談》提要云：

> 是書考證古籍，頗為詳贍，而持論每涉偏駁。⋯⋯又輕信小
>
> 說⋯⋯〔註186〕

其所考證古籍，經史子集雜於其間，並不專門作區分，不過總體上以考證史籍為主，如卷一中所考內容來源是：第一篇考《史記》，第二篇考《詩序》，第三篇考《左傳》，第四篇考《隋書》，第五篇考商以建丑為正，第六篇考《說苑》⋯⋯由此可見其所考之「雜」。明代李錫齡《兩山墨談序》云：「先生《墨談》之書，大則根經據史，訂疑考誤；少則別事與物，窮情盡變。」〔註187〕列入雜家類，亦以其雜考經史之故。

明林有望《史綱辨疑》提要云：

> 是書裒集唐、宋至明文集、說部考辨之文與論世之作，不分門
>
> 目。〔註188〕

此書其實是前人經史考證文章的總集，一般列某一標題，然後輯錄一人或數人對此問題的考證議論，偶而再加作者自己的案語。此書關於史的內容最多，經、子、集內容相對要少很多。〔註189〕

明王世懋《讀史訂疑》提要云：

> 是編乃其考證之文，雖以《讀史訂疑》為名，而所言不必皆
>
> 史事。⋯⋯蓋本筆記之流，而強立讀史之目，名實乖舛，職是故
>
> 矣。〔註190〕

雖不盡考史，但史考內容占此書內容之多數。

明佚名《稗乘》提要云：

〔註185〕《四庫全書總目》卷一百二十六子部雜家類存目三。

〔註186〕《四庫全書總目》卷一百二十六子部雜家類存目三。

〔註187〕〔明〕李錫齡：《兩山墨談序》，〔明〕陳霆：《兩山墨談》，中華書局，1985年，《序》第2頁。

〔註188〕《四庫全書總目》卷一百二十六子部雜家類存目三。

〔註189〕〔明〕林有望：《史綱疑辯》，《四庫全書存目叢書》子部第96冊。

〔註190〕《四庫全書總目》卷一百二十六子部雜家類存目三。

其類凡四，曰史略，曰訓詁，曰說家，曰二氏。〔註191〕
其中「史略」部分可算史評。

明陳耀文《學林就正》提要云：

> 此書則聚諸駁雜異說，詆訶聖賢。如引慕容盛之論，比周公於
> 曹操之流；據《汲冢書》之文，誣文王以商臣之事。小言破道，莫
> 甚於斯……〔註192〕

則足見其中多有史考內容，不過《總目》主要出於道德判斷的考慮貶低其考
證價值。其卷一至卷四前半部分為史考，依據時間順序，考上古至南宋歷史；
卷四後半部分則雜考經、子、集等內容。同時代李蓘為之作序稱：「乃檢汲冢
之秘藏，抽漢陵之斷策，少假披羅，再翻箱笥，拈一事而究其原，創一義而旁
稽其類。搜括乎直書方冊，參校於刪舊譎煩。」〔註193〕此序概括《學林就正》
之寫作原則，其方法與當今史學研究方法無大差別。

清周象明《事物考辨》提要云：

> 是書自《七經》、諸史至昆蟲、植物，凡分四十六類。凡經傳注
> 疏及子史百家，靡不採輯，亦間附己說於各條之後。〔註194〕

不過其中史評內容不多，僅卷十一、十二「國史」，卷二十「論古」等部分有
較多史評內容，其中「國史」類中《史體有三》《編年紀傳》《紀載纂修》《玉
牒》《日曆》《會要》《實錄》《紀》《志》《傳》《論》《史目》《史之別流》等篇
論及史學義例。〔註195〕不過總體而言其書徵引他人意見為主，鮮有己見。

清張文蔭《螺江雜記》提要云：

> 是書雜志經史疑義……如謂漢元狩中造銀、錫為白金三品，
> 即官造假銀，不知古人銀、錫通謂之金，漢時本無以銀交易之
> 事……〔註196〕

大體亦是考證多有失誤的著作，但《總目》所舉之例顯然是史考。

〔註191〕《四庫全書總目》卷一百二十六子部雜家類存目三。
〔註192〕《四庫全書總目》卷一百二十六子部雜家類存目三。
〔註193〕〔明〕李蓘：《學林就正序》，《四庫全書存目叢書》子部第96冊，第681～
682頁。
〔註194〕《四庫全書總目》卷一百二十六子部雜家類存目三。
〔註195〕〔清〕周象明：《事物考辨》卷十一「國史」，《四庫全書存目叢書》子部第
98冊，第456～459頁。
〔註196〕《四庫全書總目》卷一百二十六子部雜家類存目三。

清王棠《知新錄》提要云：

> 每一事採集眾說，考其原始，參以論斷，各為標目，略以類從，
> 惟不立部分耳。採摭頗富，而多不著所出。大旨欲倣顧炎武《日知
> 錄》，然不過《談薈》《樵書》之流亞也。〔註197〕

則體例上與《日知錄》相似，當亦有考史內容。

雜考屬小序云：「其說大抵兼論經、史、子、集，不可限於一類，是真出
於議官之雜家也。」〔註198〕此亦可總結此類著作不入史評類之原因，即雜家
類中諸著作往往不只評論或考證史實，亦常常評論或考證經、子、集中其他
內容，而史評類的收錄標準則是相關著作的全部（或絕大多數）內容要與史
部相關，如呂夏卿《唐書直筆》單考《新唐書》中的問題，朱明鎬《史糾》所
考書籍有《三國志》《宋書》《南齊書》《梁書》《陳書》《北魏書》《北齊書》《北
周書》《隋書》《南史》《北史》《新唐書》《宋史》《遼史》《金史》諸史，並不
在史書外單拈一事來考證。在此也反映出古代與當下史學概念範疇的區別。
古代的考證與今日之「研究」有很大的相關性，史考亦與史學研究相近，如
周一良稱：「魏晉南北朝史家的主要任務，是修撰本朝或前朝的歷史，至於我
們今天所理解的史學研究，當時還遠未提上日程。勉強與史學研究相接近的
學術活動，只有為史書作注和極初步的史事考訂。」〔註199〕因此，雜家類中
的雜考之屬最接近於當下所稱的學術研究。在當下，對歷史上經、史、子、集
各部的研究均可列入史學研究的範疇，對經部的研究可以是經學史，對史部
的研究與材料挖掘可以是政治史、經濟史、制度史、歷史地理學、目錄學史
等，對子部的研究可以是思想史、學術史、科技史、宗教史等，對集部有關內
容的研究可以是文學史。因此，這些雜考屬的著作如果置於今天的「史學」
語義下，則均可視作歷史研究著作，但在乾隆時期所修的《總目》中卻要置
於子部雜家類，並不被當時人視作「史學」。此乃古今「史學」含義之變遷。

（三）雜說之屬

雜家類雜說屬多為筆記，其中既記當朝之事，又可考論史事。《總目》雜
家類雜說之屬案語云：

〔註197〕《四庫全書總目》卷一百二十六子部雜家類存目三。

〔註198〕《四庫全書總目》卷一百二十六子部雜家類存目三。

〔註199〕周一良：《魏晉南北朝史學著作的幾個問題》，《魏晉南北朝史論集》，商務印
書館，2020年，第500頁。

其說或抒己意，或訂俗訛，或述近聞，或綜古義。後人沿波，
筆記作焉，大抵隨意錄載，不限卷帙之多寡，不分次第之先後，與
之所至，即可成編……〔註200〕

大體其「雜」的程度相較雜學屬、雜考屬更甚，且雜學、雜考二屬多表達作者
自己觀點，或考論經、史、子、集，雜說則多有記述與評論當朝之事。因而雜
說屬著作中史評所佔的比例要比雜學與雜考二屬低一些。以下列舉其中明顯
包含史評，且為《總目》所留意者。

宋吳炯《五總志》提要云：

其書皆紀所聞見雜事，間亦考證舊說。〔註201〕

宋呂本中《紫微雜說》提要云：

其書分條臚列，於《六經》疑義、諸史事蹟，皆有所辨論，往
往醇實可取。〔註202〕

宋員興宗《辨言》提要云：

其書歷摭經傳史子，下及宋代諸儒之說，凡於理未安者，皆條
舉而系以辨，故曰「辨言」。〔註203〕

宋吳箕《常談》提要云：

大抵皆評騭史事，而間及於考證。〔註204〕

此提要錄自清代李調元《序》：「《常談》一書，大抵皆評騭史事，間及於考證。」
〔註205〕則此書主體即為史評，列入子部，大體因其中有少數幾條考論經、集
的內容。

宋費袞《梁溪漫志》提要云：

是書惟首二卷及第三卷首「入閣」一條言朝廷典故，自「元祐
黨人」一條以下則多說雜事，而卷末「王羣」一條及第四卷則全述
蘇軾事，五卷以下多考證史傳，品定詩文，末卷乃頗涉神怪。蓋雜
家者流，不盡為史事作也。〔註206〕

〔註200〕《四庫全書總目》卷一百二十二子部雜家類六。
〔註201〕《四庫全書總目》卷一百二十一子部雜家類五。
〔註202〕《四庫全書總目》卷一百二十一子部雜家類五。
〔註203〕《四庫全書總目》卷一百二十一子部雜家類五。
〔註204〕《四庫全書總目》卷一百二十一子部雜家類五。
〔註205〕〔清〕李調元：《常談序》，《常談》，中華書局，1985年，第1頁。
〔註206〕《四庫全書總目》卷一百二十一子部雜家類五。

此書共十卷，而卷五、卷六、卷九中有相當一部分內容為史評〔註207〕。而此提要中也點明了雜家類涉足史評的著作與史評類著作的一個區別，即是否「盡為史事作」。

宋韓淲《澗泉日記》提要云：

> 今以散見《永樂大典》中者裒合排次，勒為三卷，約略以次相從。其有關史事者居前，品評人物者次之，考證經史者又次之，品定詩文者又次之，雜記山川古蹟者又次之。〔註208〕

此書中「有關史事者」、「品評人物者」、「考證經史者」中多有史評內容。

宋鄭玉道、彭仲剛《琴堂諭俗編》提要云：

> 其書大抵採摭經史故事關於倫常日用者，旁證曲諭，以示勸誡，故曰「諭俗」。文義頗涉於鄙俚。〔註209〕

宋陳郁《藏一話腴》提要云：

> 其持論如謂孔子不當作《世家》，豫讓不當入《刺客傳》，斥《史記》不醇，頗涉庸膚。〔註210〕

提要中所舉之例正為論史書義例之語。

宋俞德鄰《佩韋齋輯聞》提要云：

> 是書多考論經史，間及於當代故實及典籍文藝。大抵皆詳核可據，不同於裨販之談。〔註211〕

宋劉壎《隱居通議》提要云：

> 凡分十一門，理學三卷，古賦二卷，詩歌七卷，文章八卷，駢儷三卷，經史三卷，禮樂、造化、地理、鬼神雜錄各一卷。……其「經史」以下六門，考證亦未精核，且多餖飣……〔註212〕

〔註207〕如卷五之《優孟孫叔敖歌》《史載禍福報應事》《溫公論商鞅》《辨高祖臥內奪韓信軍》《晉史書事鄙陋》《通鑑不載離騷》等，卷六之《溫公論碑誌》《唐嚴火禁》《二唐論宰相》《唐藩鎮傳敘》等，卷八之《烈女守節》，卷九之《唐重氏族》等，皆屬史評。參考〔宋〕費袞：《梁溪漫志》，光緒丙申武進盛氏刻本。

〔註208〕《四庫全書總目》卷一百二十一子部雜家類五。

〔註209〕《四庫全書總目》卷一百二十一子部雜家類五。

〔註210〕《四庫全書總目》卷一百二十一子部雜家類五。

〔註211〕《四庫全書總目》卷一百二十一子部雜家類五。

〔註212〕《四庫全書總目》卷一百二十二子部雜家類六。

此書中「經史」一門雖名稱中有「經」字，但實質上全是史評。〔註213〕不過全書則以考論辭章之學為重。

宋李冶《敬齋古今黈》提要云：

> 其書皆訂正舊文，以考證佐其議論，詞鋒駿利，博辨不窮。……辨《史記》自敘「甌、駱相攻」，謂當為「閩、越相攻」……辨《衛青傳》「三千一十七級」，謂「級」字蒙上「斬」字，顏師古誤蒙上「捕」字，遂以生獲為「級」……〔註214〕

此書中所考證有很多是就正史文字而言，亦屬史考之一種。

元盛如梓《庶齋老學叢談》提要云：

> 其書多辯論經史，評騭詩文之語，而朝野逸事亦間及之。……又各條之下，間注某人某說。〔註215〕

元陳世隆《北軒筆記》提要云：

> 所論史事為多，如論西伯戡黎，力辨委曲回護之說；論魯兩生不知禮樂；論胡寅譏劉晏之非；論秦王廷美生於耿氏之誣；論周以于謹為三老有違古制，皆援據詳明，具有特見。至所載僧靜如事，則體雜小說，未免為例不純。〔註216〕

可見《北軒筆記》內容以史評為主，之所以列於雜家類而非史評類，主要在於其「體雜小說」〔註217〕，不單純為史而作。

明胡廣《胡文穆雜著》提要云：

> 是書乃其隨手箚記……其中如謂《資治通鑑》論維州悉怛謀事，司馬光非不知李是牛非，特以意主和鄰，不欲生釁，故矯為此言，引其臨終與呂公著簡為證，可謂深明時勢。又謂灞陵尉禁人夜行，乃其本職，李廣憾之為私意；謂子產論黃熊為啟信妄喜怪之漸；謂申屠嘉大節凜然，班固稱其學術不及陳平，其說非是……他如謂《易卦》吉凶皆戒，占者當反求諸己……謂李白非無與杜甫詩……〔註218〕

〔註213〕參考〔宋〕劉壎：《隱居通義》卷二十四、二十五、二十六，中華書局，1985年。

〔註214〕《四庫全書總目》卷一百二十二子部雜家類六。

〔註215〕《四庫全書總目》卷一百二十二子部雜家類六。

〔註216〕《四庫全書總目》卷一百二十二子部雜家類六。

〔註217〕檢其文，則僧靜如之事皆記神怪，與史無關，純為小說家筆法。（見〔元〕陳世隆：《北軒筆記》，中華書局，1985年，第9頁。）

〔註218〕《四庫全書總目》卷一百二十二子部雜家類六。

可見其中所舉之例多有史論，不過亦雜有很多經、子、集評論。

明鄭瑗《井觀瑣言》提要云：

> 其書大抵皆考辨故實，品騭古今，頗能有所發明。如論王柏
> 改經之非，斥《綱目發明》書法《考異》之曲說，辨李匡乂《資
> 暇集》解律令之誤……及摘胡三省《通鑑注》所未備皆中窾要。
> 又引《宋書·柳元景傳》證魏崔浩因有異圖被誅，特假史事為名，
> 所論亦有根據，在明人說部中尚稱典核。……其論諸史紀年之例，
> 尤偏駁不足為據云。〔註219〕

此書所考論者，如關於胡三省《資治通鑑注》、《宋書》等的考論皆為史評。

明張志淳《南園漫錄》提要云：

> 首數條皆掎摭《容齋隨筆》之語，辨其是非，蓋其書之所緣起也。
> 其餘則述所見聞，各為考證……「元順帝」一條誤據《庚申外史》《符
> 臺外集》之說，以順帝為瀛國公子之類，或失之無稽。〔註220〕

因《南園漫錄》為辨《容齋隨筆》而作，故其中多有考證篇章。其餘則多記當
朝人物，趙潘序稱：「書中頗記載時事，臧否人物，亦可與《明史》相參考。」
〔註221〕因而《總目》將其列於雜說之屬。

雜說之屬存目中亦有眾多涉及史評者，如宋吳枋《宜齋野乘》提要云：

> 是書以「野乘」為名，而多涉考證。其如謂孟嘗君與孟子同
> 時，謂顏子之卒不止二十九，謂吞東、西周者非始皇，皆有依據……
> 〔註222〕

其中所舉之例，出自《孟子與孟嘗君同時》《顏子非二十九歲死》《過秦論誤》
諸篇〔註223〕，均為史考。

宋俞文豹《吹劍錄》提要云：

> 然議論多紕謬，於古人多所抵訶。如謂武王則拾蘇軾之緒論，
> 抵孟子則循李覯之謬詞……《通鑑綱目》帝蜀之辨，則力攻朱子

〔註219〕《四庫全書總目》卷一百二十二子部雜家類六。

〔註220〕《四庫全書總目》卷一百二十二子部雜家類六。

〔註221〕趙潘：《重刊南園漫錄序》，《南園漫錄校注》，雲南民族出版社，1999年，第
6頁。

〔註222〕《四庫全書總目》卷一百二十七子部雜家類存目四。

〔註223〕參考〔宋〕吳枋：《宜齋野乘》，光緒丁酉武進盛氏刻本。

之特筆……〔註224〕

總體而言其史論內容占比不低。

明王鴻儒《凝齋筆語》提要云：

> 此書論《易》十三條，論《詩》三條，論《書》一條，論《左
> 傳》一條，論《周禮》三條，論《四書》三條，論史三條，論子書
> 三條，引朱子《答王子合書》一條。〔註225〕

其中「論史三條」為史論，史論在其中占比不高。

明何孟春《餘冬序錄》提要云：

> 凡內篇二十五卷，前五卷多論君道，後二十卷多論古今人品。
> 外篇三十五卷又閏五卷，則皆雜論也。大旨主於品藻得失，不主於
> 考證同異。〔註226〕

其中論古人人品部分，雖顯專門，但也算史論的一種。

明陸深有筆記數種，其《河汾燕閒錄》提要云：

> 是書隨筆箚記，雜論史事得失，經典異同，亦頗及當代故實。
> 〔註227〕

又其《春雨堂雜鈔》提要云：

> 所錄多古今政治得失之故，鈔撮舊文，自為評騭。〔註228〕

以上二書的內容其實均以史評為主，只是內容有些並非評史，所以都置於雜
家類中了。

明林炫《厄言餘錄》提要云：

> 是編乃其隨筆箚記，多談典籍藝文；亦頗及雜事，而評史者較
> 多。〔註229〕

明陸樹聲《長水日鈔》提要云：

> 前數條多論《易》義，間及於《春秋》《四書》，後則皆尚論古
> 人言行。〔註230〕

〔註224〕《四庫全書總目》卷一百二十七子部雜家類存目四。
〔註225〕《四庫全書總目》卷一百二十七子部雜家類存目四。
〔註226〕《四庫全書總目》卷一百二十七子部雜家類存目四。
〔註227〕《四庫全書總目》卷一百二十七子部雜家類存目四。
〔註228〕《四庫全書總目》卷一百二十七子部雜家類存目四。
〔註229〕《四庫全書總目》卷一百二十七子部雜家類存目四。
〔註230〕《四庫全書總目》卷一百二十七子部雜家類存目四。

此書後半部分論古人言行的內容可算入史論。

明張居正《太岳雜著》提要云：

> 其論趙、蓋、韓、楊一條，最為平允，而卒之以傲很掇禍。其
> 論古人，惟心服張詠而頗斥南宋諸儒之迂，然至詆周公為多事，則
> 妄矣。〔註231〕

《總目》提要中所舉數例，皆史評內容。

明王世懋《窺天外乘》提要云：

> 是編述明代故事，而參以論斷。〔註232〕

則《窺天外乘》乃評論明代一朝歷史的史論，屬對當代史的評論。

明羅鶴《應菴任意錄》提要云：

> 大意欲傚《容齋隨筆》《學齋占畢》諸書，而耳目頗隘，不能盡
> 有援考證，多據所聞見，以意襃貶而已。〔註233〕

《容齋隨筆》與史評之關係前已論及，《應菴任意錄》的內容也與之相近。

明林兆珂《宙合編》提要云：

> 是編乃其考證之文，分為六門：一曰《泰真測微》，皆談天地；
> 二曰《珍駕提羽》，皆談經籍；三曰《墨兵微畫》，皆談史傳；四曰
> 《議疇剽耳》，皆談世務；五曰《在鈞誦末》，皆論學問文章。〔註234〕

其中《墨兵微畫》屬於史評。

明吳安國《累瓦三編》提要云：

> 是編凡《讀經》二卷，《讀史》二卷，《述訓》二卷，《談藝》二
> 卷，《匡時》二卷，《紀龐》二卷。〔註235〕

《讀史》為史論。

明趙世顯《趙氏連城》提要云：

> 其書或引古事而稍附以己說，或自作數語，近乎語錄，又或但
> 引古事一條，無所論斷，似乎類書。〔註236〕

引古事而附己說者即史論。

〔註231〕《四庫全書總目》卷一百二十七子部雜家類存目四。
〔註232〕《四庫全書總目》卷一百二十七子部雜家類存目四。
〔註233〕《四庫全書總目》卷一百二十八子部雜家類存目五。
〔註234〕《四庫全書總目》卷一百二十八子部雜家類存目五。
〔註235〕《四庫全書總目》卷一百二十八子部雜家類存目五。
〔註236〕《四庫全書總目》卷一百二十八子部雜家類存目五。

明焦竑《焦氏筆乘》考論經史子集諸部，其自序云：

> 余觀古今稗說，不啻千數百家，其間訂經子之譌，補史傳之闕，
> 網羅時事，綴輯藝文，不謂無取；而膚淺杜撰，疑誤觀聽者，往往
> 有之。余尚欲投一枝於鄧林間哉！顧國家之典制，師友微言，間有
> 存者，當不以余之鄙而廢之也，在覽者擇之而已。〔註237〕

《焦氏筆乘》不單獨區分類別，史考條目與其他考證雜於一起。如卷一之
《文帝書》，卷二之《孫叔敖》《史記多為後人毀亂》《史公權衡》《史公疏漏》
《漢書真本》等，卷三之《吳越改元之證》《通鑑誤認漢紀》《史通》《史通
所載書目》等，卷四之《石鼓》《越絕書》等，卷五之《史記呂氏春秋之異》
《通鑑之誤》《左氏史記之異》等，卷六之《史法之異》，皆為史考或史學義
例著作。〔註238〕

明陳禹謨《說儲》提要云：

> 皆偶拈一二古事，綴以論說，不出明人掉弄筆墨之習。〔註239〕

明商維濬《古今評錄》提要云：

> 是書皆借古事立論，不出明季纖巧之習，間有考證，每多疏
> 舛。〔註240〕

明張燧《稽古堂論古》提要云：

> 今核其書，即從《千百年眼》中摘出。蓋坊賈偽立此名以售欺
> 者。〔註241〕

《總目》未收錄《千百年眼》，但《千百年眼》中確實多有史論。〔註242〕《稽
古堂論古》既然多從《千百年眼》中摘錄內容，那麼也難免會有很多史論。

清魏裔介《樗林偶筆》提要云：

> 是書分三種，《樗林閒筆》一卷，《樗林偶筆》二卷，《樗林續筆》
> 二卷……《偶筆》上卷多講學之語，下卷皆論史事。〔註243〕

可見《樗林偶筆》大概有一半內容為史論。

〔註237〕〔明〕焦竑撰，李劍雄點校：《焦氏筆乘》，中華書局，2008年，《焦竑自序》。
〔註238〕參考〔明〕焦竑撰，李劍雄點校：《焦氏筆乘》，中華書局，2008年。
〔註239〕《四庫全書總目》卷一百二十八子部雜家類存目五。
〔註240〕《四庫全書總目》卷一百二十八子部雜家類存目五。
〔註241〕《四庫全書總目》卷一百二十八子部雜家類存目五。
〔註242〕參考〔明〕張燧撰，朱志先校釋：《〈千百年眼〉校釋》，武漢大學出版社，
2018年。
〔註243〕《四庫全書總目》卷一百二十八子部雜家類存目五。

清張習孔《雲谷臥餘》提要云：

> 其書喜議論而不甚考證，多以私臆斷古人。〔註244〕

清原良《聽潮居存業》提要云：

> 是書分十編，各立四字標目……三曰《史會大綱》，四曰《友古特評》，五曰《群古對觀》，六曰《左國補議》，皆史論也。但《大綱》多論世運盛衰，《特評》則品藻人物，《對觀》則摭古之相類者論之，《補議》則仿呂祖謙《左氏博議》、柳宗元《非國語》而斟酌其說耳。……八曰《玄圃餘珍》，剽掇舊事，略加評斷，亦史論之旁支。……〔註245〕

《聽潮居存業》十編中有五編為史論，占篇幅之半。

清毛先舒《匡林》提要云：

> 但奇齡喜談經，先舒喜談史；奇齡好蔓引典籍，先舒好推究事理。〔註246〕

可知《匡林》內容多為史論。

清裘君弘《妙貫堂餘譚》提要云：

> 是書多記舊聞，隨事論斷，或意所未盡，則本條之下更綴餘論以申之。凡分五類，一曰譚史，二曰譚學，三曰譚詩文，四曰清譚，五曰雜譚。〔註247〕

《譚史》部分為史論。

清張祖年《道驛集》提要云：

> 卷二曰《正史闡微》，大致似胡寅《讀史管見》。〔註248〕

胡寅《讀史管見》已收入《總目》史評類存目中，則《正史闡微》亦為史評。

清江德中《厄壇對問》提要云：

> 是書首卷論支干及日月星雲之事，二卷以下則雜論經史。〔註249〕

清蔡含生《經史慧解》提要云：

〔註244〕《四庫全書總目》卷一百二十九子部雜家類存目六。

〔註245〕《四庫全書總目》卷一百二十九子部雜家類存目六。

〔註246〕《四庫全書總目》卷一百二十九子部雜家類存目六。

〔註247〕《四庫全書總目》卷一百二十九子部雜家類存目六。

〔註248〕《四庫全書總目》卷一百二十九子部雜家類存目六。

〔註249〕《四庫全書總目》卷一百二十九子部雜家類存目六。

是書雜取經史事蹟、人物，各著論一篇，共二百二十一首。
〔註250〕

清章楷《諤崖脞說》提要云：

四卷、五卷曰《摭軼》，則諸書紀載非世所習見者，節錄大略，
而以己見發明之，略似史論之體。〔註251〕

清潘繼善《經史筆記》提要云：

是書皆偶拈經史之文，為之論說。〔註252〕

清毛羽宸《毛氏殘書》提要云：

凡分三部，曰理學部，多談心性；曰儒學部，多考證名物典制；
曰史學部，則史評也。〔註253〕

其中「儒學部」也會涉足史考。

總體來看《總目》雜說屬所收著作中多會雜有論史或考史的內容，有些
著作中甚至過半內容為史評。

（四）雜纂屬

雜纂之屬區別於雜家類其他屬的特點在其來源較雜，《總目》雜纂之屬小
序云：「以上諸書皆採摭眾說以成編者，以其源不一，故悉列之雜家。」〔註254〕
在其中有少量著作與史評有關。

明李贄《初潭集》提要云：

此乃所集說部，分類凡五，曰《夫婦》，曰《父子》，曰《兄弟》，
曰《君臣》，曰《朋友》。每類之中又各有子目，皆雜采古人事蹟，
加以評語。〔註255〕

《初潭集》重點在其所集說部之文，而評語則很簡單，類似於一些史鈔附簡
短評語的形式，如卷四「苦海諸嫗」中第一條評論僅「大見識」三字；第二條
舉東漢李固女李文姬保全李固幼子李燮之事，後面評論曰：

李姬、趙娥，一也。娥主於復讐，故性命不顧；姬主於有後，
故委曲圖全，皆所重者父也。但其才智實有大過於人者。人亦何必

〔註250〕《四庫全書總目》卷一百二十九子部雜家類存目六。
〔註251〕《四庫全書總目》卷一百二十九子部雜家類存目六。
〔註252〕《四庫全書總目》卷一百二十九子部雜家類存目六。
〔註253〕《四庫全書總目》卷一百二十九子部雜家類存目六。
〔註254〕《四庫全書總目》卷一百二十三子部雜家類七。
〔註255〕《四庫全書總目》卷一百三十一子部雜家類存目八。

不女，人之父亦何必以女女之乎！若但好名，將安用之。〔註256〕
此段與一般史論文字並無區別。只是首先，其內容編排上既不像常見的史評
著作那樣以時間順序來寫，也不依所評不同史書來分卷，因此其體例與著作
宗旨更接近子部；二來，其所論之事主要採擇自兩種小說家類書籍：劉義慶
《世說新語》和焦竑《焦氏類林》，此二書不算嚴格的史籍，所以其議論的依
據又與一般史論多依據的正史或《資治通鑑》等權威史書不同。

明馮柯《宗藩訓典》提要云：

> 取史書中諸藩封行事可為勸戒者，摘錄其略，各係以評。起秦、
> 漢，迄金、元，得宗屬七百二十三，附與事之臣八十六，共為評一
> 千一百三十八。〔註257〕

又其敘云：

> 是編之作，真《春秋》之遺也。《春秋》存王跡也，寄褒貶於
> 一字，其詞嚴，所以尊尊焉，訓典維王室也；列淄澠於一評，其
> 議核，所以親親焉。……豈僅僅追馬史之家乘，紹麟經之逸響而
> 已哉？〔註258〕

其《敘》主要將《宗藩訓典》與《春秋》和《史記》作比，可見時人視此書為
史部書而非子部書。其每篇皆先列人物事蹟，後寫「評曰」，評語字數常常多
於所列傳記，說明此書重在論史而非撰史。實際上此書既可入史評類，亦可
入傳記類，只是內容侷限在「諸藩行事」上而已。此處列於雜家類雜纂之屬，
主要在於該書「摘錄其略」之處，正合「雜纂」之名，此處依體裁而非依內容
分類。

（五）雜編之屬

雜編之屬主要收錄「以眾人之書而合為一編」的著作，此外，「其眾人之
書合為總帙而不可名以一類者」，亦歸於雜編之屬。因雜編屬在雜家類中又更
加繁雜，其史評內容之收錄其實與史評的史子交叉特點關係不大。不過仍有
幾部著作可以提一下。

明陸深《儼山外集》提要云：

〔註256〕〔明〕李贄：《初潭集》卷四，中華書局，2009年，第52頁。
〔註257〕《四庫全書總目》卷一百三十二子部雜家類存目九。
〔註258〕〔明〕涂杰：《宗藩訓典敘》，〔明〕馮柯：《宗藩訓典》，國家圖書館出版社
　　　　影印明萬曆三十年襄藩貞白書院刻本。

其中惟《史通會要》摭劉知幾之精華，驟括排纂，別分門目，

而採諸家之論以佐之，凡十有七篇，專為史學而作。〔註259〕

其中《史通會要》已收入《總目》史評類。

明胡應麟《少室山房筆叢》提要云：

此其生平考據雜說也。分正續二集，為書十六種：曰《經籍會

通》四卷，皆論古來藏書存亡聚散之迹；曰《史書佔畢》六卷，皆

論史事；曰《九流緒論》三卷，皆論子部諸家得失；曰《四部正譌》

三卷，皆考證古來偽書；曰《三墳補遺》二卷，專論《竹書紀年》

《逸周書》《穆天子傳》三種，以補三墳之缺；曰《二酉綴遺》三卷，

皆採摭小說家言；曰《華陽博議》二卷，皆雜述古來博聞強記之事；

曰《莊嶽委譚》二卷，皆正俗說之附會；曰《玉壺遐覽》四卷，皆

論道書；曰《雙樹幻鈔》三卷，皆論內典；曰《丹鉛新錄》八卷，

曰《藝林學山》八卷，則專駁楊慎而作。其中徵引典籍極為宏富，

頗以辨駁自矜，而舛訛處多不能免。……《史書佔畢》大抵掉弄筆

端，無所考證。〔註260〕

在《澹生堂藏書目》中，《史書占畢》被置於史部史評類。〔註261〕《三墳補
遺》專考論《竹書紀年》《逸周書》《穆天子傳》三書，算是史考與史論；《丹
鉛新錄》為攻駁楊慎《丹鉛錄》而作，既然《丹鉛錄》有很多史考內容，那
麼《丹鉛新錄》亦少不了史評；《藝林學山》則主要針對《丹鉛錄》中的詩
文考證而作，與傳統史評大體不相干。陳文燭《序》亦極言胡應麟為史之
才：

壯哉元瑞，崛起于數千載之後，而尚論于數千載之前，索諸九

丘之遠，論于六合之外。稱文小而旨極大，學類邇而見義遠。辨往

哲之屈筆，聞者頤解；反先代之成案，令人心服。……元瑞才高識

高。而充之以學者乎？竊謂元瑞為今之良史。〔註262〕

足見在當時人看來，胡應麟即善於作史，其著作多與「史」相關也就不足為

〔註259〕《四庫全書總目》卷一百二十三子部雜家類七。

〔註260〕《四庫全書總目》卷一百二十三子部雜家類七。

〔註261〕〔明〕祁承㸁：《澹生堂藏書目・史部・史評類》，《澹生堂讀書記、澹生堂
藏書目》，第362頁。

〔註262〕〔明〕陳文燭：《少室山房筆叢序》，載〔明〕胡應麟：《少室山房筆叢》，中
華書局，1958年。

奇了。

綜合《總目》各部的情況，《總目》在收錄考論著作時，依其所考論著作所屬部類而分部，泛評經部著作者，置於經部五經總類；考論史部著作者方能置於史評類；若泛評經、史、子、集四部，則歸於子部雜家類；若僅僅評集部著作，論詩文體例，則置於集部詩文評類。

四、類書類中的史評

《總目》類書類小序云：「類事之書，兼收四部。而非經非史，非子非集。四部之類，乃無類可歸。」〔註263〕則類書類中本常有涉及輯錄史事的書籍，加之有些書是否當歸於類書類，本無定準。類書類中與史評類可有關聯的書籍共有二種，一是《蒙求》類書籍，二是體似類書而實為史論者。

其中《蒙求》類書籍主要是以《蒙求》為模板或基礎，以詩句的形式簡短敘述人物事蹟，如《蒙求》中敘及匡衡與孫敬時云「匡衡鑿壁，孫敬閉戶」；或對某一人物加簡要斷語，如《蒙求》中論及謝安與王導時云「謝安高潔，王導公忠」。〔註264〕而從《蒙求》類書籍中發展出來的敘史詩則列入《總目》史評類。大體而言，敘史詩敘述歷史較完整，不侷限於對歷史人物的敘述與評判。與《蒙求》類著作一樣，敘史詩沒有注釋也常常不易通其原委。

宋徐子光《蒙求集注》為晉代李瀚《蒙求》的注本，其提要云：

其書以《蒙求》原文冠於卷首，後以每二句為一節，各為之
注。〔註265〕

《總目》中所錄其他《蒙求》類書籍還有：《純正蒙求》《兩漢蒙求》《訓女蒙求》等，內容上要麼限於斷代，要麼限於某一類（如女性）。

其中元胡炳文《純正蒙求》提要云：

大抵雜採經傳事實，隸以韻語，以便童子之記誦。然多以對偶
求工，不盡有關於法戒。〔註266〕

宋劉班《兩漢蒙求》提要云：

是書仿唐李瀚《蒙求》之體，取兩漢之事，以韻語括之。取便

〔註263〕《四庫全書總目》卷一百三十五子部類書類一。
〔註264〕〔晉〕李瀚撰，〔宋〕徐子光集注：《蒙求集注》卷上，中華書局，1985年，第2、3頁。
〔註265〕《四庫全書總目》卷一百三十五子部類書類一。
〔註266〕《四庫全書總目》卷一百三十六子部類書類二。

鄉塾之誦習，於史學無所發明。〔註267〕

宋徐伯益《訓女蒙求》提要云：

> 是書仿李瀚《蒙求》之體，類集婦女事蹟，為四言韻語以括之。

皆習見之詞，無足採錄。〔註268〕

依《總目》體例，一般為原書作注的著作要列於原書所在部類。《總目》將《蒙求》類著作歸於類書類，大體是因為這種著作雜敘歷史人物，與多數類書「類事」的特點有些相近。不過從內容上來講，這種著作還是與史評類的敘史詩關係更近一些，因此《蒙求集注》等書屬於子部類書類中與史部有交叉的類目。

體似類書而實為史論者，有宋呂祖謙《歷代制度詳說》，其提要云：

> 此書凡分十三門，一曰科目；二曰學校；第三門原本闕頁，佚其標題，所言乃考課之事；四曰賦役；五曰漕運；六曰鹽法；七曰酒禁；八曰錢幣；九曰荒政；十曰田制；十一曰屯田；十二曰兵制；十三曰馬政。皆前列制度，敘述簡賅，後為詳說，議論明切。……蓋採集事類以備答策，本家塾私課之本。〔註269〕

除上述主題外，今本尚有考績、宗室、祀事等主題。〔註270〕其中「制度」部分摘錄前人所記，基本是「類書」體裁；「詳說」部分則對前所摘引部分加以議論，既是史論，亦闡明自己的制度設計主張。元彭飛為此書作序云：

> 自性理之說興，世之學者歧道學、政事為兩途，孰知程、朱以上接孔、孟者，豈皆託之空言，不如載之行事之深切著明也……而先生尤潛心於史學，似欲合永嘉、紫陽而一之也……所著《制度詳說》又弗及竟，於古今沿革之制，世道通變之宜，貫穿折衷，首尾備見……〔註271〕

依彭飛序，《歷代制度詳說》正是為了以史明「道學」與「政事」，因此其「詳說」部分既是評論歷代制度沿革的史論，也是表達自己的制度設計主張的政論。

〔註267〕《四庫全書總目》卷一百三十七子部類書類存目一。
〔註268〕《四庫全書總目》卷一百三十七子部類書類存目一。
〔註269〕《四庫全書總目》卷一百三十五子部類書類一。
〔註270〕見〔宋〕呂祖謙：《歷代制度詳說》，《呂祖謙全集》第9冊，上海古籍出版社，2008年。
〔註271〕〔元〕彭飛謹：《歷代制度詳說序》，《呂祖謙全集》第9冊，《歷代制度詳說》第169頁。

其他著作未必像《歷代制度詳說》這樣重於經世之學。如宋計宗道《諸史偶論》提要云：

> 每目各引二事為案，或相似者，如孔光所奏削藁，戴胄亦所奏削藁之類；有相近而不同者，如劉行本置笏求退，周宣帝謝之，褚遂良置笏求退，唐高宗命引出之之類；有相反者，如婁敬以舌得官，賀若弼以舌死之之類。其體例在史評、類書之間。〔註272〕

又明黃以升《史說萱蘇》提要云：

> 是書取史事之相類者，隨筆記載，間加評騭。〔註273〕

這些著作的內容為史論，但體裁如類書，《總目》主要還是依據其體裁給這些著作歸類。且《諸史偶論》和《史說萱蘇》更像是作者興之所致的著作。

可見在《總目》子部中，表達觀點的儒家類、雜家類雜學屬、雜家類雜說屬的著作中會有很多史論，雜家類雜考屬的著作中有很多史考內容。《總目》所體現的學科分類體系既然是以圖書分類體系為基礎的，那麼史評類自然要以「評史」為基礎。但古人著作有大量的語錄、筆記、小說，其內容一般不可能只是議論或考證史部著作，這些著作就統統被置於《總目》子部中了。如果要整理研究古代的史評，僅靠《總目》史評類所劃定史評著作界限還不夠，還需要注意子部中的史評內容。

第三節 《四庫全書》編修過程中史評著作的分類變遷

在《四庫全書》編修之前，清高宗先是要求各地採集書籍以上呈朝廷，擴充內府藏書。其中乾隆三十七（1772 年）年正月初四日內閣奉上諭曰：

> 今內府藏書，插架不為不富，然古今來著作之手，無慮數千百家，或逸在名山，未登柱史，正宜及時採集，彙送京師，以彰稽古右文之盛。……著該督撫等，先將各書敘列目錄，著係某朝某人所著，書中要指何在，簡明開載，具摺奏聞。……庶幾副在石渠，用儲乙覽，從此四庫、七略益昭美備，稱朕意焉。〔註274〕

其中提到要「先將各書敘列目錄」，因此各地官員在進呈圖書過程中，為自己

〔註272〕《四庫全書總目》卷一百三十七類書存目一。
〔註273〕《四庫全書總目》卷一百三十八類書存目二。
〔註274〕《乾隆朝上諭檔》，檔案出版社，1991 年，第 6 冊第 896～897 頁。

方面進呈的圖書編有書目（如《浙江採集遺書總錄》《江蘇採集遺書總錄》等），這些採集書目屬於編修《四庫全書》的過程中最早編修的書目。

其中《浙江採集遺書總錄》成書於乾隆三十九年（1774年），在《總目》完成之前七年，其《序》云：

> 乾隆壬辰之歲，天子輯熙典學，發明詔，下各直省，徵訪遺書。……事既竣，僚屬謀以所條目錄，謹遵四庫成例，略為次序刊刻，以備浙中掌故。〔註275〕

可見《浙江採集遺書總錄》為浙江省方面執行清高宗上諭的結果，其參考原則主要是：

> 前代簿錄之學，如《七錄》《七志》《七略》，類皆標題彙次，惟唐人之四部為不可易。茲錄大綱亦分四部，而綱之中有目，條分頗細，則參用列代正史藝文志及馬氏《通考》、晁氏《讀書志》、陳氏《書錄解題》各書。〔註276〕

《浙江採集遺書總錄》堅持四部分類法，並在各部下再分細目，與後來《總目》的做法相同。其各部之下具體的分類法，則與《總目》有諸多不相似之處。《浙江採集遺書總錄》史部分通史類、編年類、別史類、霸史類、雜史類、掌故類、傳記類、地理類、史鈔類、史學類、譜系類，與《總目》史評類相應的類目是「史學類」。在《浙江採集遺書總錄》史學類中，收錄了明祝允明《罪知錄》（《總目》作《祝子罪知錄》），而《罪知錄》在《總目》中置於子部雜家類雜學之屬。《浙江採集遺書總錄》的《罪知錄》提要云：「意欲辨正史傳之疑似，以蘄不枉是非之公者。然持論亦不無過當。」〔註277〕此以《罪知錄》為史論，而《總目》主要留意其雜論經史的特點。不過由此亦可見子部雜家類雜學之屬與史部史評類之間的交叉關係。此外，在《浙江採集遺書總錄》中，詩文評作品未列入集部，而列入子部說家類文格詩話屬〔註278〕，與傳統書目及《總目》的分類不同。詩文評與史評均屬評點之學，此書目將詩文評置於子部，則按其體例將史評置於子部也未嘗不可。在此又可見史評類的子、史交叉性。

〔註275〕〔清〕王亶望：《浙江採集遺書總錄序》，〔清〕沈初等：《浙江採集遺書總錄》，上海古籍出版社，2010年，《序》第2頁。

〔註276〕《浙江採集遺書總錄凡例》，〔清〕沈初等：《浙江採集遺書總錄》，《凡例》第2頁。

〔註277〕〔清〕沈初等：《浙江採集遺書總錄·戌集》，第307頁。

〔註278〕〔清〕沈初等：《浙江採集遺書總錄·庚集》，第399～410頁。

　　《江蘇採輯遺書目錄》（以下簡稱《蘇目》）史部分正史類、雜史類、史評類、政事類、傳記類、譜牒類、地理類等共七類，其中編年、史鈔著作均入正史類，別史著作入雜史類。其史評類各書在《總目》中置於子部者有：宋何去非《宋博士何去非備論》在《總目》中置於子部兵家類，《蘇目》稱其「備論國勢、人物」〔註279〕，並不單純從軍事角度來看此書；明王達《景仰撮書》在《總目》中入雜家類存目八，《蘇目》則稱「此書舉前事而尚論其得失」〔註280〕，認為其論史事為主；清穆文熙《閱古隨筆續》在《總目》中入雜家類存目八；清張燧《稽古堂論古》入雜家類存目五，《蘇目》稱其「雜論古事，間及經籍」〔註281〕，亦不單論史事；《萬世玉衡》在《總目》中列於子部儒家類存目三，《蘇目》稱其「採唐虞至明季事，分為法戒」〔註282〕。另，鍾惺《史懷》在《蘇目》與《總目》中均置於史評類，但《蘇目》稱「是書論斷子史」〔註283〕，指出其並非全部論史，不過並未將《史懷》置於子部，《總目》則未指出此書論子部著作的內容。大體而言《蘇目》的史評類範圍要比《總目》寬，一些雜論經子的著作，只要其多數內容論史，那麼也會置於史評類。此外，在《蘇目》子部中，小說類收錄詩文評著作，與《浙江採集遺書總錄》將詩文評著作置於子部說家類的做法相近。

　　《四庫全書進呈存目》的修撰晚於各地採進書目，早於《四庫全書薈要》。「《存目》正處在出於眾手的分纂稿與出於一人的修改稿之間，屬於一種過渡性的書目文字，而更接近於分纂稿。」〔註284〕《進呈存目》的分類體系也可以看作是《總目》編修早期的一種分類準則。不過因《進呈存目》僅剩殘稿，所以目前尚不能全面分析其分類原則。從目前《存目》殘稿看，史評類居於

〔註279〕〔清〕黃烈：《江蘇採輯遺書目錄·史部·史評類》，《四庫全書提要稿輯存》第4冊，北京圖書館出版社，2006年，第236頁。

〔註280〕〔清〕黃烈：《江蘇採輯遺書目錄·史部·史評類》，《四庫全書提要稿輯存》第4冊，第239頁。

〔註281〕〔清〕黃烈：《江蘇採輯遺書目錄·史部·史評類》，《四庫全書提要稿輯存》第4冊，第240頁。

〔註282〕〔清〕黃烈：《江蘇採輯遺書目錄·史部·史評類》，《四庫全書提要稿輯存》第4冊，第241頁。

〔註283〕〔清〕黃烈：《江蘇採輯遺書目錄·史部·史評類》，《四庫全書提要稿輯存》第4冊，第237頁。

〔註284〕趙望泰：《〈四庫全書初次進呈存目〉文獻價值探微》，趙望秦、李月辰、李雲飛、孫師師、馬君毅校證：《四庫全書初次進呈存目校證》，陝西師範大學出版社，2016年，書前第4頁。

史部十七類中之第十四類，前為目錄類、金石類，後為故事類、譜諜類、起居注類、譜諜類，與《浙江採集遺書總錄》中譜系類居於史評類之後的做法相近。其子部設立有考證類，就目前殘稿看，考證類中尚未發現在《總目》中置於史評類的著作。然而其在子部中專設考證類，已說明在《總目》編修初期，史考著作按理是應歸於子部考證類的。

《四庫全書薈要》最晚修成於乾隆四十五年（1780年），較《四庫全書總目》定稿修完（乾隆六十年，1795年）要早。《總目》中的史評類著作在《薈要》中列入兩類，其一是史部史評類，收入《唐鑑》和《評鑑闡要》二種，其史評類小序云：

> 史家紀傳後，例附論贊，以抑揚當時，垂鑑後世。而逐世評論，勒為成書者，六朝以前蓋鮮有之，則范祖禹《唐鑑》之作可首錄矣。他若宋尹起莘為《綱目發明》，以闡發紫陽筆削之旨，而劉友益亦有《書法》之作，並已附本書，著錄於前，不複載。謹載我皇上《評鑑闡要》之書，以折衷群言，為評史者準的云。〔註285〕

其二是子部考證類，收入《新唐書糾謬》一種。此外，依上節所言，另有兩種與史評類關係密切的著作列於《薈要》子部：《帝學》列入子部儒家類，與列入《總目》儒家類相同；《困學紀聞》列於子部考證類，此考證類類似於《總目》子部雜家類雜考屬。且依《薈要》之分類，史評類中僅列史論，不列史考，而史考與其他考證著作均列入子部考證類，這是《薈要》與《總目》分類的一個重要區別。尤其是《新唐書糾謬》全書皆考證《新唐書》中錯訛之處，並非像《困學紀聞》一樣雜考經、史、子、集各部；而前人書目均將《新唐書糾謬》置於史部。由此可見在《薈要》編修時，尚將史考同其他考證一起視作一部。其考證類案語云：

> 鄭樵撰《通志》二十略，其一曰《校讎》，斯考證之學所由重也。儒者綜貫百家，上下千載，詳識其同異得失之故，而斷之於心，筆之於書，使心目昭然，不為前人所掩，則可謂善學者矣。……茲全取應麟書與吳縝《糾謬》之作為一類。〔註286〕

〔註285〕《四庫全書薈要總目》卷三，《景印摛藻堂四庫全書薈要》，臺灣世界書局，1988年，第1冊第153～154頁。

〔註286〕《四庫全書薈要總目》卷四，《景印摛藻堂四庫全書薈要》，第一冊第174～175頁。

此分類法雖未被《總目》所完全承襲，但《總目》將非注疏類考證著作列入雜家類雜考之屬，則未必不受此種分類的影響。由此亦可見《總目》史評類中的史考著作雜有史、子交叉的特點。

從《總目》形成的整個歷程可以看出，《總目》之前的直省採集書目、《四庫全書薈要總目》、館臣《進呈書目》的史評類所收書籍常有在《總目》中歸於子部者，而《總目》史評類中的著作也有些在這些書目中歸於子部。這些書要麼因兼論經、子（尤以論儒家、兵家等的為多）之學而置於子部，要麼因內容為史事考證而置於子部，足見在先前的這些書目中，評論與考證之學常被視作子部之學（尤其是詩文評常被列入子部），因此《總目》史評類這種以收錄歷史評論與考證為主的類目，也就算是史部中之子部學了。

小結

《總目》上承歷代書目史部之意，以史部為收錄記載之書的類目。史評類恰恰與史部其他類目不同，其所收錄的著作主要不是記載之書，而是評論考證著作，評論考證著作又恰恰是子部著作的特點。加之史評出現在單一史書中時往往是史書正文的附屬，在史部中則是正史、編年史等類目的附屬。《總目》將史評類列於史部最後一類，又加強了這種附屬的作用。因此可以說，史評類是史部中帶有子部學色彩的附屬類目。從征集書籍到《總目》編纂，史評類在史部中的地位不斷下降，表明朝廷對這種以闡發觀點，帶有子部學色彩的部類的輕視。

在子部的儒家類、兵家類、雜家類、類書類中又有大量的史評內容。古人著書，常常在一部著作中議論經、史、子、集各部，尤其是創作了數量豐富的筆記體著作。在史評類研究中，一方面，當以古代目錄學中的「史評類」為主；另一方面，也不應忽視子部著作中的史評內容。史評類與子部中的史評各為主次，以《總目》的部類為例，史評類形成基本的概念範式，子部中哪些內容屬於史評則依要依史評類的規範來界定。因古今學術歸類不同，所以在史評類研究中，既應避免僅圍繞目錄學中的史評類來展開研究，也應避免以今日「歷史學研究」的角度來看史評，將子部中帶有歷史議論或考證型的篇章都歸入史評的研究範圍，造成史評範圍的泛化。

第四章 《四庫全書總目》史評類之著錄原則

　　《四庫全書總目》設立史評類的原因，除前述舊有此類，因而要沿襲外，還有一個重要的原因在於，既然存在如此大量的史評著作，那麼就有必要對此類著作加以褒貶。這種褒貶一方面是政治上的，即褒揚利於清廷統治的著作，貶抑有損清廷統治或從根本上有損皇權的著作；另一方面是學術性的，需要通過《四庫全書總目》的撰寫，為天下立學術規範，希冀天下若有史評，皆依此規範而創作。這二方面其實又互為表裏，互相緊密相聯。畢竟在史評之評判中僅論政治而不涉學術，不能彰顯朝廷的右文政策，意識形態的宣揚也需要以學術為載體。

　　其著錄原則可從《總目》史評類這一已完成的文本的著錄與存目狀況而言，《四庫全書總目》史評類收錄圖書 122 部，1252 卷（內 8 部無卷數）。其中著錄圖書共 22 部，382 卷；存目圖書 100 部，870 卷。其著錄與存目情況分朝代之情況如下表〔註1〕：

〔註1〕《事偶韻語》一卷不詳作者年代，或元或明，因而未計入某朝代中，但計入「總計」中。《宋史筆斷》作者為誰不明，但《總目》列於明代部分中，姑視為明代作品。《賣菜言》創作時代亦不詳，《總目》稱「書中稱莊烈帝為思皇帝，疑福王時人也」，即當為南明初人，因此在此表中依作者身份所屬計入明代而非清代。

朝 代	著錄數量	著錄比例	存目數量	存目比例	總數量
唐及唐以前	2	100%	0	0	2
宋代	13	65%	7	35%	20
元代	2	40%	3	60%	5
明代	2	3.17%	61	96.83%	63
清代	3	9.67%	28	90.32%	31
總計	22	18.03%	100	81.97%	122

　　總體上，時代越靠前，著錄比例越大；時代越靠後，著錄比例越低。再細緻區分的話，唐以及唐以前史評著作保存至乾隆時期的不多，因此這一時期的史評著作在《總目》中的正目與存目狀況不太具備參考價值；宋代史評保存至乾隆時期的數量也有限，但在史評一類總體被四庫館臣貶低的情況下，仍多數被《四庫全書》收錄，少數才列入存目之中，足見《總目》對宋代史評持更為正面的看法。元代延續時間較短，且史評創作量不算很多，所以列入《總目》中的量也很少。明代史評創作非常發達，《四庫全書總目》中所列數量就多已達 63 種，而修於明末的《澹生堂藏書目》《千頃堂書目》史評類中所收著作多數並未被《總目》所收錄，其總量當在百部以上。但《總目》史評類所收明代 63 種著作中，只有 2 種著錄，其餘 61 種皆入於存目，足見四庫館臣總體上對明代史評持否定態度。《總目》中共收錄清代史評 31 部，而著錄者僅 3 部，雖然比例上較明代史評的著作比例高些，但著錄者全是清代皇帝欽定之作，其實等於將其他清代史評類作品全部打入存目，對當朝史評之否定其實比對明代史評的否定還要嚴重。與其他各部類一樣，四庫館臣在很大程度上已經通過著錄與存目之區分，不僅對各史評著作出質量上的評判，更作出了政治上的褒貶。

　　《總目》之存目是列於著錄與禁燬二類中間的一種處理方式，存目中的著作不再著錄入《四庫全書》，僅在《總目》中列其提要，以作批判參考之用。當然，禁燬與存目間沒有截然相分的界限，很多著作列於《四庫全書》收集時的各種禁燬名單中，但仍被列於存目，可見存目的標準其實與禁燬的標準亦有一定重合性。史評類著作列入存目的原因與《總目》其他部類列入存目的原因大體類似，可分兩大類，一種是在四庫館臣看來質量較次，不宜著錄；另一種是政治上不太合官方思想，但不致於要將全書禁燬，或是有人主張禁燬，但館臣最終決定列入存目。這些著作著錄的話有礙官方正統思想

的弘揚，不過有必要在存目中編寫提要批判一番。正如《凡例》中言：「今所採錄，惟離經判道，顛倒是非者，掊擊必嚴；懷詐挾私，熒惑視聽者，屏斥必力。」〔註2〕其中《總目》對很多犯政治忌諱之處不直接指明，而是借質量較次為由加以指責，還有一些是稱所論「過激」、「偏駁」、「悖妄」等；館臣認為質量偏次之原因主要有：作時文或舉業參考用書、蒙學教材、沿襲舊說之作、內容冗雜或前後矛盾、未竟之作、作者本不足論、已於他書中著錄等。不過對清代私家史評則全部入存目，因已有清高宗之史評為法戒，不需再有多論，然而仍會挑剌兒說其質量較次、議論不周之處，以彰顯皇帝之聖明。

此外就其編纂曆程而言，《總目》總體上有各分纂官作分纂稿，再經總纂官潤色，之後經總裁討論生成進呈稿，最後經皇帝欽定成定稿。〔註3〕定稿之中，各館書前提要又早於殿本提要。《總目》史評類之總纂官潤色稿存留極少，進呈稿與定稿在總的褒貶義例方面並無大的分別，在此情況下，分纂稿與其他各稿則形成撰寫人員自我認知與國家認知之間的區別，所以通過分纂稿與定稿之區別，可考察國家意志貫徹其中的曆程。而總纂官的潤色，恐怕也不能隨心所欲自由發揮，分纂官多少還代表學者自己的意見，總纂官則要代表朝廷對《總目》內容把關。而對於《總目》史評類文本的政治把關，主要的依據便是其中收錄的三部御製與欽定著作：《御批〈通鑑綱目〉〈通鑑綱目前編〉〈外紀〉〈舉要〉〈通鑑綱目續編〉》《御製評鑑闡要》《欽定古今儲貳金鑑》。其中《評鑑闡要》所評論內容自上古以訖明代，時間跨度長，涉及面廣，又是清高宗一手操作（《御批通鑑綱目》等畢竟是在清聖祖的稿子基礎上完成的，考察起來會更複雜），因此也自然成為評點史評著作時的重要參考目標。

第一節 義理與史觀不當有違礙

《總目》史評類以史論為主體，史論主要表達對歷史的觀點與看法，而現實中很難品評不同觀點的高下，或者說這種高下品評難免會帶有強烈的主觀色彩。在此情況下，《總目》對史評類著作觀點的考量也難免要依據一定的主觀標準。《總目》史評類列入著錄的著作數量少，其著錄之原則亦便於檢尋。

〔註2〕《四庫全書總目凡例》，《景印文淵閣四庫全書》第 1 冊，第 39 頁。
〔註3〕司馬朝軍：《四庫全書總目編纂考》，武漢大學出版社，2005 年，第 722 頁。

首要的標準便是議論要得義理之「正」，不與清高宗的史識相違礙。又因在乾隆之前的史評著作議論多而考證少，所以相對而言政治標準更加重要。而義理之正，實際上又以所著錄之清代三部御撰作品為準。其中《御批〈通鑑綱目〉、〈通鑑綱目前編〉、〈外紀〉、〈舉要〉、〈通鑑綱目續編〉》（下面簡稱「《御批通鑑綱目等》」）和《御製評鑑闡要》為最重要的幾部。

一、以清高宗的史論為標準

《御批通鑑綱目》等為清聖祖御批之作，至乾隆時又加以改訂。此書康熙時原序稱：

> 紫陽朱子特起，而振舉之，綱以提要，目以備詳，歲時列於上，而天統明；章程繫於下，而人紀立。增損精切，予奪謹嚴，庶幾《春秋》大居正之宗指與？雖其間事例驟括，稍有脫誤，大都門人一時采輯之過，實非晦庵本意也。自時厥後，有《前編》，有《外紀》，有《大紀續編》，以及《考證》《集覽》《發明》《質實》之類。諸家論著不一而足，要皆商確折衷，互相參訂。明儒陳仁錫裒集而剞劂之，不可謂非先哲之功臣也。朕幾務之暇，留神批閱，博稽詳考，纖悉靡遺。取義必抉其精，微辭必搜其奧。析疑正陋，釐異闡幽，務期法戒。昭彰質文，融貫前後。所著論斷凡百有餘首。茲允諸臣請，並以付梓，頒面宇內，俾士子流傳誦習，開卷了然。不特天人理欲之微，古今治忽之故，一一臚如指掌。即于朱子祖述宣尼，維持世教之苦衷，並可潛孚默契於數千載之下。是則朕敦崇古學，作新蒸民之至。〔註4〕

康熙時序言認為，《資治通鑑綱目》並不完全符合朱熹的思想，其他很多與《通鑑綱目》相關的著作就更是議論紛呈，難以與朱熹觀點完全吻合，因此當朝皇帝有必要拆衷眾論，以「維持世教」，「務期法戒」，統一全國的歷史認識。但康熙時序言對待《資治通鑑綱目》之後的其他衍生著作尚以學習態度為主，其基本思想仍以程朱理學為準。

清高宗的立場則有所轉變。清代承平日久，與初入關時形勢已大有不同，朝廷歷史認識也難免會發生變化。清高宗對《資治通鑑綱目》及與之有關的

〔註4〕清聖祖：《御批資治通鑑綱目全書序》，《景印文淵閣四庫全書》第692冊，第1頁。

著作多有反駁，如乾隆四十七年十一月《〈御製續資治通鑑綱目〉內〈發明〉〈廣義〉題辭》云：

> 甚矣，周禮等《發明》《廣義》之為誣而謬也。大一統而斥偏安，內中華而外夷狄，此天地之常經，古今之通義。是故夷狄而中華則中華之，中華而夷狄則夷狄之，此亦《春秋》之法。司馬光、朱子所為急急也。茲《發明》《廣義》乃專以貴中華、賤夷狄為事。貴中華、賤夷狄猶可也，至於吹毛求疵，顛倒是非則不可。而矢口謾罵，誣白為黑，又豈溫良君子之所為哉？……總之是書之成，乃成化時商輅修輯。其後周禮續為《發明》，張時泰又續為《廣義》附刻于後，吹毛求疵，顛倒是非，甚至矢口謾罵，誣白為黑。其所關于世道人心甚大。昨既命皇子及軍機大臣量為刪去其破口者，以符孔子《春秋》之義，茲復舉其尤紕繆者數端，用作題辭，仍錄是書卷端，以存是非曲直之公，以昭天命人心之正，俾覽古者得以折衷焉。〔註5〕

乾隆時序言特別在意的是華夷之辨的問題。清代以滿洲入主中原，華夷問題是一個貫穿整個清朝都難以迴避，但一般人又不易討論的問題。時代更早的清聖祖尚未過多指責《發明》與《廣義》二書的華夷問題，至清高宗反而特意拈出對其大加批判，且並非指向整個華夷之辨的觀點——畢竟這屬於儒學中不可或缺的一部分——表示尊崇儒學的清高宗尚不可能全面反對此觀點。所以清高宗的批判主要指向《資治通鑑綱目發明》《廣義》二書關於華夷之辨的「過激」態度，稱其「吹毛求疵，顛倒是非」。其實深層暗含的內容是，一方面滿清已入主中原，成為中原正統王朝，清高宗有一種自己在文化上已成為中華的自尊；另一方面則是反對士人借華夷之辨來攻擊滿洲為夷狄。

當然，《御批資治通鑑綱目》等畢竟為清聖祖所御批，清高宗不可能批判自己的祖父清聖祖批閱不周，因此主要的批判點就落在清聖祖所批各書作者身上。《總目》對此書的評論並未聚焦於華夷問題，反而刻意避開這個問題：

> 我聖祖仁皇帝睿鑑高深，獨契尼山筆削之旨。因陳仁錫刊本，親加評定，權衡至當，袞鉞斯昭。乃釐正群言，折衷歸一。又金履祥因劉恕《通鑑外紀》失之嗜博好奇，乃蒐采經傳，上起帝堯，下逮周威烈王，作《通鑑前編》。又括全書綱領，撰為《舉要》殿於末。

〔註5〕清高宗：《〈御製續資治通鑑綱目〉內〈發明〉〈廣義〉題辭》，《景印文淵閣四庫全書》第693冊，第3～4頁。

復擫上古軼聞，撰為《外紀》冠於首。陳仁錫稍變其體例，改題曰
《通鑑綱目前編》，與《綱目》合刊，以補朱子所未及。亦因其舊本，
御筆品題。至商輅等《通鑑綱目續編》，因朱子《凡例》，紀宋元兩
代之事，頗多舛漏。六合之戰，誤稱明太祖兵為賊兵，尤貽笑千秋。
後有周禮為作《發明》，張時泰為作《廣義》，附於條下。其中謬妄，
更不一而足。因陳仁錫綴刊《綱目》之末，亦得同邀乙覽，并示別
裁。乾隆壬寅，我皇上御製題詞，糾正其悖妄乖戾之失，以闢誣傳
信。復詔廷臣取其書，詳加刊正，以協於至公。尤足以昭垂千古，
為讀史之指南矣。〔註6〕

與清聖祖御製的序言不同，《總目》對商輅《通鑑綱目續編》及所附周禮《發
明》、張時泰《廣義》均大加批判，且較清高宗之語更加激烈。《總目》實際上
秉承清高宗《題詞》的精神，並特記刊正此書之事，其目的正如文末所言，要
「為讀史之指南」，即確立史學論點的總導向，並將清高宗的觀點加以深化。
館臣用語有時不惜比清高宗還嚴厲，以彰顯館臣的忠誠態度。

除清聖祖的《御批通鑑綱目等》外，清高宗還有一部《評鑑闡要》，其內
容「皆《通鑑輯覽》中所奉御批」〔註7〕，而《通鑑輯覽》則是由朝廷組織編
修的一部綱目體史書〔註8〕，編修此書自然有統一歷史認識之目的在。如清高
宗在《御製歷代通鑑輯覽序》中稱：

編年之書，莫備於皇祖御批之《資治通鑑綱目》……振綱挈目，
謹予嚴奪，足以昭萬世法戒，為人君者不可不日手其帙，而心其義
也。然皇祖雖嘗抉精微，徵辭旨，著論百餘首，亦惟析疑正陋，垂
教後世耳。於其書則一仍厥舊，無所筆削也。故全書篇幅雖多，而
議論乃什倍於事實……夫發明書法，其於歷朝興革、正統、偏安之
際，已不能得執中之論，而況效而為之者哉？且以本朝之臣而紀其

〔註6〕《四庫全書總目》卷八十八史部史評類。
〔註7〕《四庫全書總目》卷八十八史部史評類。
〔註8〕《通鑑輯覽》提要稱：「編年紀載，綱目相從。目所不該者，則別為分注於其
　　　下。而音切訓詁，典故事實，有關考證者，亦詳列焉。蓋內府舊藏明正德中
　　　李東陽等所撰《通鑑纂要》一書，皇上几暇披尋，以其褒貶失宜，紀載蕪漏，
　　　不足以備乙覽，因命重加編訂。發凡起例，咸稟睿裁。每一卷成，即繕稿進
　　　御。指示書法，悉準麟經。又親灑丹毫，詳加評斷。」（見《四庫全書總目‧
　　　史部》卷八十八史部史評類。

> 開國之事，自不能不右本朝而左勝國，此亦理之常也。況三編中，嬗代崛起之際，稱太祖而繫以我者，不一而足，亦非體例也。故命儒臣纂《歷代通鑑輯覽》一書，盡去歷朝臣各私其君之習，而歸之正。……自隆古以至本朝四千五百五十九年事實，編為一部全書，於凡正統、偏安、天命、人心，繫屬存亡，必公必平，惟嚴惟謹，而無所容心曲徇於其間。觀是書者，凜天命之無常，知統系之應守，則所以教萬世之為君者，即所以教萬世之為臣者也。書中批論，一依皇祖之例。〔註9〕

《通鑑輯覽》的編撰目的，即「盡去歷朝臣各私其君之習，而歸之正」，這個「正」實際上就是要以清朝皇帝（清高宗）為準，只有符合清朝統治的歷史認識方為「公平」、「嚴謹」之史學認識。因而編修此書是為著皇權統治著想，既要教育君王，又要教育臣下。《評鑑闡要》主要收錄《通鑑輯覽》編修過程中清高宗對編修的指導意見及對相關歷史的評論，因而其觀點實際上是《總目》史評類義例褒貶的準繩。《評鑑闡要》提要云：

> 故論世知人，無不抉微而發隱。所謂斥前代矯誣之行，闢史家誕妄之詞，辨核舛訛，折衷同異，其義皆古人所未發。而敷言是訓，適協乎人心天理所同然。至乃特筆所昭，嚴於袞鉞，如賈充、褚淵等之書死，狄仁傑之書周，正南北稱侵稱寇之文，訂遼、金、元人名、官名、地名之誤。而紀年系統，再三申誡，尤兢兢於保邦凝命之原。洵足覺瞶震聾，垂教萬世。蓋千古之是非，繫於史氏之褒貶；史氏之是非，則待於聖人之折衷。臣等編輯史評，敬錄是編，不特唐宋以來偏私曲袒之徒無所容其喙，即千古帝王致治之大法，實已包括無餘。尊讀史之玉衡，併以闡傳心之寶典矣。〔註10〕

此處指出史評之所以重要，是因為史評常常直接給出歷史褒貶，影響史學總體發展和國家意識形態。「聖人」實際上就是指當朝皇帝清高宗，這樣稱清高宗，也就是指出史評的準繩應歸於「聖裁」。此書一出而歷史之褒貶定，實際上已不容許與此書意見不同的其他意見出現了，其他不同意見也只應在《總目》中被當作批判對象。這大概也是清代其他史評著作一律入存目之原因，

〔註9〕 清高宗：《御製歷代通鑑輯覽序》，《景印文淵閣四庫全書》第335冊，第1～2頁。
〔註10〕《四庫全書總目》卷八十八史部史評類。

即在當時除清高宗所作史評外，其他人再作史評均屬僭妄。此正是「詩文不妨亂彈，史評只准欽定」。〔註11〕

《欽定古今儲貳金鑑》內容主要限於立儲之事。中國古代本有立嫡長子為太子之制，但自清世宗起實行密立儲制，與古制迥然有別。為平息儒生議論而作此書，正如其提要所云：

> 紀事取之正史，論斷衷諸《資治通鑑綱目》御批，及《通鑑輯覽》御批。卷首恭載節奉諭旨，如群書之有綱要焉。伏見我國家萬年垂統，睿慮深長。家法相承，不事建儲冊立。皇上準今酌古，備覽前代覆轍，灼知建儲一事斷不可行。……證以是編所載往蹟，既曉然於前事之當懲，益以知聖朝詒謨宏遠，實為綿福祚而基萬年之要道也。〔註12〕

此書一出，實際上等於將歷史上其他主張立太子的主張均列入悖謬行列中，尤其重要的是杜絕有人以清朝實行密立儲制而非嫡長子繼承制，來指責清朝統治者為夷狄。《總目》因而指出在立儲問題上重在要「家法相承」、「準今酌古」，即密立儲制雖然與中華舊傳統不同，但仍舊是中華政治傳統沿襲與變更下的結果。

《御批通鑑綱目等》與《評鑑闡要》均從上古一直論到明代，等於構建了史評的總體義理標準，成為一種萬世「法戒」，前代史評的優劣是非，均當以此二書之立場為準，合則優且是，離則劣且非。

二、合於官方義理者入正目

宋代為理學化史學大為發展的時期，也是史評大為發展的時期。自北宋開始，史評多以義理來論史，這種義理化史論的發展影響到朱熹等所編《資治通鑑綱目》，及元、明、清時官方理學化史觀。受《資治通鑑》與《資治通鑑綱目》的影響，自南宋至清代有很多與此二種著作有關的史評著作產生。至乾隆時期，仍有很多宋代史評著作得以保留下來，因而《總目》對宋代史評進行梳理，也就是在整理理學化史評的源頭。

《唐鑑》為范祖禹反駁《資治通鑑》中唐代部分史觀之著作。《總目》如

〔註11〕司馬朝軍：《〈四庫全書總目〉研究》，社會科學文獻出版社，2004年，第164頁。
〔註12〕《四庫全書總目》卷八十八史部史評類。

此稱此書：

> 　　惟《朱子語錄》謂其議論弱，又有不相應處。然《通鑑》以武
> 后紀年，祖禹獨用沈既濟之說，取武后臨朝二十一年繫之中宗，自
> 謂比《春秋》「公在乾侯」之義。且曰：「雖得罪君子，亦所不辭。」
> 後朱子作《通鑑綱目》，書「帝在房州」，實仍其例。王懋竑《白田
> 雜著》亦曰：「范淳父《唐鑑》言有治人無治法，朱子嘗鄙其論，以
> 為苟簡。而晚年作《社倉記》，則亟稱之，以為不易之論，而自述前
> 言之誤。」蓋其經歷既多，故前後所言有不同者，讀者宜詳考焉，
> 未可執一說以為定也。然則《朱子語錄》之所載，未可據以斷此書
> 矣。〔註13〕

可看出《總目》較贊同《唐鑑》將武后臨朝列於中宗時期之做法，且舉《資治
通鑑綱目》寫唐中宗時用「帝在房州」的說法，來反駁朱熹對《唐鑑》的評
論。如此一來，等於是借肯定其他理學家的史論來攻駁朱熹的史論。〔註14〕

　　宋代孫甫《唐史論斷》本是孫甫所撰編年體史書《唐鑑》中的論贊，後
被人抄出成書。〔註15〕所以《唐史論斷》的體例並不算完整。《總目》未褒貶
其體例，而是引用其他人評論表明自己態度：

> 　　曾鞏、歐陽修所作墓誌、行狀，蘇軾答李廌書，張敦頤後序皆
> 推重是書，甚至朱子亦稱其議論勝《唐鑑》云。〔註16〕

提要未批此書論斷不合理處，而單舉他人讚譽，自是給予較高評價。

　　宋代劉羲仲所著《通鑑問疑》亦受《總目》褒揚。如稱讚其堅持以蜀漢為
正統〔註17〕：「今觀是書，則恕嘗以蜀比東晉，擬紹正統，與光力爭而不從。是
不但習鑿齒、劉知幾先有此說，即修《通鑑》時亦未嘗無人議及矣。」〔註18〕

〔註13〕《四庫全書總目》卷八十八史部史評類。

〔註14〕《總目》本即稱頌范祖禹之學。如《進表》云：「范祖禹之《帝學》，具有淵
　　　　源。」（《景印文淵閣四庫全書》第1冊，第19頁。）

〔註15〕《總目》如此稱此書成書過程：「甫沒後，《唐紀》宣取留禁中。其從子察，
　　　　嘗錄副本遺司馬光，世亦罕見，惟《論斷》獨傳。……蓋本從《唐紀》鈔出
　　　　別行，非其舊帙。故卷數多寡，隨意分合，實無二本也。」（《四庫全書總目》
　　　　卷八十八史部史評類。）

〔註16〕《四庫全書總目》卷八十八史部史評類。

〔註17〕如《進表》云：「正統明尊，存綱常於西蜀。」（《景印文淵閣四庫全書》第1
　　　　冊，第19頁。）則以蜀漢為正統為《總目》原則之一。

〔註18〕《四庫全書總目》卷八十八史部史評類。

則其能入《總目》法眼，重在能持「正統」。

其他《總目》史評類正目著作鮮有不遭《總目》批判的〔註 19〕，然而大體以相關作品優點勝於缺點而予著錄。如《三國雜事》提要云：

> 陳振孫《書錄解題》稱：「庚之文長於議論，今觀其論諸葛亮寬待法正，及不踰年改元事。論荀彧爭曹操九錫事，皆故與前人相反。至亮之和吳本為權計，而以為王道之正。亮拔西縣千餘家本以招安，而以為擾累無辜，皆不中理。」又謂商無建丑之說，謂張掖石圖即河洛之文，而惜無伏羲、神農以識之，尤為紕繆。然其他議論可采者頗多。醇駁並存，瑕瑜不掩，固亦尚論者之所節取耳。〔註 20〕

其中《總目》所引數條及引《書錄解題》處，均在指明書中部分議論不「中理」和「紕繆」之處，不過此條提要重在探討其考證工夫而非議論工夫。末尾獨稱「其他議論可采者頗多」，則又總體上肯定其價值。之所以肯定其價值，是重在其力駁前人意見，主張恢復三國時劉氏政權「漢」的國號，如作者所作自序云：

> 上自司馬遷《史記》，下至《五代史》，其間數十百年，正統偏霸，與僭竊亂賊、甚微至弱之國，外至遐荒僻陋之邦，史家未有不書國號者。而《三國志》獨不然，劉備父子相傳四十餘年，始終號漢，未嘗一稱蜀，其稱蜀者，流俗之語耳。陳壽黜其正號，從其人俗稱，徇魏晉之私意，廢史家之公法，用意如此，則其所書善惡、褒貶予奪，尚可信乎？〔註 21〕

此正與當時官方史學界及南宋以來的義理史學以蜀漢為正統相照應，因此在《總目》看來以蜀漢為正統便等於得義理之正。

《六朝通鑑博議》為南宋史學家李燾所著，《總目》對此書評價亦較高：「此則得失兼陳，法戒具備。主於修人事以自強，視李舜臣所論較為切實。」〔註 22〕

〔註 19〕此為《總目》整體狀況，《總目》中多數著作的提要以貶抑批判為主，即使是著錄著作也概莫能外。這是《總目》一種居高臨下的文化與學術心態，即《總目》在見識上要高於各著作。深層反映的恐怕不是初纂官們的學術自大，而是清高宗以皇權衡量學術使然。所以提要中若稍有讚頌之語，便已算是《總目》對此著作有很高的評價了。

〔註 20〕《四庫全書總目》卷八十八史部史評類。

〔註 21〕〔宋〕唐庚：《三國雜事原序》，《景印文淵閣四庫全書》第 686 冊，第 14 頁。

〔註 22〕《四庫全書總目》卷八十八史部史評類。

《總目》認為宋代錢時所著《兩漢筆記》染胡寅之習，其提要云：

> 前一二卷頗染胡寅《讀史管見》之習，如蕭何收秦圖籍，則責其不收六經；……皆故為苛論，以自矜高識。三卷以後，乃漸近情理，持論多得是非之平。其中如於張良諫封六國後，論封建必不可復，郡縣不能不置。於董仲舒請限民名田，論井田必不可行。於文帝除肉刑，亦不甚以為過。尤能滌講學家胸無一物、高談三代之窠臼。」〔註23〕

其實《兩漢筆記》的議論是否染胡寅之習可以再討論，因為《總目》常將「故為苛論」視作染胡寅之習，「胡寅」在《總目》史評類中只是一個批判符號。《總目》所舉「三卷以後，乃漸近情理」之例，稱在秦漢後不可復井田與封建等，主要是針對「講學家」發論，即為反駁宋學而論。而清高宗正好亦堅持反對復封建與井田的觀點，如其在《評鑑闡要》「謝絳請行均田注」中云：

> 古稱井田善政，行於亂之後是求治，行於治之時是求亂，其說誠不可易。蓋自阡陌既開，貧富本難一致。若屬在承平，人安其業，而必為均田、限田之策，紛紜予奪，重擾閭閻，其所害於民生者滋大。或當兵燹之餘，污萊遍野，版籍蕩然，因而徹田定制，計口授產，一經制而示維新，庶乎無弊。然亦須審其時勢而熟策之，非可冒昧從事也。〔註24〕

至乾隆時已非開國之時，而是「屬在承平」，故而此段議論其實明確表示反對「井田」、「均田」論，而各家史論之立場自然亦要以此為標準。另《評鑑闡要》中論封建云：

> 則七國兵端，實由封建所致。明祖果有鑑於此，即不應裂地以王諸子。且所云諸王當知夾輔王室，毋撓公法，蓋以諭教授儒臣，使諸藩之國守法度耳。然能保其始終不渝耶？若明祖者所謂師古而不知度今，務名而以致害實者耳。〔註25〕

此段也能表明清高宗反對「封建」，他認為明太祖封建諸子是「師古而不知度今」。如此一來，各史評中若以封建不合於後世，不當推行，則與清高宗史觀

〔註23〕《四庫全書總目》卷八十八史部史評類。
〔註24〕清高宗：《評鑑闡要》卷十，《景印文淵閣四庫全書》第694冊，第555頁。
〔註25〕清高宗：《評鑑闡要》卷十，《景印文淵閣四庫全書》第694冊，第552～553頁。

相合，因而得以受襃揚。《兩漢筆記》即屬此例。《兩漢筆記》亦有翁方綱稿留存下來：

> 《兩漢筆記》十二卷，宋錢時撰。時字子是，嚴州淳安人。從慈谿楊簡遊，究明理學，以喬行簡薦授秘閣教勘，出佐浙東倉幕，召入為史館檢閱，授江東帥屬歸。
>
> 此書前有尚書省劄，「特進左丞相樞密使肅國公喬」者即行簡也。江東提刑袁甫、紹興守汪綱延主講習事，皆與本傳相符。本傳載其所著，又有《春秋大旨》《蜀阜集》《冠婚記》《百行冠冕集》，而此劄進錄中無之。又《館閣續錄》載時所著有《國史宏綱》一書，亦於嘉熙二年五月下本州取錄繳進者，然參考本傳，時於是年十一月添差浙東提舉常平司幹辦公事，後以李心傳奏，復召入，旋以《國史宏綱》未畢，求去，則安得與《兩漢筆記》同繕寫繳進？此所記必有一誤者矣。《嚴陵志》又載其所著有《嘉定講書稿》《英烈廟實錄》《錦江雜著》諸書。時卒於淳祐五年，門人稱曰融堂先生。此特其論著之一種，亦史斷之類。應鈔存以資考釋。〔註26〕

與《總目》殿本相比，翁稿主要對作者錢時與此書創作加以介紹與考證，側重於其學術方面，並未論及此書史論是否洽當。而《總目》則重在就此書觀點加以襃貶，翁稿中所列考證內容全未採用。亦足見《總目》定稿更重在貫徹清高宗史學立場，對其評論是否「恰當」尤為在意。

《總目》所給予宋王應麟《通鑑答問》的評價亦類似，其提要云：

> 其所評騭，惟漢高白帝子事以為二家偶失刊削；孔臧元朔三年免太常一條，疑誤採《孔叢子》。其餘則尊崇新例，似尹起莘之《發明》；刻覈古人，似胡寅之《管見》。如漢高祖過魯祀孔子，本無可貶，乃反譏漢無真儒。文帝除盜鑄之令，本不可訓，乃反稱仁及天下。與應麟所著他書殊不相類，其真贗蓋不可知。或南宋末年，洛、閩道盛，勢足以傾動一世，莫不依草附木，假借末光。王厚孫刻《玉海》時，偽作此編，以附其祖於道學歟？然別無顯證，無由確驗其非，姑取其大旨之不詭於正可矣。〔註27〕

〔註26〕翁方綱撰，吳格整理：《翁方綱撰四庫提要稿》，上海科學技術文獻出版社，2005年，第457頁。

〔註27〕《四庫全書總目》卷八十八史部史評類。另《通鑑答問點校說明》對《總目》

《總目》認為《通鑑答問》不僅有部分評論似《讀史管見》般「刻覈」,而且真偽不能定,其實《總目》還是重在批判該書依附洛、閩等派宋學。此書能被著錄,在於《總目》認為其義理上大體沒有偏差,尚足著錄而已。

元代陳櫟所撰《歷朝通略》則是另一種情況,《總目》云:「是書雖撮敘大綱,不免簡略,而持論醇正,以資考證則不足,以論是非則讀史者固有取焉。」〔註28〕亦以「持論醇正」見錄。

《總目》論元代胡一桂《十七史纂古今通要》,亦重在其義理之正。其提要云:

> 錢曾《讀書敏求記》曰:「宋以來論史家汗牛充棟,率多龐雜可議,以其不討論之過也。此書議論頗精允,絕非宋儒隅見者可比。一覽令人於古今興亡理亂,了然胸次。……」其推許是書甚至。至議其當從《資治通鑑》帝魏,不當從朱子《綱目》帝蜀,則又以久經論定之事,務持異議以駭聽,不足為一桂病也。〔註29〕

此處既引錢曾之語來肯定此書,又批駁錢曾以魏為正統的立場,並藉此肯定

之說法多有駁正:

《通鑑答問》至漢元帝戛然而止,《四庫提要》以為「未成之本」,然《答問》意在示讀史之法,亦可能有意擱筆。全書共一五六條,涉及朱熹《通鑑綱目》僅九條,不足十五之一,四庫館臣以為「多涉於朱子《綱目》」,亦非其實。除《四庫提要》所云「漢高白帝子事,以為二家偶失刊削,孔臧元朔三年免太常一條,疑誤採孔叢子」糾正《通鑑》和《綱目》外,尚有兩處補正:「司馬公論才德」條引司馬光「聰察強毅之謂才」之言,認為猶為未盡;「霍光、金日磾、上官桀」條引司馬光言,謂漢武帝顧託得人,而應麟則指責以「上官桀之庸瑣,弘羊之掊克」,臨大節必為奪志!則司馬公言非其實。《通鑑答問》確然時有道學之語,然與應麟他書並非不類,《詩考》王應麟自序稱「諸儒說詩,壹以毛、鄭為宗,未有參考三家者。獨朱文必集傳,閎意眇指,卓然千載之上」,與《通鑑答問》推許朱熹《通鑑綱目》同一旨趣,若合符契。未可謂《通鑑答問》贗書,四庫館臣「或伯厚孫刻《玉海》時偽作此編,以附其祖於道學」之疑,顯屬臆測,非但「無由確驗其非」,以《通鑑答問》之採摭廣泛(涉及眾多專門領域,如音律、禮儀、律令、曆法、方術等)與體例完整(首列帝王為綱,次摭《通鑑》之文,再述問答正文),以及書中時時流露出的傑出史識與過人才華,伯厚孫必不能為此,當屬應麟自著無疑。(〔宋〕王應麟:《王應麟著作集成‧周易鄭康成注、六經天文編、通鑑答問》,中華書局,2012年,第240頁。)

依此說,則《總目》難免在遇到涉足朱熹與道學之說的作品時難免反應過激。

〔註28〕《四庫全書總目》卷八十八史部史評類。

〔註29〕〔清〕永瑢、紀昀等:《四庫全書總目》卷八十八史部史評類。

《通鑑問疑》以蜀漢為正統的立場。胡一桂所作《自序》稱：

> 紀事則提其要，注事則該其詳。關涉民彝世教，必反覆論辨。
> 自入溫公《通鑑》一祖，文公《綱目》及先儒史論斷之，間亦備附
> 己意與二三同志之論，以便初學。〔註30〕

此處雖有「以便初學」這一《總目》不太認可之做法，然而《總目》仍以其得義理之正而將其列入正目。

邵寶〔註31〕所撰《學史》為明代史論著作中唯一列入著錄的著作，之所以如此在於《總目》認為《學史》得義理之正。如《學史》提要稱：

> 其間如記《後漢書》譙元用弟服去官，戴封用伯父喪去官事，
> 以為關世與人，不知後漢人情淳樸，其以期功喪解官持喪者，見於
> 史冊，不一而足，寶疑為託故而逃，未免失之不考。又論荀彧以為
> 志似管仲，心似召忽，非揚雄之比，亦為失當。然寶平生湛深經術，
> 持論平正，究非胡寅輩之刻深、尹起莘輩之膚淺所可擬也。〔註32〕

《總目》認為《學史》雖在考據方面有所缺略，但一來邵寶為理學聞人，二來其書「持論平正」，即大體不偏激，不與乾隆時官方立場相悖，所以可著錄。

三、義理與史觀有違礙者入存目

如果某史評類著作的義理、史觀與乾隆時的官方立場有違礙之處，輕則被歸入存目，重則禁燬。極端的時候甚至可能因人廢書，因作者不足論而列入存目者，最突出的是李士實之《世史積疑》。其提要稱：

> 舊題元李士實撰。前有自序，稱至正七年壬申三月朔書。按：
> 至正七年歲在乙亥，非壬申，與史不合。而元代亦未聞有李士實，
> 惟明有新建李士實，成化丙戌進士，官至右都御史，致仕。正德

〔註30〕 胡一桂：《十七史纂古今通要序》，《十七史纂古今通要》，北京圖書館出版社，2003年。

〔註31〕 《明史·儒林傳一》云：「邵寶，字國賢，無錫人。年十九，學於江浦莊昶。成化二十年舉進士，授許州知州。月朔，會諸生於學宮，講明義利公私之辨。巫言龍骨出地中為禍福，寶取骨，毀於庭，杖巫而遣之。躬課農桑，仿朱子社倉，立積散法，行計口澆田法，以備凶荒。……修白鹿書院學舍，以處學者。……博綜群籍，有得則書之簡，取程子『今日格一物，明日格一物』之義，名之曰『日格子』。」（《明史》卷二百八十二《儒林》一，中華書局，第7244～7246頁。）依此傳，則邵寶為明代中期醇正理學之士。

〔註32〕 《四庫全書總目》卷八十八史部史評類。

間，寧王宸濠圖不軌，引之同謀。事起時，以士實與舉人劉養正
為左右丞相。宸濠就擒，士實併伏法……其書採摘史事，分條立
說，迄於東漢之末而止。以喪心從亂之人，而妄議古今，其說蓋
不足深論矣。〔註33〕

李士實為參與明代寧王之亂的謀大逆者，因而《總目》借否定其人而徹底否
定其全部觀點。《世史積疑》提要主要考證李士實到底為何人，《世史積疑》
本書的內容到底如何，何處優何處劣，則不置一詞。

李東陽所撰《新舊唐書雜論》同《唐鑑》等一樣評論唐代史事，有人稱
其「樹義明快，洵堪與范淳甫《唐鑑》並峙。」〔註34〕《總目》總體上亦肯
定其論點：

是編摘唐史事跡，辨其是非。所論太宗、明皇之事為多，持論
亦皆平允。然東陽依違避禍，固位取容。其論宋璟不與反正之功，
無害宰相之體，實陰以自解。……其駁胡寅論高力士一條，及論姚
崇任諂用詐一條，亦欲以持論之正自蓋其所為也。〔註35〕

《總目》稱此書用到「平允」一詞，已屬較高的評價，此書對胡寅之批判亦與
《總目》立場相合。而接下來摘取其論斷「不當」之處，均與李東陽的品格相
關聯，實際上亦是以其人品「不足論」而否認其作品。

認為某部史評著作觀點悖謬而列入存目也佔有相當大的比例。表面上看
《總目》對這些著作的評論均以文化學術內容為導向，不過因史評類中的很
多史論著作主觀性強，評論其觀點中正還是悖謬，其本質是政治考量而非學
術考量。

在這方面首當其衝被批判者為胡寅所撰《讀史管見》。其提要云：

寅作是書，因其父說，彌用嚴苛。大抵其論人也，人人責以孔、
顏、思、孟；其論事也，事事繩以虞、夏、商、周。名為存天理，
遏人慾，崇王道，賤霸功，而不近人情，不揆事勢，卒至於窒礙而
難行。〔註36〕

提要重在指責胡寅評論過於嚴苛，不近人情，與理學中庸之道相違背，自然

〔註33〕《四庫全書總目》卷八十九史部史評類存目一。
〔註34〕〔清〕吳壽暘：《拜經樓藏書題跋記》卷二「《江表志》、《南唐拾遺記》、《新
舊唐書雜論》」條提要，《宋元明清書目題跋叢刊》第17冊，第622頁。
〔註35〕《四庫全書總目》卷八十九史部史評類存目一。
〔註36〕《四庫全書總目》卷八十九史部史評類存目一。

也就不夠格被著錄。且《讀史管見》也成為《總目》史評類批判議論嚴苛和不近人情的典型。《總目》還將《讀史管見》的觀點問題歸結於胡寅本人的品格太差：

> 致堂本文定從子，其生也，父母欲不舉，文定夫人舉而子之。及貴，遭本生之喪。士論有非之者（案：寅以不持本生之服遭劾，見《宋史》本傳，其自辨之書則見所撰《斐然集》中），考漢宣帝立皇考廟，晉出帝封宋王敬儒兩章，專以自解。〔註37〕

在《總目》看來，胡寅其人既不足論，那麼其史評亦不足論。

《總目》總體上對明代學人之評價就不太高，對明代史評著作亦多有駁正。而對明代史評（清初也有不少）中很多表達新見解，推翻前人成說的作品就更是大加鞭笞，並置於存目中。如明代趙與弼之《雪航膚見》頗反對前儒之說，余鐸為其作序稱：

> 近代若溫公，若東坡，若四明陳氏、一桂胡氏，致堂《管見》，南宮氏《小學史斷》，與夫臨江張氏、美和梁氏、孟敬諸先儒，皆所謂卓然有見，有功於史學者也。而先生是編之作，其有得於諸儒之遺意多矣，其間議論該博，有發先儒之所未發者，是又大有功於諸儒者也，觀史者尚質諸此。〔註38〕

《雪航膚見》推崇胡寅《讀史管見》、南宮靖一《小學史斷》，已注定要被《總目》視作末流了。《總目》中如此稱此書：「論多迂闊，亦頗偏駁。其中如論項羽殺宋義為是，先儒斷其矯殺為非。又論殺秦王子嬰、屠其宗族、伐其陵墓為是，先儒論其暴橫為非……」〔註39〕此皆反駁前儒定論而受到《總目》批判之處。

另如《史取》提要云：

> 蓋史評之流，而其體則說部類也。觀其駁《孟子》益避禹子之言為無稽。稱《呂氏春秋》一書與《孟子》相表裏，斥嚴光為光武之罪人，贊丁謂為榮辱兩忘之異人，皆所謂小言破道者。書中數稱李贄，豈非氣類相近歟？〔註40〕

〔註37〕《四庫全書總目》卷八十九史部史評類存目一。
〔註38〕〔明〕余鐸：《雪航膚見序》，《四庫全書存目叢書補編》第94冊，第234頁。
〔註39〕《四庫全書總目》卷八十九史部史評類存目一。
〔註40〕《四庫全書總目》卷九十史部史評類存目二。

其中評論多為正統而發，如《孟子》在當時已被視作經部之書，那麼質疑《孟子》中所記錄的內容，或將《孟子》與作為子部雜家類的《呂氏春秋》等量齊觀，則自然被《總目》視為悖逆。尤其是「數稱李贄」，則更為《總目》所排斥。

《讀史商語》提要前半部分稱其「皆為有理」，「皆有考據」等，後半部分則云：

> 惟好為高論，動輒踏駁。如謂桑弘羊有補於國計；謂曹操所行實文王之事；謂諸葛亮不善用兵，陳壽所評為確；謂謝靈運為晉之忠臣，可比陶潛；謂李林甫在，安祿山必不敢叛；謂王叔文為忠臣，有功無罪。皆紕繆之甚。又頗不論是非，而論果報於佛法，信之尤篤。謂袁宏《漢紀》不知佛法之精微廣大；謂傅奕闢佛為淺陋，司馬光取入《通鑑》，所見與奕相等；尤非論史之道矣。〔註41〕

《讀史商語》被《總目》批判，亦因此書與當時正統史觀不同，如支持桑弘羊，則有好「利」而輕義之舉；當時官方支持以蜀漢為正統，而此處以曹操比附周公，則是以曹魏為正統，以「姦臣」為聖人等等；又加之此書作者王志堅偏信佛教，而《總目》持儒家正統觀念〔註42〕，因而更遭館臣貶斥。

鍾惺《史懷》也以闡發新見解而著名，如明代李國木為《史懷》所作序稱：「而是編以冷眼別趣，行其胸臆，偶拈一字、刺一義，往往於閒冷行墨中破除習見，擢出微渺。」〔註43〕其內容亦重在「經世」，如陶梴樋為其作序稱：「《史懷》者，吾友鍾伯敬經世之書也……蓋伯敬一官閒散，不操經世之權，而生平之慧心明眼、高才大識，無所用之，恥以文人自了，特向窮寐中，借古人之天下而發其蘊。」〔註44〕既然要「破除習見」，那麼就難免與官方之見不合，自然會受到《總目》的批判：「其說雖間有創獲，而偏駁者多」〔註45〕，從總體否定《史懷》的價值。

〔註41〕《四庫全書總目》卷九十史部史評類存目二。

〔註42〕《凡例》云：「然二氏之書，必擇其可資考證者。其經懺章咒，並謂旨一字不收。」（《景印文淵閣四庫全書》第 1 冊，第 37～38 頁。）則其對佛道二家著作之收錄極為嚴格。

〔註43〕〔明〕李國木：《史懷序》，《國立中央圖書館善本序跋集錄》史部第 4 冊，第 427 頁。

〔註44〕〔明〕陶梴樋：《史懷序》，《國立中央圖書館善本序跋集錄》史部第 4 冊，第 426 頁。

〔註45〕《四庫全書總目》卷九十史部史評類存目二。

其他如明代方鵬所撰《責備餘談》，《總目》稱其「然持論刻核，時多乖謬」〔註46〕。如稱明代唐順之所撰《兩漢解疑》：「大抵好為異論，務與前人相左。如以紀信之代死為不足訓，以漢高之斬丁公為悖恩欺世之類，皆乖平允，不足為訓也。」〔註47〕如稱唐順之所撰《兩晉解疑》為：

> 持論與所作《兩漢解疑》相類，而乖舛尤多。如賈充一條，稱秦檜有息民之功，故得善終。馮道和藹溫柔，故有「長樂老」之榮。悖理殊甚。順之學問文章，具有根柢，而論史之紕繆如此。蓋務欲出奇勝人，而不知適所以自敗，前明學者之通病也。〔註48〕

其實唐順之的史學未必全不足論，然而《總目》可以認可唐順之的學問與文章，卻不認可其史論，並將此視作「前明學者之通病」，足見此種批判是專針對各種出奇求新的史評的。如《總目》論明代洪垣《覺山史說》時稱：

> 所論起上古迄宋末，如論伍員鞭墓之類，頗能主持名教。他如論管叔、蔡叔合於義而不知天命，詆紀信代死為呂祿辨冤之類，則不免文士好奇，務為新論。〔註49〕

在此其實已經透露《總目》史評類的一條重要取捨標準，即要能主名教，而反對「新論」。

清代私人史評著作均入存目，《總目》需要詳加辯解這樣歸納的原因。清代孫廷銓《漢史億》僅二卷，其提要主要集中駁斥其中一處論點：

> 其論留侯子闢彊始謀分王諸呂，謂闢彊深沈多智，無忝厥父，有安劉氏之功。夫諸呂分王，劉氏危於累卵。特以祿、產庸才，遽釋兵柄，諸大臣得而誅之。闢彊以一孺子首倡亂謀，幾覆邦國，乃以能安劉氏稱之，不亦慎乎！〔註50〕

《總目》實際上是以一斑而否定《漢史億》全書。其所以如此，大概一來清初史論難免沿襲明代初論之風氣，二來與清代民間史評均入存目有關。

清初時因正值明清鼎革之際，其歷史評論自然亦屬容易犯忌之所。如清代施鴻所撰《濟景堂史測》即屬一例。《總目》對其評論中並未提及此點，僅

〔註46〕《四庫全書總目》卷八十九史部史評類存目一。
〔註47〕《四庫全書總目》卷九十史部史評類存目二。
〔註48〕《四庫全書總目》卷九十史部史評類存目二。
〔註49〕《四庫全書總目》卷九十史部史評類存目二。
〔註50〕《四庫全書總目》卷九十史部史評類存目二。

稱其是「偶然劄記」〔註51〕。不過此書卻屬清代禁書之一種。如《清代禁燬書目》稱：「查《澄景堂史測》係施鴻撰，序內有推重金堡之語，殊為謬妄，應請抽燬。」〔註52〕而金堡為反清復明志士，遭清高宗親自貶斥〔註53〕。此屬於貶斥其政治異端而不明說者。

其他清初作品有很多入於此類者亦很多。如《芝壇史案》提要稱：「其書取史籍舊事，仿讞獄之法。每一條為一案，而以己意斷之，論多迂闊。」〔註54〕如《讀史評論》提要稱其「評多瑣屑，論多臆斷」〔註55〕。如《石溪史話》提要稱：

> 或一事而以數事證之，或一代而以歷代參之。立說頗見詳辨，而前後時有矛盾。又如以王佐才許荀彧，而詆王導為虛聲；美武后之保護賢臣，而咎岳飛之不知進退。其是非臧否，亦不能無所謬也。〔註56〕

此書褒美武后，指責岳飛均屬於不得義理之正的主張，因此得一「謬」字。雖然其序稱：「至說史事，尤必取萬世公心，馳騁二十一家，以合《春秋》筆削微旨，無悖《通鑑綱目》大義……尤兢兢於亂賊篡弒之防，忠奸義利之辨。字挾風霜，足以維世道，正人心。」〔註57〕《石溪史話》在主觀上並非欲違背理學，只因少數論斷不合官方正統主張而入《總目》存目，足見對清代史評否定之嚴重。

此外，宋、明二朝均為漢人王朝，宋代先後與遼、金、西夏三個北方少數民族王朝相對峙，明代則是在推翻蒙古人所建之元朝後建立的王朝，並長

〔註51〕 《四庫全書總目》卷九十史部史評類存目二。

〔註52〕 〔清〕姚覲元：《清代禁燬書目（補遺）》「抽燬書目」，商務印書館，1957 年，第 10 頁。

〔註53〕 清高宗在一份上諭中稱：「朕昨檢閱各省呈繳應毀書籍內，有僧澹歸所著《徧行堂集》，係韶州府知府高綱為之製序，兼為募資刊行。因查澹歸名金堡，明末進士，曾任知縣，復為桂王朱由榔給事中，當時稱為五虎之一，後乃託跡緇流，藉以苟活。其人本不足齒，而所著詩文中多悖謬字句，自應銷毀。」（見清高宗：《寄諭高晉等查繳〈徧行堂集〉〈皇明實紀〉〈喜逢春傳奇〉書版》，中國第一歷史檔案館編：《纂修四庫全書檔案》，上海古籍出版社，1997 年，第 454 頁。）

〔註54〕 《四庫全書總目》卷九十史部史評類存目二。

〔註55〕 《四庫全書總目》卷九十史部史評類存目二。

〔註56〕 《四庫全書總目》卷九十史部史評類存目二。

〔註57〕 〔清〕徐時：《石溪史話序》，《四庫全書存目叢書》史部第 292 冊，第 727 頁。

期與北方蒙古人、東北女真人各部相鬥爭，因此宋、明二朝士人難免有較強的華夷觀，並會濃濃地反映在其史評當中。強調華夷之辨的史評除一部分在編修《四庫全書》時被禁燬外，有一些犯禁不太嚴重，但仍有涉及的作品則列入抽毀狀態，在《總目》中則列入存目。如明代吳崇節所撰《古史要評》即犯此禁。吳崇節為此書所作《引》云：

> 或一人事而前後散見者，則聯併一節，以便總覽，起周末，終南宋，以尼父冠其端，宗聖真也；以文謝結其後，嘉忠節也；遺三、五者，略洪荒也；置胡元者，擯夷虜也；逐條題其要，便誦讀也；條下級以評，抒管蠡也。〔註58〕

《古史要評》自稱以《資治通鑑綱目》為論斷標準，而不太多談元朝之事，然而正因其稱元朝為「胡元」，其華夷對抗情緒躍然紙上。最初的翁方綱初纂稿論及《古史要評》時尚未有過多政治內容：

> 謹按：《古史要評》五卷，明吳崇節著。崇節爵里已見《狎鷗亭商稿》提要內。此其所著史評，亦坊本《鑑略》之類。每條撮立題，附以己意。起東周，訖南宋，而名以「古史」。或存其目。〔註59〕

翁稿指出此書當列入存目的原因，主要在於其為「坊本《鑑略》之類」，還未側重在政治上。而《總目》在提到此書時則稱：「於元朝不載事實，但附許衡、吳澄二人，題曰『元朝人物』，尤為偏謬。」〔註60〕則《總目》並未指明其犯禁之事，只是稱其體例不嚴謹，元朝事實所載太少，僅列兩人不足以概括一朝。但刻意提及，實際上是專指《古史要評》「擯夷虜」的立場。

第二節　考證精良、言之有據

　　《四庫全書總目凡例》云：「今所錄者，率以考證精核，論辨明確為主。」〔註61〕且考證精良者則在《總目》史評類小序中即受到讚賞，史學考證為主的史評著作多列入《總目》之正目而非存目。此類著作易被著錄，一是與《總目》總體的揚漢學抑宋學的傾向有關，另一方面是由於史學考證之作多不太涉及義理，不太容易因義理不正而受到《總目》貶抑。除考證是否精良外，還

〔註58〕吳崇節：《古史要評引》，《四庫全書存目叢書》史部第 284 冊，第 570 頁。
〔註59〕翁方綱撰，吳格整理：《翁方綱撰四庫提要稿》，第 460 頁。
〔註60〕《四庫全書總目》卷九十史部史評類存目二。
〔註61〕《四庫全書總目凡例》，《景印文淵閣四庫全書》第 1 冊，第 37 頁。

有一些史評類著作會因內容無創見、沿襲成說、內容冗雜而遭《總目》的貶抑，指出這些質量問題則是《總目》評論時的通例了。

一、因考證精良而著錄

如南宋著名史學家李心傳所撰《舊聞證誤》即為史考著作，《總目》評論此書云：

> 《要錄》(指《建炎以來紀年要錄》)於諸書訛異，多隨事辨正。故此書所論北宋之事為多，或及於南宋之事，則《要錄》之所未及，此補其遺也。凡所見私史小說，上自朝廷制度沿革，下及歲月之參差，名姓之錯互，皆一一詳徵博引，以折衷其是非。大致如司馬光之《通鑑考異》，而先列舊文，次為駁正，條分縷析，其體例則如《孔叢》之詰墨。其間決疑定舛，於史學深為有裨，非淹通一代掌故者不能為也。〔註62〕

《總目》論《舊聞證誤》時未提及其義理觀與史觀，而主要指出其考證精良，引用該博之處，稱其「於史學深為有裨」，亦表明《總目》認為此書與一般歷史評論著作不同。

另一部被《四庫全書》著錄的史考著作為明代朱權所撰《史糾》，此為明代著錄史評著作二種之一。其之所以能著錄，亦在於考證精覈。《總目》稱：

> 是編考訂諸史書法之謬，及其事迹之牴牾。上起《三國志》，下迄《元史》，每史各為一編。……明代史論至多，大抵徒侈遊談，務翻舊案，不能核其始終。明鎬名不甚著，而於諸史皆鉤稽參貫，得其條理，實一一從勘驗本書而來，較他家為有根據。……又如《隋書》蘭陵公主忍恥再醮，乃以身殉後夫而取冠《列女》，《宋史》包恢以肉刑行公田法媚賈似道，乃以源出朱子而別名道學，顯然乖謬者，亦未能抉剔無遺。〔註63〕

《總目》一方面對明代史論作了總體否定，另一方面則對此書考證合理之處多有肯定，雖然然也指出些許考證不足之處。大體於明代史實考證之作，縱然合於《總目》主旨著錄，亦當以指明其不足為要。

〔註62〕 《四庫全書總目》卷八十八史部史評類。
〔註63〕 《四庫全書總目》卷八十八史部史評類。

二、因沿襲成說、內容冗雜而列入存目

有些著作因蹈襲舊說、缺少發明被列入存目。史評創作中一般以能提出新見解為上，但蹈襲舊說仍是一種很常見的現象，並非所有作者均頗具慧眼可闡發新見解；再者，意識形態會影響社會絕大多數成員的史觀，一個史評作者即使個別論點有新意，多數論點仍難脫離時代的限制。如明初政治風氣偏緊，史評就多蹈襲宋、元舊說，能有發明者甚少。當然《總目》的評價未必與其他人對某部作品的看法相合。如《史評》提要稱：「是書自春秋迄南宋，人各為評。多襲前人緒論，罕出心裁。」〔註64〕即認為《史評》之評論以沿襲前人意見為主，而書中序言卻恰恰集中論述此書肯別出心裁。如姚江陳祖法為此書作序稱：

> 何子拜銘輩謀而重梓之，出其識見以評《史評》，是千萬年治
> 亂、君相、吏治、人品之案定於《史評》，而《史評》之案又定於評
> 《史評》者也。至是而猶曰為剿襲，為紕繆，范先生所不受，何子
> 諸人所不受也。抑天下後世之讀是書者共所不受也。〔註65〕

從此知順治時已有人稱《史評》有抄襲的嫌疑，而陳祖法特作序以辨之。另如吳心恒序稱：

> 於諸家評唾之外，另有著眼。使前人心術行事，捐其成敗污潔
> 之案，一一俯而就吾之平反，笑有聲，啼有淚，歎有氣，無不從筋
> 節、竅髓，盤折蒸動，令讀者于途窮岸斷之頃，別有接入。〔註66〕

吳心恒稱讚《史評》能「另有著眼」。不過，作者在寫作史評著作時若有自己的主見，則更難為《總目》所認可。《史評》被列入存目，實際上還有其他緣由。如《史評凡例》稱：「泊夫李氏之《藏書》、張西銘之《史論》、鍾景陵之《史懷》，以至陳仲醇之《古論》，大觀夙稱善本。」〔註67〕而《總目》對李贄尤大加批判〔註68〕。《史評》膺服於李贄之論，其價值自然會被

〔註64〕《四庫全書總目》卷九十史部史評類存目二。
〔註65〕〔清〕陳祖法：《史評序》，《四庫全書存目叢書》史部第281冊，第586頁。
〔註66〕〔清〕吳心恒：《史評敘》，《四庫全書存目叢書》史部第281冊，第587頁。
〔註67〕〔明〕范光宙：《史評凡例》，《四庫全書存目叢書》史部第281冊，第588頁。
〔註68〕如《總目》之《藏書》提要如此評論李贄：「贄書皆狂悖乖謬，非聖無法。惟此書排擊孔子，別立褒貶，凡千古相傳之善惡無不顛倒易位，尤為罪不容誅。其書可毀，其名亦不足以污簡牘。特以贄大言欺世，同時若焦竑諸人幾推之以為聖人，至今鄉曲陋儒震其虛名，猶有尊信不疑者。如置之不論，恐好異

《總目》貶低。

又如《綱鑑附評》提要稱：「所評多剿襲舊文，大抵不出胡寅、尹起莘之說。其自立新意者，往往縱談害理。」〔註69〕《總目》雖然指出《綱鑑附評》抄襲舊文，但重點是指出此書抄襲胡寅、尹起莘等人之論點，且指出其非抄襲部分「害理」。

《總目》認為有些作品之議論雖無大問題，但因抄襲而使其價值降低。如《東源讀史錄》提要云：「是書採集史事及前人史評，衷以己意……今觀書中所斷制，雖無大疵謬，而蹈襲之弊，誠如自序所云。」〔註70〕則《總目》主要認為此書多沿襲而少發明，故置於存目。

內容冗雜與前後矛盾則是被列入存目的一個重要原因。如《人物論》提要云：「其體例蓋在史評、總集之間也。所採元以前人之說僅一百二十七家，所採明人之說至二百四十七家，則冗雜可知矣。」〔註71〕其重點或許在採明人之說過多。又如《古質疑》提要云：「至『太甲』條稱《竹書》為偽，高宗、幽王二條，又引《竹書》為證。數頁之中，自相矛盾。」〔註72〕《石溪史話》提要云：「立說頗見詳辨，而前後時有矛盾。」〔註73〕多以內容失考，前後矛盾等而貶斥之。也有《總目》認為得義理之正而因內容冗雜置於存目者，如《史折》提要云：

> 裳所駁正，頗屬持平。然其中可一兩言決者，必連篇累牘，覺浮文妨要。至於陳繼儒之淺陋，李贄之狂謬，復為之反覆辨論，更徒增詞費矣。〔註74〕

《史折》持當時較正統的道學觀點，且正好反駁被《總目》所否定的陳繼儒、李贄等人的觀點，因而被《總目》所否定的主要地方就在於內容過於冗雜，而非其觀點。

者轉矜創獲，貽害人心，故特存其目以深暴其罪焉。」（《四庫全書總目》卷五十史部別史類。）史評類中存此類作品的用意亦與此相同，即作為批判的典型而存在。
〔註69〕《四庫全書總目》卷九十史部史評類存目二。
〔註70〕《四庫全書總目》卷八十九史部史評類存目一。
〔註71〕《四庫全書總目》卷九十史部史評類存目二。
〔註72〕《四庫全書總目》卷九十史部史評類存目二。
〔註73〕《四庫全書總目》卷九十史部史評類存目二。
〔註74〕《四庫全書總目》卷九十史部史評類存目二。

第三節　貶抑舉業參考書、蒙學著作或坊本

一、科舉參考書入存目

　　明清時科舉考試需要應試時文（八股文），因而產生了很多輔導讀書人時文寫作的坊本著作。因時文內以議論為主，因而此類參考中常常會涉及史學內容〔註75〕，而中國古代史評正好可作為輔導時文立論與論證的載體。這種情況還與明清時期科舉試經史時務策有關，如《明會典‧科舉通例》云：

> 　　（洪武）十七年，定一三年大比。八月初九日第一場試《四書》義三道，每道二百字以上；經義四道，每道三百字以上；未能者許各減一道。《四書》義主朱子《集注》，經義《易》主程朱《傳義》，《書》主蔡氏《傳》及古注疏，《詩》主朱子《集傳》，《春秋》主《左氏》《公羊》《穀梁》《胡氏》《張洽傳》，《禮記》主古注疏。後《四書五經》主《大全》。十二日第二場試論一道，三百字以上；判語五條，詔、誥、表、內科一道。十五日第三場，試經史時務策五道，未能者許減二道，俱三百字以上。〔註76〕

此段中《四書》義和《五經》義皆試經義，與史學關係不大；第三場所試「經史時務策」，則需要援引經、史二部之著作以論時務。此種考試內容在清代也大體繼承下來，只是到乾隆年間添加了五言八韻詩的要求。〔註77〕《大學衍義補》中論及此科考內容時云：

> 　　本朝試士之制雖不盡用朱氏分年之議，然士各專一經，經必兼《四書》，一惟主於濂、洛、關、閩之說，以端其本。又必使之兼明子史百家之言，古今政務之要，而以論策試之，考其識見，本末兼該，文質得中。雖不盡如朱氏之說，實得朱氏之意於數百年之後矣。〔註78〕

〔註75〕涉及史學的科舉輔導讀物以簡編《資治通鑑》與《資治通鑑綱目》的著作為最多。詳細內容可參考左桂秋：《科舉功能下的史學普及：析明代綱鑑史書》，《山東社會科學》，2012年第7期。

〔註76〕〔明〕申時行：《明會典（萬曆重修本）》卷七十七《禮部》三十五，中華書局，1989年，第448頁。

〔註77〕「（乾隆）二十三年，定各省考試拔貢《四書》文、經解、策論，外加試五言八韻詩。」（《欽定大清會典事例》卷三百八十四《學校》，清嘉慶二十五年武英殿刻本。）

〔註78〕〔明〕丘濬：《大學衍義補》卷九，海南書局，1931年。

在丘濬看來，試經義為科舉考試內容之「本」、「質」，論策為「末」、「文」。若要寫好論策，則需要雜引子、史來論證考生自己對時務的看法。在科舉的考試這個指揮大棒的引導下，多數考生為了能儘量考個較好的名次，恐怕並無太多精力去遍覽子史作品，用市面所見的參考書對他們而言可能是更好的選擇。便於簡單瞭解歷史知識的史鈔類著作和便於練習議論的史評類著作就進入了科舉參考書的視野。當然朝廷在明面上不會贊同考生們通過這些參考書來取巧，如《清會典》中提到康熙時的上諭中提到：「十七年，議准二三場原以覘士子經濟，凡坊間有時務表策名色，概行嚴禁。」〔註79〕此等「嚴禁」自然不會收到什麼實際效果，畢竟只要科舉還存在，坊刻科舉參考書的發行有著巨大的市場空間。另一面，科舉輔導書的巨大市場空間可能也促使很多人在寫作史評著作時儘量考慮迎合這一市場，以讓自己的著作獲得更好的銷量，獲取更多的收入。但這種討巧的行為在朝廷看來，會引導考生棄經書、正史等不顧，從而會降低官員的整體文化水平和潛在的業務能力。因而《總目》總體而言不著錄科舉參考讀物，但有些科舉參考讀物確實有一點水平，則全部列入存目中。

在《總目》史評類存目中，這些著作數量不多。如《漢唐通鑑品藻》提要云：

> 是書《明史‧藝文志》著錄，然即璟所著《讀史品藻》，坊本改易其名也。書中起周威烈王，終周世宗，與《通鑑》首尾相應，而以「漢唐」名書，璟未必謬陋至此。其出自庸妄書賈明矣。〔註80〕

《總目》指稱《漢唐通鑑品藻》發行者為「庸妄書賈」。雖然提要中沒有明確指出此書為舉業而作，不過此書凡例云：「此書悉以《通鑑節要》內摘其可為論策命題者……」〔註81〕則開宗明義，講明其目的就是輔助論策寫作。

又如《洗心居雅言集》提要云：

> 明范檟撰……序前標曰《新鐫史綱論題雅言》，旁注「評林」，目錄前標曰《新刻陶會元舉業史綱論題》。皆坊本之陋式。其為真出檟手與否，尚在疑似之間矣。〔註82〕

〔註79〕〔清〕英匯等撰：《欽定大清會典事例》卷三百三十二《貢舉》，清嘉慶二十五年武英殿刻本。

〔註80〕《四庫全書總目》卷九十史部史評類存目二。

〔註81〕〔明〕戴璟：《新編漢唐通鑑品藻凡例》，《四庫全書存目叢書》史部第282冊，第474頁。

〔註82〕《四庫全書總目》卷九十史部史評類存目二。

此書目錄前的標題說明了此書是用於科舉考試參考之用的。其用語「坊本之陋式」足見館臣對此書之貶抑。

又如《評史心見》提要云：

> 是書取古人事迹標題，每事為論。其凡例云：「凡可以為策論者，擇取以利於舉業。」則其書可知矣。〔註83〕

可見只要是「利於舉業」之著作，其價值即首先被四庫館臣所否定。至於其論斷是否有所發明，則不在館臣們之關注範圍內了。

當然也有例外的情況，如《歷代名賢確論》為唯一一部列入正目的用於科舉參考的坊刻圖書。其之所以能列入著錄即在於體例較佳，其提要云：

> 蓋宋時經義、詩賦兩科，皆試策論，故書坊多刻此種以備揣摩之用。然去取較有翦裁，視陳繼儒《古論大觀》之龐雜叢脞者，固不可同年語矣。〔註84〕

此書在明代的錢孟濬刻本有吳寬與楊廷和二位名人之序，楊廷和甚至稱頌之曰：「此粹集是編者之意也，學者得而讀之，猶醫家之有本草，凡草木金石之性，寒溫補瀉之宜，開卷可悉，因病而用之，毋迷其方，顧存乎其人耳。」〔註85〕則此書在後世早已超出最初的舉業參考功用，而成為一時之名著，加之其「去取較有翦裁」，故可不入存目而被著錄。

二、蒙學類史評著作入存目

與舉業有關的史評是為了輔導學子考取功名，蒙學教材則旨在教育幼童歷史常識。蒙學教材要求通俗易懂，並不需要有很高的學術與思想水平，自然也難入四庫館臣的法眼。如《史學提要》提要云：

> 其書以四言韻語編貫諸史，始自上古，迄於宋末，以便初學記誦。然舊本題繼善宋人，而述宋亡且稱德祐幼主降於大元，何耶？……觀「大元」之稱，當為元人所增也。〔註86〕

又清代朱昌琳補綴此書並為其作序云：

> 咸豐初年，迺於友人羅君紀雲案頭得見乃祖次齋先生所藏《史

〔註83〕《四庫全書總目》卷九十史部史評類存目二。
〔註84〕《四庫全書總目》卷八十八史部史評類。
〔註85〕楊廷和：《歷代名賢確論跋》，《國立中央圖書館善本序跋集錄》史部第4冊，「國立中央」圖書館，1993年，第383頁。
〔註86〕《四庫全書總目》卷八十九史部史評類存目一。

學提要》一書，歷朝事蹟，燦若列眉，括以韻語，尤便於童蒙課讀，
執玩反覆，不能釋手。〔註87〕

《史學提要》是《總目》史評類中少數幾部置於存目的宋元作品，《史學提要》
之所以會被列入存目，原因在於《史學提要》是蒙學讀物，即使後世對其評
價尚佳。另如《顧氏詩史》提要云：「是書為唐汝詢作，正誼乃買其稿而刻之
耳。然是書以列朝紀傳編為韻語，各為之注，以便記誦，不過《蒙求》之類，
不知正誼何取而竊據之也。」〔註88〕即指《顧氏詩史》一書本作蒙學著作，
並無價值，顧正誼從唐汝洵處買得此書的署名權很不值當。其餘如趙南星《史
韻》、葛震《詩史》、仲宏道《增訂史韻》等蒙學作品也均列入存目之中。

甚至《總目》會誤認為有的作品是敘史詩型蒙學作品而將其列入存目，
如《讀史彆疑》條提要云：

> 其書評論史事，自上古至元，凡四百餘條，多作韻語。大約欲
> 仿史家贊體，而體例冗雜，議論迂拘，不出鄉塾儒生之見。〔註89〕

檢視此書，其中內容並不作韻語〔註90〕。之所以如此而論，大體是撰寫此條
提要之館臣未能通覽全書〔註91〕，而主要借序言以撰寫之故。《總目》稱此書
「體例冗雜，議論迂拘，不出鄉塾儒生之見」，大體否定此書的價值，但閱此
書內容，並不像館臣所言如此不堪。如其「穆王」條稱：

> 「王母瑤池」之說，《列子》之寓言也。執是論史，癡人說夢
> 矣。即其寓言論之，西方成物之地也，故曰「王母」，非實女流也。
> 《山海經圖說》「王母虎首、狼首、鳥足。」世有如是婦人哉？由
> 是推之，知女媧氏亦一代國王之號也，以為女主，亦相習而不知
> 其非也。〔註92〕

其解說雖未必完全合理，但剝去神話面紗而以「一代國王」視女媧和「王母」，
以今人觀點看也未必「迂拘」。又如其釋《史記·周本紀》所載周幽王時之傳說：

〔註87〕朱昌琳：《史學提要序》，《晚清四部叢刊》第四編第 39 冊，臺灣文聽閣圖書
　　　　公司，2010 年，第 1 頁。

〔註88〕《四庫全書總目》卷九十史部史評類存目二。

〔註89〕《四庫全書總目》卷九十史部史評類存目二。

〔註90〕關於提要對《讀史彆疑》的提要錯誤之考辨，可參考張永紅：《四庫全書總
　　　　目》清代普及性史書提要訂誤六則》，《天中學刊》，2017 年第 3 期。

〔註91〕王勇：《四庫提要叢訂》，齊魯書社，2018 年，第 191 頁。

〔註92〕〔清〕張彥士：《讀史彆疑》卷一，《四庫全書存目叢書》史部第 290 冊，第
　　　　727～728 頁。

赫赫宗周，褒姒滅之。以祖功宗德數百年之天下，竟滅於一婦
人之手，此事之大怪異者。故追溯禍本離奇言之，非實有是事也。
整而辨之，其義亦有可言者。神化為龍，言褒姒忽然而來，如龍之
變化至止也。藏漦於櫝，言受澤之深也。流庭不可除，言固結而不
可解也。化為玄黿，言由妃而成后也。童妾遭之而孕，言生伯服也。
要皆隱語耳，復何足異？〔註93〕

此段釋辭實際上以理性之語解《史記》中所載之荒誕故事，雖然解說未必如
考證所得更有說服力，但也算是有自己的獨到見解，未必「迂拘」。《總目》將
其列入存目，實際上有其他方面的考量。如卓宣明在給《讀史矕疑》所作序
中如此介紹此書：

不以一事而信其生平，不以一端而略其全體。賢奸互辨，而
賢與賢復有辨，奸與奸復有辨，忠佞必分而忠與忠復有分，佞與
佞復有分。一言以破千古之疑，反覆惟求一心之是，而古來之隱
忠臣、隱孝子得披雲霧而見青天矣，偽忠臣偽孝子有秦鏡之高懸
矣。〔註94〕

從中可看出，此書實際上重在懷疑歷史舊識，給出新解，為一些歷史人物與
事件平反。這樣做難免會攻擊到官方正統史觀，內容實際上並不「迂拘」，而
是官方眼中之「悖妄」。《總目》刻意解讀為利於蒙學的迂拘之作，客觀上利
於將此書真實思想隱藏起來。

總體而言，由書賈所刊刻的科舉參考用書中有很多史評類著作，但《總
目》對所有科舉參考用書皆持貶抑態度，因此史評類也要依據《總目》的總
原則而行事。

除上述幾條之外，內容或體例不夠完整，也可能被列入存目。如清代陳
詵《資治通鑑述》、清代宋士宗《史學正藏》等均列入存目中。《資治通鑑述》
提要云：「未編卷帙，其次第亦參差不一。蓋刊刻未竟之本，全書當不止此也。」
〔註95〕《史學正藏》提要云：「自序云：『不獲竣事，姑取其就緒者亟為錄出。』」

〔註93〕〔清〕張彥士：《讀史矕疑》卷一，《四庫全書存目叢書》史部第290冊，第
728頁。
〔註94〕〔清〕卓宣明：《讀史矕疑序》，《四庫全書存目叢書》史部第290冊，第714
頁。
〔註95〕《四庫全書總目》卷九十史部史評類存目二。

蓋未竟之本也。」〔註96〕雖皆為清代之書，但將其置於存目之公開理由之一
則是其書未竟。

有些著作本合於《總目》之旨，但仍列於存目，則是由於該書已於其他
著作中著錄的緣故。如明代王世貞所著《史乘考誤》本為史實考證之作，正
合《總目》重考證輕議論的主旨，之所以列入存目，是因此書「已載入《弇山
堂別集》中，此其單行之本也」〔註97〕。並未摘錄其考證不足之處。〔註98〕

小結

首先，《總目》史評類在編撰過程中即有強烈的政治褒貶義例在，正目與
存目當如何分配，自是劃分部類後即當考慮之事。《總目》正目與存目的歸類
在很多類目中是以學術價值為主要考慮因素，但在史評類中，歸於正目還是
存目，當以政治因素為主，畢竟史論本身難以輕易斷出質量高下，但可以輕
易判斷史論觀點是否與官學立場不合。

其次，在具體質量判斷中，《總目》史評類又有一些與其他部類不同的特
色，如會考慮其考證精良與否，是否是用於輔導舉業，是否是蒙學作品，體
例是否完整與獨立等。不過在以評論為主的史評類的著錄與存目標準中，這
些質量因素常常與政治因素夾雜在一起，很多時候無法截然區分其中的政治
與學術標準。

〔註96〕《四庫全書總目》卷九十史部史評類存目二。
〔註97〕《四庫全書總目》卷九十史部史評類存目二。
〔註98〕《弇山堂別集》提要云：「世貞承世家文獻，熟悉朝章，復能博覽群書，多識
於前言往行，故其所述頗為詳洽。雖微事既多，不無小誤，又所為各表，多
不依旁行斜上之體，所失正與雷禮相同。其盛事奇事諸述頗涉談諧，亦非史
體。然其大端可信，此固不足以為病矣。」（《四庫全書總目》卷五十一史部
雜史類。）則《總目》對王世貞評價亦較高。因而《總目》於《史乘考誤》
之提要亦頗簡略。

第五章 《四庫全書總目》史評類中的史學批評

目錄學中史評類由來已久，之前眾多書目雖然有設史評類或廣收史評著作，但除《郡齋讀書志》《直齋書錄解題》外，為史評類各著作撰寫提要者卻很少。因此史評類整體的發展脈絡，各書之優劣，尤其是明代各史評著作的具體狀態，在《總目》之前尚屬空白。《總目》史評類通過提要對各史評著作加以評論，屬於對史評著作的史學批評。雖然《總目》史評類的提要尚不足以構成完整的史評著作史，但其中仍可歸納出《四庫》館臣對史評的若干史學理念來。尤其是史評屬於評論與考證史學，與敘事史學有別，這些史評學術批評的意義就更值得留意。《總目》史評類的評論既受當時學風所影響，也對學風形成導向作用。

第一節 「崇漢抑宋」、「爝火可息」與史學本體意識

漢宋分歧是儒學內部的分歧，本來於經部、子部之學中最為明顯，尤其是在經部的注疏學上。《總目》儒家類、雜家類所收錄著作中也常能看到漢宋之別。由於經、史、子各部之學並非完全隔絕，漢學與宋學的不同學術路徑，也難免會影響到史部，只是表現形態會與經部、子部著作有所不同。史部作品以敘事為主，導致漢宋之爭在史部中的表現既不似經部著作中直接，也不似在子部儒家類、雜家類等作品中的議論中那樣可輕易尋得，因而漢宋之爭如何在史部作品中得到表現就要做另一層考究。又因《總目》史評類中的作

品多數以議論為主，故漢宋之爭在史評類中的表現又較史部其他類中要更明顯一些。

一、從漢宋之分到史論與考證之分

在經學中，宋學相對更重義理闡發，漢學則更重名物訓詁。就《總目》收錄情況看，自宋代起才有大量史評收入其中，而隨著理學思想發展，史評（尤其是史論）開始深受理學思想影響，形成理學化史評。自宋至清乾隆時期，史考著作僅有緩慢的發展，每一代的作品數量與相比史論要少。

《總目》對史考著作評價更加積極，如前面指出，《總目》半數史考著作列入著錄中；且在史考與史論的評價中，多肯定史考的價值而非難史論的價值。《總目》史評類在序文中開宗明義指明了對史考類作品的認可：

> 其中考辨史體，如劉知幾、倪思諸書，非博覽精思不能成帙，故作者差稀。〔註1〕

而對於史論之作則從總體上加以貶抑：

> 至於品騭舊聞，抨彈往跡，則繚繞史略，即可成文，此是彼非，互滋簧鼓，故其書動至汗牛。又文士立言，務求相勝，或至鑿空生義，僻謬不情，如胡寅《讀史管見》譏晉元帝不復牛姓者，更往往而有。故瑕類叢生，亦惟此一類為甚。〔註2〕

其中還特意拈出《讀史管見》為靶子，而整個《總目》史評類中亦常常稱某作品效法《讀史管見》而貶斥該作品。此番對史論的批評一方面確有些道理，如一些史評著作考證不精，擅發空論。但捍衛皇權需要鉗制思想，這些「高論」若只是亂發議論倒也罷，但如果見解新奇，又頗有道理，加之寫作者如果還頗有社會影響，那便是對統治者的威脅，需要壓制。

首先，《總目》認為考證水平之高下直接關係史評作品的史學水平，並提出了一些考證原則。如《舊聞證誤》提要曰：

> 凡所見私史小說，上自朝廷制度沿革，下及歲月之參差，名姓之錯互，皆一一詳徵博引，以折衷其是非。大致如司馬光之《通鑑考異》，而先列舊文，次為駁正，條分縷析，其體例則如《孔叢》之詰《墨》。其間決疑定牾，於史學深為有裨，非淹通一代掌故者不能

〔註1〕《四庫全書總目》卷八十八史部史評類。
〔註2〕《四庫全書總目》卷八十八史部史評類。

為也。〔註3〕

李心傳另著《建炎以來繫年要錄》，屬於宋代著名的當代史著作。《總目》對《建炎以來繫年要錄》的評價即很高：「其書以國史、日曆為主，而參之以稗官野史、家乘誌狀、案牘奏議、百司題名，無不臚採異同，以待後來論定。故文雖繁而不病其冗，論雖岐而不病其雜，在宋人諸野史中最足以資考證。……大抵李燾學司馬光而或不及光，心傳學李燾而無不及燾。其宏博而有典要，非熊克、陳均諸人所能追步也。」〔註4〕《總目》稱讚《建炎以來繫年要錄》精於考證，同時稱讚李心傳史才之高，與「淹通一代掌故者」相照應。

另如《史糾》提要云：

> 明鎬名不甚著，而於諸史皆鈎稽參貫，得其條理，實一一從勘驗本書而來，較他家為有根據。其書《三國志》以及八史，多論書法之誤，而兼核事實。《唐書》《宋史》則大抵考證同異，指謫複漏。……又如《隋書》蘭陵公主忍恥再醮，乃以身殉後夫而取冠列女，《宋史》包恢以肉刑行公田法媚賈似道，乃以源出朱子而別名道學，顯然乖謬者，亦未能抉剔無遺。至徐夢莘《三朝北盟會編》本雜採諸書，案而不斷，以備史家之採擇，故義取全收，無所去取，夢莘實未旁置一詞，而明鎬誤以記述之文為夢莘論斷之語，大加排詆，尤考之未詳。要其參互考證，多中肯綮。精核可取者十之六七，亦可謂留心史學者矣。〔註5〕

其中雖然還臚列了《史糾》中的一些考證失誤之處，但認為《史糾》大體上考證精覈。尤其是末句以其考證精覈而稱其「留心史學」，可見在《總目》看來，是否稱得上「史學」主要看其考證是否精良，若某書考證不精，或無所考證，則事實上不可謂之「史學」。《總目》特意挑出《史糾》考證失誤之處，是在立史學考證的學術規範與主張，如考證當窮其本源，力求全面，不可輕意放過失誤之處；考證時不當過於苛責，當注意區分史料與編撰者個人的見解，不可隨意將二者混淆。

其次，《總目》史評類主張在考證時，當國史、野史並舉，不可偏廢，如

〔註3〕《四庫全書總目》卷八十八史部史評類。
〔註4〕《四庫全書總目》卷四十七史部編年類。
〔註5〕《四庫全書總目》卷八十八史部史評類。

《史乘考誤》提要曰：「是書一曰《二史考》，凡八卷；二曰《家乘考》，凡二卷；『二史』者，國史、野史也，皆臚舉訛傳，一一考證。」〔註6〕《史乘考誤》收入王世貞所作《弇山堂別集》中，《弇山堂別集》提要云：

> 然其間如《史乘考誤》及《諸侯王百官表》、親征、命將、諡法、
> 兵制、市馬、中官諸考，皆能辨析精覈，有裨考証。蓋明自永樂間
> 改修《太祖實錄》，誣妄尤甚。其後累朝所修實錄，類皆缺漏蕪疏。
> 而民間野史競出，又多憑私心好惡，誕妄失倫，史愈繁而是非同異
> 之跡愈顛倒而失其實。世貞承世家文獻，熟悉朝章，復能博覽群書，
> 多識於前言往行，故其所述頗為詳洽。〔註7〕

由此可知，由於《明實錄》有很多篡改史實之處，或者因《明實錄》長期秘而不宣導致了野史盛行之狀況，而「國史」（即《明實錄》）與野史又各有正誤，所以要創作《史乘考誤》以辨明史實。王世貞《史乘考誤》及其他考證之作即要於此國史與野史各自失實的亂象中考證出真相。由此亦見《總目》於史實考證並不專尊國史、正史，亦注重野史之作用。當然，如果考證不當，引用事實依據不足的多手材料，尤其是引用坊刻圖書，則受《總目》貶抑。如《讀史辨惑》提要曰：「雖以讀史為名，而考其所引，實皆坊刻《鳳洲綱鑑》也。」〔註8〕即指其徵引史料上的不足之處。

第三，《總目》還主張史實考證當儘量考前人所未考，而不要考前人已考，或糾結於前人所論定之事。如《宋紀受終考》提要曰：

> 其《篁墩集》中有《宋太祖太宗授受辨》一篇，專辨僧文瑩《湘
> 山野錄》誣太宗燭影斧聲之事。……然觀文瑩所言，實無所確指，
> 徒以李燾《長編》誤解文瑩之言，遂成疑案耳。宋濂、黃溍始首辨
> 其誣。敏政是書又博採諸書同異，一一辨證，然仍宋、黃二家之緒
> 論也。〔註9〕

宋太宗「燭影斧聲」之事真相如何，歷來爭訟不休，《總目》顯然認為「燭影斧聲」為謠傳。雖然《總目》對程敏政評價較高，如《篁墩集》提要云：「然明之中葉，士大夫侈談性命，其病日流於空疏，敏政獨以雄才博學挺出一時。

〔註6〕《四庫全書總目》卷九十史部史評類存目二。
〔註7〕《四庫全書總目》卷五十一史部雜史類。
〔註8〕《四庫全書總目》卷九十史部史評類存目二。
〔註9〕《四庫全書總目》卷八十九史部史評類存目一。

集中徵引故實，恃其淹博，不加詳檢，舛誤者固多，其考證精當者亦時有可取。要為一時之碩學，未可盡以蕪雜廢也。」〔註10〕另外《宋紀受終考》所持立場與《總目》相合，但因宋濂、黃溍二人已考證過此事，其他如明代尹直所撰《謇齋瑣綴錄》中亦有考證，但不繁瑣〔註11〕，所以程敏政此處考證在《總目》看來就是既沿襲前人緒餘，又顯得繁瑣了。

除專門的史實考證之作外，《總目》史評類還把考證工夫作為評判某部史論著作的準繩。如《拙存堂史括》提要曰：

> 閒有考證，亦未甚精核，蓋文士閒居，姑以資談柄，消永日耳，
> 不足以言史學也。〔註12〕

此處亦如《史糾》提要中一樣，以考證精覈與否為某書是否足言史學的標準。又《孟叔子史發》提要曰：「所引皆為舛誤，知其聰明用事，而考證多疏矣。」〔註13〕則史論中顯示「聰明」並不足稱讚，若考證疏失過多，則價值大減，其實亦以史考優於史論。

另如《歷朝通略》提要曰：「是書雖撮敘大綱，不免簡略，而持論醇正，以資考證則不足，以論是非則讀史者固有取焉。」〔註14〕在此亦明確認為在史評中考證精良與否比史論醇正與否要更為重要，即《總目》認為人們只要讀史即可斷是非、作史論，而史考則需要有相當的史學修養方能寫好。

可以說《總目》史評類認為是否精於考證是史評著作是否可稱得上「史學」名號的重要標準，且在史學之考證與義理二者之間，考證的地位要更重要一些。從政治的角度上講，史學考證主要追尋史實，只要不觸及明代女真史、明與後金的戰爭史等內容，大體上不易觸犯清朝的意識形態。因此《總目》史評類對史評著作中考證是否精良的評論主要就學術而論學術，無需蔓延至政治方面。且史實考證既然大體上不易觸犯清朝意識形態，那麼也就容易成為《總目》對史評類總的一個引導方向。

〔註10〕《四庫全書總目》卷一百七十一集部別集類二十四。
〔註11〕《謇齋瑣綴錄》提要曰：「其論《續通鑑綱目》一條謂宋太宗燭影斧聲之事，由陳桱誤增李燾之文，李燾又誤改文瑩之，語則考證頗詳云。」（《四庫全書總目》卷一百四十三子部小說家類存目一。）
〔註12〕《四庫全書總目》卷九十史部史評類存目二。
〔註13〕《四庫全書總目》卷九十史部史評類存目二。
〔註14〕《四庫全書總目》卷八十八史部史評類。

二、對義理化史評內部不同義理的褒與抑

人們在閱讀或創作史學作品時，均難免有是非褒貶的看法在，這些看法形成文字便是史論；中國古代士人又很重視史學的資鑑功能，就更促使士人去論述史事。因宋代以來理學成為顯學，並影響著史學的發展，導致史論多受到不同理學流派的影響。《總目》雖然總體上崇漢抑宋，但判斷史評著作的價值時，只談其考證是否精良還難以全面評判以史論為主體的史評類，因而《總目》史評類仍必須評析史論作品的義理。雖然《總目》在史評中重史考而輕史論，但為當朝文化與學術政策所計，對乾隆時的朝廷而言，均有必要對相關史學現象作出官方論斷，以揚「善」懲「惡」。《總目》史評類雖對宋、元史論亦多有批判，但仍作部分肯定，尤其是對《資治通鑑綱目》之前的史論肯定為多；對明代史論則幾乎是全盤否定，無論其立場是程朱一派，陸王一派還是事功一派；對清代私家史論同樣全盤否定，畢竟已經有皇帝的史論在了。

對於宋、元史論，《總目》主要褒獎朱熹以前的義理化史論，其實暗地裏借褒獎朱熹之前的史論來貶抑朱熹之學，以前人之「長」攻後人（朱熹）之「短」。如《唐鑑》提要數處攻擊朱熹之論不足觀：

> 惟《朱子語錄》謂其議論弱，又有不相應處。然《通鑑》以武后紀年，祖禹獨用沈既濟之說，取武后臨朝二十一年繫之中宗，自謂比《春秋》「公在乾侯」之義。且曰：「雖得罪君子，亦所不辭。」後朱子作《通鑑綱目》，書「帝在房州」，實仍其例。王懋竑《白田雜著》亦曰：「范淳父《唐鑑》言有治人無治法，朱子嘗鄙其論，以為苟簡。而晚年作《社倉記》，則亟稱之，以為不易之論，而自述前言之誤。」蓋其經歷既多，故前後所言有不同者，讀者宜詳考焉，未可執一說以為定也。然則《朱子語錄》之所載，未可據以斷此書矣。〔註15〕

《總目》雖然崇漢抑宋，但至乾隆時官學仍是程朱理學，科舉仍以程朱之論為準繩，歷史評論亦頗以朱熹之論為準則。因此《唐鑑》提要為范祖禹辯解是為了批判朱熹，指出朱熹對《唐鑑》評論的不足之處，且指出朱熹自己尚沿用范祖禹將武后紀年列於中宗紀年之內的做法，指出朱熹尚不及范祖禹高明。

〔註15〕《四庫全書總目》卷八十八史部史評類。

又如《通鑑問疑》提要云：

> 《通鑑》帝魏，朱子修《綱目》改帝蜀，講學家以為闡明大義，
> 上繼《春秋》。今觀是書，則恕嘗以蜀比東晉，擬紹正統，與光力爭
> 而不從。是不但習鑿齒、劉知幾先有此說，即修《通鑑》時亦未嘗
> 無人議及矣。〔註16〕

東晉習鑿齒即主張以蜀漢為正統〔註17〕，不過無論習鑿齒還是劉知幾，均未
涉理學。而《通鑑問疑》的作者劉羲仲曾與其父劉恕一起參與《資治通鑑》編
修，正是理學化史學開始發展之時。此處特意指出《通鑑問疑》提出以蜀漢
為正統的觀點要遠早於朱熹，其實是指朱熹所論也未必就一定「獨創」和出
奇，並進而攻駁「講學家」過於抬高朱熹以蜀漢為正統的做法。

《總目》史評類大力攻擊胡寅《讀史管見》，亦有暗地裏攻擊朱熹之目的
在。胡寅《讀史管見》以明確的理學觀點來評論史事。如胡大壯所作序稱：

> 後聖明理以為經，紀事以為史。史為案，經為斷。史論者，用
> 經義以斷往事者也。……司馬文正所述《資治通鑑》，事雖備而立義
> 少，伯父用《春秋》經旨，尚論詳評，是是非非，治亂善惡，如白
> 黑之可辨，後人能法治而戒亂，趨善而去惡，人君則可以保天下、
> 安兆民，而為明君；人臣則能致其身、盡臣節，而為良臣；士庶人
> 則可以不陷於不義，而保其家，於天地間豈小補云乎哉！〔註18〕

可見胡寅著《詩史管見》之宗旨在以義理論史，補《資治通鑑》之不足，並能
有補於「世道人心」。而《讀史管見》提要則云：

> 寅作是書，因其父說，彌用嚴苛。大抵其論人也，人人責以孔、
> 顏、思、孟；其論事也，事事繩以虞、夏、商、周。名為存天理，
> 遏人欲，崇王道，賤霸功，而不近人情，不揆事勢，卒至於窒礙而
> 難行。王應麟《通鑑問答》謂：「但就一事詆斥，不究其事之始終。」
> 誠篤論也。又多假借論端，自申己說，凡所論是非，往往枝蔓於本

〔註16〕《四庫全書總目》卷八十八史部史評類。

〔註17〕習鑿齒云：「臣每謂皇晉宜越魏繼漢，不應以魏為三恪……以晉承漢，功實顯
　　　　然。正名當事，情體亦厭，又何為虛尊不正之魏而屈我道於大通哉！」見〔
　　　　唐〕房玄齡等：《晉書》卷八十二，《習鑿齒傳》，中華書局，1974年，第2154
　　　　～2157頁。

〔註18〕〔宋〕錢大壯：《讀史管見舊序》，〔宋〕胡寅：《讀史管見》，嶽麓書社，2011
　　　　年，第3頁。

事之外。〔註19〕

就提要文本而言，似乎主要在於指責《讀史管見》議論嚴苛，不近人情等，但若注意到《讀史管見》與《資治通鑑綱目》的關係，則提要如此評論的目的便易於理解了。宋代劉震孫《讀史管見跋》稱：

> 然嘗妄謂范太史《唐鑑》，伊川先生以為兩漢以來無此議論，紫陽夫子《通鑑綱目》尤足以補司馬公之所未及。是數書者實皆互為發明，而相為羽翼。〔註20〕

劉震孫跋已指出范祖禹《唐鑑》、朱熹《資治通鑑綱目》與胡寅《讀史管見》之間有承繼關係。另如明代張溥為《讀史管見》作序則明確稱《資治通鑑綱目》繼承《讀史管見》：

> 朱子嘗稱：「《管見》議論，《唐鑑》不及。《綱目》既成，中所折衷，多本胡氏。」是故，善讀史者，取《通鑑》《管見》《綱目》三書，合而觀之，然後知源流之一，是非之正也。……自《管見》書出，朱子始敢一筆一削，取《通鑑》勒為《綱目》。今觀其書，諸葛之伐魏，不可言犯；晉王之擊後梁，不可言寇；大義獨斷，皆《管見》發原。〔註21〕

張溥序中說《資治通鑑綱目》完全依《讀史管見》之論而作，難免誇大其詞，但史論中觀點之流變多有跡可尋。《資治通鑑綱目》在很大程度上受了《讀史管見》影響，出自朱熹自稱，當非虛語〔註22〕。綜合來看，《總目》在此明為貶抑胡寅，暗地裏實際上是在貶抑整個程朱理學，尤其是朱熹之學，此乃攻其源流。

若某部史論著作少用或不用義理來討論歷史，但又不標新立異，那麼《總目》的態度也會溫和很多。如《餘言》提要云：

> 是編乃其語錄之一種，皆衡論古人得失，與發揮理氣性命者有

〔註19〕《四庫全書總目》卷八十九史部史評類存目一。

〔註20〕〔宋〕劉震孫：《讀史管見跋》，〔宋〕胡寅：《讀史管見》，嶽麓書社，2011 年，第 4 頁。

〔註21〕〔明〕張溥：《讀史管見序》，〔宋〕胡寅：《讀史管見》，嶽麓書社，2011 年，第 1 頁。

〔註22〕關於朱熹在史學觀點上受胡寅影響之考辨，可參考尹業初：《胡寅歷史政治哲學研究（以〈致堂讀史管見〉為中心）》，南開大學博士論文，2012 年。其第六章「對史論的比較與反思」中第一節中「胡寅與朱熹史論之比較」中有詳細考辨。

異，故以「餘言」為名。所評上起唐堯，下迄宋末，大抵儒者之常
談，然尚無講學家不情之苛議。〔註23〕

《總目》雖然認為《餘言》也有沿襲之弊，但贊同其非義理化的史論，並將宋
學「講學家」與「苛議」聯繫起來談，其實與批判胡寅的義理化史論過於「嚴
苛」是一個道理。

　　然而《總目》史評類雖攻駁程朱理學，但並非全部否定其觀點，亦並非
完全反對在史評中講義理。其實《總目》史評類中自有其義理在，大體在於
貶抑程朱而不全然放棄程朱。《總目》史評類對心學及中晚明起的其他各種「異
端」思潮則不加撿擇全然貶抑，故有「明代史論至多，大抵徒侈遊談，務翻舊
案，不能覈其始終」〔註24〕之語。如《十七史纂古今通要》提要云：

　　　　至議其當從《資治通鑑》帝魏，不當從朱子《綱目》帝蜀，則
　　又以久經論定之事，務持異議以駭聽，不足為一桂病也。〔註25〕

以蜀漢為正統即是《總目》所支持的史觀。稱此為「久經認定之事」，則表明
了《總目》的史論義理規範，《總目》對很多事情均有論定，與這規範相背的
觀點均屬悖妄。

　　《總目》史評類批判特重的明代史論，主要為受李贄、鍾惺、陳繼儒等
人觀點所影響的作品。鍾惺所作史論主要為《史懷》，鍾惺自述其成書過程曰：
「弟向欲作《二十一史詳略》附於各史簡末，麗括事文，竊取其義，計成功
無時，姑撮其論事者，自《左》《國》起訖於《宋》《元》，勒成一書，名曰《史
懷》。」〔註26〕明代李國木為此書作序稱：

　　　　余觀從來讀史諸家，如《史腴》《漢雋》、鄭漁仲、王伯厚輩所
　　鑑閱，多依傍前人，剿拾訓詁，聞鍾盲氏，效鐸舌人，於古人不言
　　之隱，未嘗有所發明。而是編以冷眼別趣，行其胸臆，偶拈一字、
　　刺一義，往往於閒冷行墨中破除習見，擢出微渺。〔註27〕

可見李國木此序重在稱讚鍾惺《史懷》能夠表達新見解，有新發明。又陶梴

〔註23〕《四庫全書總目》卷九十史部史評類存目二。

〔註24〕出自《史糾》提要，《四庫全書總目》卷八十八史部史評類。

〔註25〕《四庫全書總目》卷八十八史部史評類。

〔註26〕鍾惺：《與熊極峰》，《隱秀軒集》卷第二八，上海古籍出版社，2017 年，第
　　561 頁。

〔註27〕〔明〕李國木：《史懷序》，《國立中央圖書館善本序跋集錄》史部第 4 冊，第
　　427 頁。

梃桯作序稱：

> 上下數百年，掃理障、決群疑、洗沉冤、誅既死，是是非非，
> 唯唯否否，一裁之道義經權，而各成其是。〔註28〕

但《總目》史評類在史觀上顯然更保守些，對這些「破除習見」之作並無好感，畢竟這些「習見」已融入義理化史學之中，而這些包含習見的義理實際上多已成為官方立場。故而《史懷》提要云：

> 其說雖間有創獲，而偏駁者多。蓋評史者精核義理之事，非掉
> 弄聰明之事也。〔註29〕

此處尤其表明了《總目》史評類之義理標準，「精覈義理」，即要於道德上作工夫，要循規蹈矩，而不應「掉弄聰明」，即不需要發表高見。也足見《總目》史評類對義理並不全然否定，但在歷史議論方面重道德討論而輕史識。對於皇權而言，義理需統一，道德評價標準需統一，但史識不需太高，不然懷疑與批判精神帶來的歷史評論多元化難免衝擊大一統的皇權意識形態。

賀詳的《留餘堂史取》亦多作新議論，以反駁前人觀點。而《史取》提要云：

> 觀其駁《孟子》益避禹子之言為無稽，稱《呂氏春秋》一書與
> 《孟子》相表裏，斥嚴光為光武之罪人，贊丁謂為榮辱兩忘之異人，
> 皆所謂小言破道者。書中數稱李贄，豈非氣類相近歟？〔註30〕

但提要中的評論亦未必可靠，如《史取》論丁謂，其首句曰：「丁晉公雖險詐，亦有長者之言。」〔註31〕大體上並不否定丁謂（晉公）為人險詐。縱論其為「榮辱兩忘之異人」，亦有實事相舉：「臨終前半月已不食，但焚香危坐，默誦佛言，以沉香煎湯，時時呷少許。啟手足之際，付囑後事，神識不亂，正衣冠，奄然化去。」〔註32〕一個歷史人物顯得複雜些，好壞兼具，本不足為奇，姦臣在其生活或施政中亦非完全無可取之處。《總目》卻立強硬的道德標杆，不容忍任何為姦臣說好話的行為，立僵化和臉譜化的人物形象，重在闡明「法戒」，使臣子不得踰距。

〔註28〕〔明〕陶梴桯：《史懷序》，《國立中央圖書館善本序跋集錄》史部第4冊，第426頁。

〔註29〕《四庫全書總目》卷九十史部史評類存目二。

〔註30〕《四庫全書總目》卷九十史部史評類存目二。

〔註31〕賀詳：《史取》卷四，《四庫全書存目叢書》史部第285冊，第123頁。

〔註32〕賀詳：《史取》卷四，《四庫全書存目叢書》史部第285冊，第124頁。

　　《尚論編》卬鬚子的真實姓名是什麼，已無法考定；作序者夢搏道人、六宜亭長、海上狎鷗等亦均為代名，大概作者本人本不欲他人知曉自己的真實姓名。其書宗旨可見海上狎鷗序：

> 太空有情，忽生世界。世界有情，忽生君臣父子夫婦兄弟朋友。情順而治，情逆而亂。又生道德仁義富貴侘傺種種之不同。使眾皆不情，則人類可廢，世界消隕，誰負此樊然者哉？……晦翁謂天理之所有，而人情之不能舉矣。除卻人情蓋無天理。宋儒又謂隨處體認天理，然天理於何處可認？不過隨人、隨事、隨時勢體認其情之至焉爾。一人之情，亦足以紗千萬世之情，必用此萬世公共之理以衡之，其紗之而得，是千萬世公共之理，原載於一人之情也。一人之情，無可為千萬世公共之理。〔註33〕

又夢搏道人序云：

> 即覿面同時，亦有不可究詰之人情，漫無一定之事案，而況其遠且久耶？……孔子成《春秋》而亂臣賊子懼，誅心也。是編成而忠臣義士喜，原心也。誅與原，其義一，其用意同，其有功於世道人心洵非渺小。讀者亦虛心設身，置古人于同堂，窺立言之本志，好惡相近，是非可公，則此編與《春秋》並傳不朽可也。不然論者論矣，評者評矣，論之外又有論，評之外又有評，逞無忌憚之私，作不近人情之語，是《春秋》之罪人。子輿氏所謂生心害政，與禽獸不遠者也。〔註34〕

此段序文正為批判朱子「存天理」之論而作。情重於理，理緣於情，道德仁義生於情而非情生於道德仁義，正是王門左派的觀點，其以萬世之理歸之於一人之情，正足以破舊有史觀，而更注重史觀之個人化，並為個人對歷史的新見解，及異於官方論點的個人化見解尋求一種理論依據。此外，重人情意味著對人的欲望的肯定，即將人慾視作理的根據，而非要以理來節制人慾，這與朝廷所主張的義大於利的主張，即整個綱常倫理正好相違背。因此此種攻駁朱子之學的旨趣與《總目》攻駁朱子之學旨趣大相徑庭。王學左派式的史

〔註33〕〔明〕海上狎鷗：《尚論編序》，《四庫全書存目叢書》史部第289冊，第667～668頁。

〔註34〕〔明〕夢搏道人：《尚論編序》，《四庫全書存目叢書》史部第289冊，第663～664頁。

論，重在反對立為官學的程朱理學，主張多以個人見解為本。《總目》批判朱子之學，只是不希望在義理化史學下不斷有層出不窮的新見解，外加有學術上崇漢抑宋的因素在。但《總目》史評類並不完全反對朱熹的史觀，反而是將朱熹的一些利於清朝統治看法（如嚴明正統，以蜀漢為正統；對一些歷史人物的評論）神聖化，得出官方的絕對式定論又將這些觀點的源頭找出，並盡量不冠於朱熹身上。因此《總目》提要云：

> 明人議論，採摘尤多。大抵拉雜無緒，每篇皆有跋語，亦佻纖無可取。〔註35〕

卬鬚子《尚論編》主要是選取前人或時人史論一條，末尾再附以卬鬚子自己的評論。提要中未言及《尚論編》的主旨，而僅稱其摘錄的史論「拉雜無緒」，或稱其末尾跋語「佻纖」，純是主觀的評判而已。若視《尚論編》具體內容，則未必沿襲。如「平王」條舉蘇軾之論：「周之失計，未有如東遷之謬也。」〔註36〕而卬鬚子駁之曰：「東遷誠非計，論之詳矣。但不知當日時勢，可以不遷否？似犬戎氛正熾，不得不東。正如五胡亂華時，勢不得不渡江耳。藉群諸侯力，攘夷復都，談何容易？」〔註37〕若以歷史事實講，卬鬚子此論恐怕要比蘇軾所論更合歷史事實，但《總目》史評類在史論上只看唯一答案，而不看史識高下如何。

又如程至善《史砭》亦意在反駁前人之論，唐汝詢為其作序云：

> 余受而令兒曹讀之，頗與舊斷相牴牾，刻者濟以寬，冗者納于約，泥者通而廣其義，君謂朽蠹之餘，吾則以為傳世之文也。夫論事必期於核，立言者不在于繁，君此書醒世之目者也，因以「史砭」名之，而述其顛末如此。〔註38〕

則程至善以《史砭》出新意而自得，這自然容易觸及《總目》的忌諱，所以其提要云：「大抵迂闊之談。其偶出新意，則往往乖刺。」〔註39〕與序中所稱「頗與舊斷相牴牾」相矛盾，此中誰對誰錯先不表，不過頗見《總目》對

〔註35〕《四庫全書總目》卷九十史部史評類存目二。
〔註36〕〔明〕卬鬚子：《尚論編》卷一，《四庫全書存目叢書》史部第289冊，第683頁。
〔註37〕〔明〕卬鬚子：《尚論編》卷一，《四庫全書存目叢書》史部第289冊，第684頁。
〔註38〕〔明〕唐汝詢：《史砭小引》，《四庫全書存目叢書補編》第94冊，第576頁。
〔註39〕《四庫全書總目》卷九十史部史評類存目二。

此書貶抑之重。

　　除上述作品之外，其他很多史評著作的提要因不合官方正統而被《總目》批判，如《玄羽外編》提要曰：「大都穿鑿附會，無所發明。其論正統，欲以漢配夏，以唐配商，以明配周，而盡黜晉與宋、元，尤為紕繆。」〔註40〕如《史疑》提要云：「如以項羽為智士仁人，以漢高帝為木偶之類，殊嫌乖謬。措語尤多輕佻。」〔註41〕如《石溪史話》提要云：「美武后之保護賢臣，而咎岳飛之不知進退。其是非臧否，亦不能無所謬也。」〔註42〕此評論用「謬」、「纖譎」「乖」等詞，以示這些著作的論斷與正統義理相違背。《總目》史評類雖然在崇漢抑宋的大背景下重歷史考證而輕史學義理，但並不全然不談義理，只是對與清高宗史觀相違背者，無論遵程朱之學還是反程朱之學，均要加以貶斥。其實清高宗的史觀暗中借用了很多程朱理學的史學觀點，於是在提要中就出現了一方面為個別與程朱理學相應的觀點辯護，另一方面又不斷打壓理學化史評的做法。

三、以對《史通》各評注本的評價看其崇漢抑宋的立場

　　《總目》史評類共收《史通》注本與評論本共五種，分別為明代陸深《史通會要》、李維楨《史通評釋》、王惟儉《史通訓故》、清代黃叔琳《史通訓故補》、浦起龍《史通通釋》。這五種著作中，後出者對前出者多有參考，因此通過這五部注本也可以看出《史通》注疏之學的發展歷程。

　　這五部作品僅有《史通通釋》被列入《四庫全書總目》正目，而其他四部均列入存目中。因《史通會要》《史通評釋》《史通訓故》《史通訓故補》有著逐步借鑑與發展的關係，所以《史通訓故補》之前的三部著多有不足也在所難免。《史通訓故》提要云：

> 　　蓋劉知幾博極史籍，於斯事為專門。又唐以前書今不盡見，後人捃摭殘剩，比附推求，實非一二人之耳目所能遍考。輾轉相承，乃能賅備，固亦勢所必然耳。〔註43〕

此處指出了為《史通》作注困難的原因，及《史通》之評注隨時間推移而日漸豐富之趨勢。

〔註40〕《四庫全書總目》卷九十史部史評類存目二。
〔註41〕《四庫全書總目》卷九十史部史評類存目二。
〔註42〕《四庫全書總目》卷九十史部史評類存目二。
〔註43〕《四庫全書總目》卷八十九史部史評類存目一。

其中陸深的《史通會要》是校訂評論與精選本，其提要曰：

> 深嘗以唐劉知幾《史通》刊本多誤，為校定之，凡補殘刊謬若
> 干言。又以其《因習》上篇闕佚，乃訂正《曲筆》《鑑識》二篇錯簡，
> 類為一篇以還之。復採其中精粹者，別纂為《會要》三卷。而附以
> 後人論史之語，時亦以己見參之。〔註44〕

可見《史通會要》最大的功績是校訂《史通》的訛誤。但《史通會要》並不作
過多的注疏考證，而是以觀點評論為主，算是一部彙集論史之語的小集子。

《史通評釋》論及《史通》全書，並開始為之注疏。此書受到陸深《史通
會要》的影響，郭孔延《史通評釋序》云：「張睿父先生再刻陸太史校定劉子
玄《史通》於豫章竣，寄家君黔中。張先生手校，為增七百三十餘字，去六十
餘字，而《曲筆》《因習》二篇，增補缺略，已成全書。」〔註45〕說明此書創
作時吸取了陸深的成果。《史通評釋》在《史通》每篇後附以評語，並在在個
別地方作有眉批，不過總體上以李維楨注釋和評語為主。郭孔延僅作個別解
釋與補充，其序云：「自孔衍、荀悅以下，俱為著其爵里，間以己意，為之評
論。」〔註46〕實際上半注半論。《史通評釋》提要云：

> 維楨所評，不出明人游談之習，無足置論。孔延所釋，較有引
> 據，而所徵故事，率不著其出典，亦頗有舛漏。故王（維）〔惟〕儉
> 以下注《史通》者數家，皆嫌其未愜，多所糾正焉。〔註47〕

由此可見，《總目》對評論之語多加貶抑，所以會稱李維楨所評「無足置論」。
《總目》對郭孔延釋文有少許肯定，但亦集中批評其不給出典和考證失誤之處。

王惟儉《史通訓故》在注釋上益加精善，陳九職敘其創作云：

> 小司馬損仲以穎異成其該博，懸車以來，謝絕塵冗，日唯以杜
> 門著書為不朽之業。既取《文心雕龍》注之，茲復有《史通》之纂
> 述。校讎翻摩，發凡立例，刪贗訂訛，旁援互證，抉秘補漏，提要
> 括繁，事詳而核，辭贍而雅……〔註48〕

〔註44〕《四庫全書總目》卷八十九史部史評類存目一。
〔註45〕〔明〕郭孔延：《史通評釋序》，《史通評釋》，上海古籍出版社，2006 年 4 月，
第 1 頁。
〔註46〕〔明〕郭孔延：《史通評釋序》，《史通評釋》，第 1 頁。
〔註47〕《四庫全書總目》卷八十九史部史評類存目一。
〔註48〕〔明〕陳九職：《史通跋》，《史通評釋、史通訓故、史通訓故補》，上海古籍
出版社，2006 年 4 月，第 426 頁。

而閱《史通訓故》，知王惟儉所作主要是注釋，不過王注仍不算完備，其提要云：

> 是編因郭孔延所釋重為釐正，又以華亭張之象藏本參校刊
> 定。……孔延注本，漏略實甚。（維）〔惟〕儉所補，引證較詳。然
> 黃叔琳、浦起龍續注是書，尚多所駁正。〔註49〕

可知《史通訓故》正在承前啟後之節點上，上承明代其他的《史通》整理成果，下啟清代《史通》的注疏，重考據傾向越發濃厚。

至清代，黃叔琳為《史通訓故》作補注，以補其闕陋；浦起龍《史通通釋》較《史通訓故補》稍微晚出，不過體例上相差不大。《史通訓故補》與《史通通釋》屬於《史通》注解的兩座高峰。不過《總目》將《史通通釋》列入著錄，而將《史通訓故補》列入存目，在此可看出《總目》史評類在義理與考證兩方面的衡量標準。在義理方面，黃叔琳《史通訓故補》與《總目》的立場更為契合，而《史通通釋》則多有抵牾，因而《史通訓故補》提要云：

> 惟起龍於知幾原書多所迴護，即《疑古》《惑經》之類亦不以為
> 非。此書頗有糾正，差為勝之耳。〔註50〕

而《史通通釋》提要則云：

> 惟《疑古》《惑經》諸篇，更助頹波，殊為好異。又輕於改竄古
> 書，往往失其本旨。〔註51〕

另《史通》提要云：

> 而性本過剛，詞復有激，詆訶太甚，或悍然不顧其安，《疑古》
> 《惑經》諸篇世所共詬，不待言矣。〔註52〕

則《總目》對《史通》最不滿之兩篇即《疑古》與《惑經》，因《疑古》《惑經》二篇指出了《春秋》《尚書》二經中諸多邏輯不洽之處。雖然劉知幾本人並無專門攻擊儒學之意，但在《總目》看來，如此指明經書中的問題屬於大逆不道之舉。黃叔琳則對《疑古》《惑經》二篇多有反駁，如其論《疑古》篇云：「《疑古》一篇，似是有為而發，不應悖謬至是。惜哉，為全書之玷。」〔註53〕

〔註49〕《四庫全書總目》卷八十九史部史評類存目一。
〔註50〕《四庫全書總目》卷八十九史部史評類存目一。
〔註51〕《四庫全書總目》卷八十八史部史評類。
〔註52〕《四庫全書總目》卷八十八史部史評類。
〔註53〕〔清〕黃叔琳：《史通訓故補》卷十三，《史通評釋、史通訓故、史通訓故補》，第574頁。

浦起龍則對《疑古》《惑經》二篇多有維護，稱：「故其為言也雖貌似拂經，而實操經物之繩墨。（觀《疑古》《惑經》等篇寄憤篡奪叛逆，可見。）」〔註54〕若《總目》視義理重於考證，則當將《史通訓故補》列入著錄，而將《史通通釋》列於存目。但《總目》實際上將《史通通釋》列於著錄，說明《總目》更看重《史通通釋》考證的精良方面，所以《史通通釋》提要中云：

> 《史通》註本舊有郭延年、王（維）〔惟〕儉二家，近時又有黃叔琳註，補郭、王之所闕，遞相增損，互有短長。起龍是註又在黃註稍後，故亦採用黃註數條。然頗糾彈其疏舛。〔註55〕

又《史通訓故補》提要云：「此本註釋不及起龍，而不甚改竄，猶屬謹嚴。」〔註56〕則《總目》認為浦氏《史通通釋》在考證工夫上要勝於黃氏《史通訓故補》，將《史通通釋》列於著錄應該主要是認可其考證精良，而非以義理是否合乎官方正統為最終判斷依據。

此外，《史通通釋》與《史通訓故補》二書皆有評語，這些評語反映浦起龍與黃叔琳二人對《史通》有關論述的評論和史學見解。《總目》對這種評語的評價非常低。如《史通通釋》提要云：

> 至於句解章評，參差連寫，如坊刻古文之式，於註書體例亦乖。
>
> 使其一評一註，釐為二書，則庶乎離之雙美矣。〔註57〕

又《史通訓故補》提要云：

> 其圈點批語，不出時文之式，則與起龍略同。惟起龍於知幾原書多所迴護，即《疑古》《惑經》之類亦不以為非。此書頗有糾正，差為勝之耳。〔註58〕

《總目》二書提要均將圈點評語視作「坊刻」、「時文」等類，足見其貶抑之深，在此表達出的是《總目》對史論的整體貶抑。《總目》認為黃叔琳評語勝於浦起龍評語，則是在總體上貶抑史論的情況下，肯定一些合乎官方立場的評論。因而就《總目》對《史通》不同評注本的評論可看出，《總目》對史評的總體立場是考證優良的地位要重於較合乎官方立場的義理與史觀，合乎官

〔註54〕〔清〕浦起龍：《史通通釋》附錄《新唐書劉知幾本傳增注》，《史通通釋》，上海古籍出版社，2009年12月，第571頁。

〔註55〕《四庫全書總目》卷八十八史部史評類。

〔註56〕《四庫全書總目》卷八十九史部史評類存目一。

〔註57〕《四庫全書總目》卷八十八史部史評類。

〔註58〕《四庫全書總目》卷八十九史部史評類存目一。

方立場的義理和史觀的地位又重於不合乎官方立場的義理和史論。

四、推動史考發展與官方鉗制並存

如上所述，《總目》史評類在《總目》總體上崇漢抑宋的大背景下，重視史考的作用，有助於史學與史評走向求實之路，對義理史學下的史論重視闡發議論而忽視對具體史實考證的傾向起一定糾正作用。為此，自《總目》始至民國初，史考較明代相比有顯著發展，所佔比例亦有明顯提升。如臺灣商務印書館所出版民國時所修《續修四庫全書總目提要》一書〔註 59〕，共收錄清代史論著作 35 部，史考著作 12 部，史學義例著作 3 部（其中兩個版本的《文史通義》作一部論），其中的史論著作的創作仍較興盛，比例上也佔了70%，史考著作數量雖少，但比例已高達 24%，較《四庫全書總目》所收錄明代史考著作僅有 3 部，比例上僅占 4.7%（明代史評共收錄 63 部）比，已經有較大提升〔註 60〕。且以人們印象中清代史評著作中極出名者，除了清初王夫之的《讀通鑑論》與《宋論》，章學誠《文史通義》外，便是趙翼《廿二史劄記》、王鳴盛《十七史商榷》和錢大昕《廿二史考異》等清代三大歷史考證著作了，這也足見自乾隆時期以來史學考證之風的影響之盛。在此可見《總目》難免會受這種史實考證之風的影響，《總目》的這種重視又同時反過來推動史實考證之風的發展。

尤其是《總目》史評類提要通常以某著作考證是否精良或是議論時所引材料是否切實可靠來判斷某著作是否足言「史學」，可見《總目》史評類將歷史考證工夫看作史評中史學工夫的標準，此一點實際上有助於史評向注重考證的方向發展，促使史評更加專門化，也算對明代史論考證工夫不足的一種反動。此外《總目》史評類在這方面的理念已頗近於民國時之實證史學，二者均以考證是否精良為是否稱得上史學的標準。這還使清代史論也更多地通過考證以立論，如《廿二史劄記》每一篇均亦論亦考，論以考為依據，與明代史評就現有史書中所講之事直接立論的大風氣有很大區別。

在義理上以官方一家之義理為準繩，使人們闡發史論時總要擔心觸犯意識形態禁忌。更兼之清高宗親自所作《通鑑輯覽》與《評鑑闡要》，確立了對

〔註 59〕臺灣商務印書館本只出版了《續修四庫全書總目》稿本的一部分，但各類書比例上仍可見其大略。

〔註 60〕雖然此數量亦僅是明代史實考證著作之一部分，另有一些在子部雜家類雜考屬中。但雜考屬中著作多兼涉經、子之學，因而暫不計入其中。

很多歷史事件評判的唯一標準，其實就等於昭告社會：私人毋須作史論。所以自乾隆後，史論鮮能如宋、明時期一樣有突出的創新之處。

由《總目》史評類可看出，官方史學並不反對在史學上進行技術性改進，如促進考證的精良，這是可有裨史學發展之處；但官方史學也有自己的立場，如《尚書》（指《今文尚書》）、《春秋》等經書，《通鑑輯覽》與《評鑑闡要》等當朝皇帝御作，均不容懷疑與反駁。在官方史學看來考證亦當有所止，不是什麼內容皆可考證（因此劉知幾《史通》中《疑古》《惑經》二篇頗受《總目》訾議）。縱有考據，亦不可疑及這些經書之闕陋矛盾之處，凡有立論均需以這些書為準，這又阻礙著史評之發展。

第二節　史評與時論

史評本是評論或考證過往歷史的文體與著作，而時論則是評論當下時事政治的文體，兩者之間看起來似乎沒有關聯。但古代史學與現實政治往往有密切的關係，「以史為鑑」正體現出歷史與現實之間的這種關係。多數古代史書敘述歷史事件、人物生平、制度沿革、典籍禮樂，對現實的鑑戒作用較為間接。而史評則不同，可以較直接地點明與當下政治之間的關係。更兼很多史評本就為時事而發，不過是以古鑑今，以古諷今而已。宋代與明代中後期史論繁榮，亦與此時士大夫借史論以議政之風的興盛相關，甚至是激烈的黨爭下的產物。如北宋范祖禹的《唐鑑》在末尾即指出：「然則今當何鑑，不在唐乎？今當何法，不在祖宗乎？夫惟取鑑於唐，取法於祖宗，則永世保民之道也。」〔註61〕其資鑑之用所述甚明。又如陳寅恪論及史評與時論之關係時云：

> 然史論之作者，或有意，或無意，其發為言論之時，即已印入作者及其時代之環境背景，實無異於今日新聞紙之社論時評。若善用之，皆有助於考史。故蘇子瞻之史論，北宋之政論也。故致堂之史論，南宋之政論也。王船山之史論，明末之政論也。〔註62〕

其言史論與時論之關係甚詳。《總目》對史評創作的時論動機有初步探討，雖

〔註61〕〔宋〕范祖禹：《唐鑑》卷十二，上海古籍出版社，1984 年 10 月。
〔註62〕陳寅恪：《馮友蘭〈中國哲學史〉審查報告》，《金明館叢稿二編》，生活·讀書·新知三聯書店，2009 年，第 280～281 頁。

然總體上否定借史評以評論時局之做法，但對並不全然否定史評中與時評密切相關的著作。總體而言，其褒貶標準為是否可以經世，對黨爭的態度如何。

一、重經世

《總目》如果認為某明顯涉足時論之史評可以經世，那麼就會肯定其價值給予肯定。如李燾在《六朝通鑑博議序論》中即明確指出此書為時局而作：

> 臣因思江左之地，自吳至陳，各據形勢，為自固之術，然三百年間，或謀慮失當，或機會失時，或事宜失斷，又於五者之具皆不能兼，此其所以終不能混一區夏。臣旁採衰類，而為之說，非謂專取其長，蓋欲詳言其失，監彼之失，而求吾之所以得，或庶幾焉。〔註63〕

即其目的是要學習六朝時偏居南方的各政權的成敗得失，以尋求讓南宋「混一區夏」之方法。而《六朝通鑑博議》提要稱：

> 核其義例，蓋亦《江東十鑑》之類，專為南宋立言者。然《十鑑》徒侈地形，飾虛詞以屬戰氣，可謂夸張無實。此則得失兼陳，法戒具備。主於修人事以自強，視李舜臣所論較為切實。史稱燾嘗奏孝宗以即位二十餘年，志在富強，而兵弱財匱，與教民七年可以即戎者異。又孝宗有功業不足之歎，燾復言：「功業見於變通，人事既修，天應乃至。」蓋其納規進誨，惟拳拳以立國根本為先，而不侈陳恢復之計。是書之作，用意頗同。〔註64〕

《總目》將其與李舜臣所著《江東十鑑》作對比，認為李燾所論更為「切實」，而《江東十鑑》的內容則多以好戰見長。《總目》認為《六朝通鑑博議》能夠不侈談收復北方失地，重於「修人事」，則以其所論切合於當時時勢而肯定其價值。《總目》認為《江東十鑑》的觀點不合當時時勢：「蓋宋自高宗南渡，偏據一隅，地處下游，外臨勁敵，岌岌乎不能自保，故舜臣特作此編以勵戰氣。然自古以來無以偏安江左而能北取中原者，舜臣徒為大言，未核事勢也。」〔註65〕兩相對比，可看出《總目》相對認可能切合時勢且不偏激的史評作品。

南宋時的《三國六朝五代紀年總辨》就立論上又正好與《六朝通鑑博議》

〔註63〕李燾：《六朝通鑑博論序論》，《六朝事蹟類編、六朝通鑑博議》，南京出版社，2007年，第153～154頁。

〔註64〕《四庫全書總目》卷八十八史部史評類。

〔註65〕《四庫全書總目》卷一百子部兵家類存目。

相反，主張積極北伐。其中吳奐然序稱：

> 況當靈旗北指，諸君封侯之秋，此書尤當汲汲於講貫之也。學
> 者得之，不惟可以雄蟻戰、題苑牆，亦使它時史弘肇筆，不敢詫長
> 槍大劍而贅視毛錐子。書生豈真不識時務者哉！抑聞之私閟論衡，
> 非坦蕩君子。愚於坦蕩竊有志焉。〔註66〕

此序作於開禧年間，正值開禧北伐之時。韓侂胄所主持的這場冒險式北伐最
終以失敗而告終，歷史上也未為韓侂胄留得清名。因而《總目》對此書評價
極低，其提要云：

> 又吳奐然序首以用兵立言，中復有「靈旗北指，諸君封侯之秋」
> 語，蓋開禧丁卯，正韓侂胄肇釁敗盟之時。時方競講北征，故仲舉
> 於《紀年備遺》之中摘刊割據戰伐之二十八卷，以備程試答策之用。
> 觀序末有「上可發前人未盡之蘊，下可以為學者進取之階」語，則
> 書肆之曲投時局以求速售，其大旨了然著矣。……然二十八卷之中，
> 大抵憤南渡之積弱，違心立論，強作大言。謂南可併北，北不可以
> 併南。侂胄輕舉攻金，浮動者譁然和之，卒召敗衂，未必非麟等偏
> 僻之說有以熒惑眾聽矣。〔註67〕

《總目》重在以韓氏北伐最終失敗，因而認為《三國六朝五代紀年總辨》不
僅不能有裨時局，甚至有害於時局之發展，所以否定其全書價值。且《總目》
提要並未論及此書史論價值方面，實際上主要是認為此書不足經世。

《涉史隨筆》的作者葛洪本欲獻書以圖在政治上有所作為，其自序稱：

> 凡今微官泊布衣求進謁於廟朝者，懼其無因至前，必託曰有己
> 見以為之先，而覬倖一日之呼召。廟朝不逆其情，呼而前，叩其所
> 言，自蘄進句憐外，往往訖無他說，習常成俗，上下恬不以為怪。
> 是直相與從事於欺而已。比以憂居，取歷代史溫繹以自遣，間有所
> 見，與夫或得於前脩之說，師友之傳，則隨而筆之，因擇其可裨廟
> 論之萬一者二十六篇以獻，名曰《涉史隨筆》。〔註68〕

《涉史隨筆》大體為葛洪尚未作官時所作，其目的亦在於經世致用。《總目》

〔註66〕吳奐然：《三國六朝五代紀年總辨序》，《四庫全書存目叢書》史部第280冊，
第437頁。

〔註67〕《四庫全書總目》卷八十九史部史評類存目一。

〔註68〕〔宋〕葛洪：《涉史隨筆序》，《全宋筆記》第六編第九冊，大象出版社，2013
年，第29頁。

對此書中涉及影射時局的文字則加以批判，其提要云：

> 其他多因時勢立論，亦胡寅《讀史管見》之流。而持論和平，不似寅之苛刻偏駁。惟論申屠嘉一條，反覆明相權之宜重。然宋之宰執，實無奄豎擅權以掣其肘，與漢、唐事勢截然不同。如王安石，如蔡京、章惇，如秦檜、韓侂冑、史彌遠、賈似道，皆患其事權太重，故至於盡鋤善類，斲喪國家。洪所云云，是徒知防宦官之弊，而不知防姦臣之弊，未免失之一偏矣。況獻書相門而力言相權之宜重，是不亦投其所欲乎？惜哉，無是可矣！〔註69〕

相權宜重和防範宦官其實是宋代很多理學家在總結漢、唐施政成敗後所得出的認識，並非葛洪一人如此認為〔註70〕。《總目》專門攻駁其論申屠嘉一條，其實正是以清代政局看宋代局勢，因自明太祖始即不設宰相，但明代中後期的內閣首輔權同宰相。清代為加強皇權，便弱化內閣作用，不設內閣首輔，同時設軍機處這樣完全聽命皇帝的機構來向下傳達政令，致使各政府機構均變成皇帝的直接執行機構。因而對清帝而言，是極為反感支持設丞相或加大相權的主張的。所以葛洪在此受到《總目》批判也就不足為奇了。而提到因時勢而立論即稱「胡寅《讀史管見》之流」，表明《總目》對此種因時勢立論的史評持貶抑態度。只是《總目》史評類評論各史評著作，又何能免於與時評之相關聯？

不過《總目》還認識到一些與時論相關之史評可有助於考證相關著作創作時的歷史，如《大事記講義》提要云：

> 凡政事制度及百官賢否，具載於編。論中所議選舉資格及茶鹽政制諸條，頗切宋時稗政。又所載銓選之罷常參，任子之多裁汰，三司之有二司，稅茶之易匱糧，皆《宋史》各志及馬端臨《文獻通考》所未備者。又所載朋黨諸人事實，及議新法諸人辯論，皆與《宋史》列傳多有異同，亦足資史學之參證。〔註71〕

呂中《大事記講義》多以宋代之當代史立論，與時論的界限更加模糊。不過也正因其所論之時代與作者本人所處時代相近，使其內容更具史料價值。《總

〔註69〕《四庫全書總目》卷八十八史部史評類。
〔註70〕如范祖禹《唐鑑》稱：「三公坐而論道，天子所與共天位，治天職者也。故其禮不可不尊，其任不可不重。」（《唐鑑》卷四。）亦主張重相權。
〔註71〕《四庫全書總目》卷八十八史部史評類。

目》提到此點，亦與陳寅恪所謂「今日取諸人論史之文，與舊史互證，當日政
治社會情勢，益可藉此增加瞭解，此所謂廢物利用……」〔註72〕的宗旨相近。

二、貶黨爭

　　明代中後期黨爭激烈，不同政治主張的交鋒也促使不同的朋黨活動者借
史評來表達自己的政治主張。如明代茅元儀長期在軍旅中做事，並在遼東參
與明軍反後金的軍事活動，茅元儀本人為《青油史漫》所作自序亦敘及作此
書時之生活：「熹廟癸亥九月，余始入督師相公幕，不數日，即從巡寧遠。窮
覺華灰杏罩，蓁葫蘆之區；又將義從數十，與滿少傅循大小紅螺，探虜穴，行
敵境，七晝夜而返，返而復巡寧遠，逼除始還渝關度元旦。」〔註73〕督師相
公即孫承宗，屬東林黨人士。茅元儀入孫承宗幕，自然與東林黨有密切關係。
修《四庫全書》時，茅元儀數種著作均被列為禁書，其中有：《石民四十集》
《石民又峴集》《石民賞心集》《福堂寺貝餘》《暇老齋筆記》《澄水帛》《六月
譚》〔註74〕，及《武備志》〔註75〕等。其中乾隆四十二年浙江巡撫所上奏摺
稱：「（茅元儀）歸安人。從孫承宗贊畫軍前，薦授遼東總兵。所著文集分四十
類，一百四十八卷，其中狂吠處甚多。」〔註76〕則其書內容自然容易涉及明
與後金之戰爭，易觸犯清朝政治禁忌。此條奏摺中又提到《青油史漫》，稱：
「……《青油史漫》一部，刊本；《督師紀略》一部，刊本；……《六月談》
一部，刊本；……《掌紀》一部，刊本。是書皆茅元儀著。各分卷次，雜記古
今見聞，釐為十種。內《督師紀略》《六月談》《掌記》三種，所說尤多悖謬，
余亦間有觸礙。」〔註77〕則《青油史漫》尚在抽毀書之列。《總目》對此書多
有貶抑：

> 是書雜論史事，多為明季而發。如稱漢高祖令吏敬高爵，則

〔註72〕陳寅恪：《馮友蘭〈中國哲學史〉審查報告》，《金明館叢稿二編》，第281頁。
〔註73〕〔明〕茅元儀：《青油史漫自序》，《國立中央圖書館善本序跋集錄》史部第4
　　　冊，第441頁。
〔註74〕《浙江巡撫李質穎奏查繳違礙書籍並繕清單呈覽折（附清單一）》，《纂修四庫
　　　全書檔案》，第1211頁。
〔註75〕《浙江巡撫琅玕奏呈查繳禁書清單》，《纂修四庫全書檔案》，第2164頁。
〔註76〕《浙江巡撫三寶奏續交應毀書籍折（附清單）》，《纂修四庫全書檔案》，第648
　　　頁。
〔註77〕《浙江巡撫三寶奏續交應毀書籍折（附清單）》，《纂修四庫全書檔案》，第648
　　　～649頁。

為當時輕武而言。詆魏徵抑法以沽直，太宗矯情以聽諫，則為當
時科道橫議而言。論西漢亡於元帝，東漢亡於章帝，則為神宗而
言。亦胡寅《讀史管見》借事抒議之類。而矯枉過正，故其詞多
失之偏僻。〔註78〕

其實《總目》所舉數條，如反對輕視武備，反對科道橫議等，多少牽涉黨爭。
雖然一些認識未必就與清高宗之歷史認識相違礙，然而因其議論偏激（實際
上即指責其言辭牽涉黨爭）而總體上遭到《總目》之否定。換言之，即《總
目》對於影射時局之史論，主張其議論當中正平和，而不可發過激之言。

　　另明清之際〔註79〕黃鵬揚所著《讀史吟評》所述內容始自周代楚國之伍員，
終於宋遺民謝枋得。《總目》亦認為其影射明末時政，其提要云：「玩其意旨，
似借諷明季之事，不為品第古人也。」〔註80〕然而閱《讀史吟評》並未有一語
涉及明代，其中多數內容恐怕與明末時局無關。不過「王安石」、「洛蜀朔黨」
等條似乎影射明末黨爭之事。如「王安石」條曰：「且有意見則必有議論，有議
論則必有異同，有異同則必有訊毀，有訊毀則必有怨仇，有怨仇則必有賊害，
于是有以小人害君子者，亦有以君子害君子者，至于以君子害君子，而禍敗見
矣。」〔註81〕可見黃鵬揚本人極力反對黨爭。不過這種影射表現得並不明顯，
《總目》也不能完全肯定《讀史吟評》就是在影射明末時局。然而「不為品第
古人」之語，表明《總目》認為此種議論不是純粹的史評。

　　明代陳繼儒之《讀書鏡》本為以古鑑今而作，甚至頗為重視歷史上的「吏
事」。其《自敘》稱：

　　　　學問如切脈，吏事如藥方。知脈審方，然後國家之流屙痼疾，
　　應手即除。不然，未識病夫之生，允不辨庸醫之是非。或因循以待
　　亡，或執拗以速禍，是果誰之咎哉？故要做天下第一奇男子，須要
　　事理圓融。要事理圓融，須要講明學問吏事。〔註82〕

同時代沈師昌所作序亦稱：「今世文藝之士，不乏掞天繡雲，雕繢滿目，如小

〔註78〕《四庫全書總目》卷九十史部史評類存目二。
〔註79〕《總目》稱黃鵬揚為順治丁酉（1657年）舉人，其時據崇禎之亡方十三年，
　　　　可見黃鵬揚應當有相當長時間是在明代度過的，若其書中映像明末之事，亦
　　　　當視作與當時時勢相關者。
〔註80〕《四庫全書總目》卷九十史部史評類存目二。
〔註81〕〔清〕黃鵬揚：《讀史吟評》，《四庫全書存目叢書》史部第290冊，第704頁。
〔註82〕陳繼儒：《讀書鏡自敘》，《四庫全書存目叢書》史部第288冊，第408頁。

兒泥羹塵飯，不當飢飽，雖多，奚為？陳眉公先生抽其腹笥，作《讀書鏡》十
卷，為世資鑑。」〔註83〕二序均重此書資鑑經世方面。《總目》總體上貶抑陳
繼儒，陳繼儒之著作亦有數種被禁，然而對其所著《讀書鏡》中與時勢相關
者，並不全然攻駁，其提要云：

> 至所稱：「人主宮闈中事，臣子不可妄有攀援，亦不可過為排
> 擊，而少年喜事，形之章奏，刻之書帙，至遍於輦轂市肆之間，此
> 在布衣交友尚不能堪，而況天子乎？」此言蓋為萬曆間爭國本者而
> 發，於明季臺省之弊，可云切中。不以繼儒而廢其言也。〔註84〕

萬曆時爭國本事件使朝廷內官員分為支持皇長子朱常洛與鄭貴妃之子朱常洵
的兩大派，屬於明代後期較嚴重的一次黨爭。在爭國本事件中，臺省官員多
站在明神宗對立面，主張立朱常洛為太子，而最終結局以朱常洛立為太子而
告終。無論其中夾雜萬曆朝大臣的多少私心，此次事件都是大臣依道統禮制
限帝統的一次重要事件，對於要加強皇權集中的清代皇帝來講，自然不能允
許此類立儲紛爭的發生。清高宗本人如此論爭國本事件：

> 近而明神宗朝群臣奏請預立國本，紛紜擾亂，大率皆為後來希
> 榮固寵之地。甚至宵小乘間，伺釁釀為亂階，如梃擊等案。神宗召
> 見太子，泣為慰藉，父子之間至於如此，闥之真可寒心。可知建儲
> 冊立非國家之福，召亂起釁多由於此。〔註85〕

清高宗認為立儲之事易引發政治動盪，激起黨爭，離間皇帝與諸皇子關係，
因而反對立太子。《總目》特意拈出《讀書鏡》論爭國本一事，給予「切中」
的評價，以闡明論史論事之法戒，即遵守乾隆時期的官方政治主張。

另有明代萬曆時期涂一榛所撰《尚友齋論古》，其提要稱：「其於呂誨彈
王安石事，謂臺諫不可隨眾占風，則為當時朝局而發也。」〔註86〕只是此書
原書尚未得見，因此其具體內容如何尚不清楚，依《總目》所論，大體主於維
持張居正之執政地位。

總體而言，《總目》已注意到了史評與時論之間的關係，並指出相關作品
中有明顯影射或疑似影射時局之處。《總目》常指出某部史評類著作「為……

〔註83〕沈師昌：《讀書鏡序》，《四庫全書存目叢書》史部第 288 冊，第 408～409 頁。
〔註84〕《四庫全書總目》卷九十史部史評類存目二。
〔註85〕清高宗：《乾隆四十八年九月三十日內閣奉上諭》，《乾隆朝上諭檔》，檔案出
　　　版社，1998 年，第 11 冊，第 820 頁。
〔註86〕《四庫全書總目》卷九十史部史評類存目二。

而發」，意在探討此種史評之創作緣起，並非要否認其史評性質。就具體著作而論，《總目》認為除了立場要符合清代官方正統，彰顯法戒外，觀點與辭氣要中正平和，不應過激。之所以反對過激之論，除儒家本身所主張的「中庸」之道外，很大程度上還在於杜絕借史評以闡發自己政治觀點的風氣，要反對以史諷今，反對以過激之語邀集黨羽、形成黨爭的格局。當然，皇帝自己借史評闡發施政主張的做法自然不在其列。如清高宗之《歷代儲貳金鑑》其實就是為雍正以來不再冊立太子的政策辯護而已。

　　臺灣張維屏認為：「由此觀之，史評與時論之間的界線，在晚明時期也愈發顯得漫漶不清了。」〔註87〕但這種認識恐怕亦不太準確，在中國古代，政治史占主導地位，史學中倡導「經世」與「資鑑」。這種情況下，史評經常會與當朝時局有關聯，成為一種借史評來發揮時評功能的作品，這並不單獨自明末時開始。如前面所舉范祖禹《唐鑑》即亦針對宋代治國方略而論。其他如《六朝通鑑博議》《涉史隨筆》均為南宋時作品，亦均與當時時事有關；《江東十鑑》雖因內容全為談論戰爭攻守之勢而被列入子兵家類，但都是舉列朝戰爭而論，也算一種與時事相關的史評。晚明史評著作中涉及時論的著作很多，但被《總目》明確指出的亦僅有數部而已。《總目》還將時論特點更加明顯的一些著作置於子部一些類目中，如《江東十鑑》即屬此類。所以《總目》亦通過分類來界定不同著做到底是以史論為主還是以時論為主；大體如果某書雖影射作者所處時局，或創作目的是為時局提供借鑑，但其中所論全為古事，且非事事映射當下者，則多會歸入史評類；如果書中內容與作者所處時代密切相關，且內容上多與當下有關，則列入子部。

　　《總目》雖然總體上貶低史評，但對於史評類中與時局相關者能否經世，是否涉足黨爭及是否與清代官方認識相悖等，均加以辨別，以明確朝廷法戒——即並不反對為經世實務而借論歷史舊事，但反對藉此「謗議」朝政。

第三節　批評史評類中之蒙學著作

　　收入《四庫全書總目》的蒙學讀物並不多，如常見的唐李瀚《蒙求》、宋王應麟《三字經》《增廣賢文》、明程登吉《幼學瓊林》、明李廷機《鑑略》（《五

〔註87〕張維屏：《從〈四庫全書總目・史部・史評類〉對於所錄明代著作的評述分析明人的史評論著》，《政大史粹》，第 4 期。

字鑑》）、清王仕雲《四字鑑》等均未列入《總目》，僅有個別注本列入《總目》中，如《蒙求集注》入子部類書類著錄。由此可見《總目》本身並不樂於收錄蒙學類著作。即使如《蒙求集注》，《總目》也主要看重注文而非原文：「其書以《蒙求》原文冠於卷首，後以每二句為一節，各為之注。注雖稍嫌冗漫，而頗為精核……然大致淹通，實初學之津筏也。」〔註 88〕而一些蒙學作品可選入《總目》，則一般另有其價值所在。

一、蒙學著作與史評類之關係

　　《總目》史部中蒙學作品大體分於兩類中，一是史鈔類，一是史評類。《總目》史鈔類中的蒙學作品僅有清王士祿《讀史蒙拾》〔註 89〕一種。多數史部蒙學著作在史評類中，如宋黃繼善《史學提要》、元明之際凌緯《事偶韻語》、明唐汝洵《詩史》、明張居正等《帝鑑圖說》、明趙南星《史韻》、清葛震《詩史》、清曹荃《四言史徵》、清仲宏道《增定史韻》等數種。《總目》史評類中的蒙學著作絕大多數為敘史詩，即與《鑑略》相似；另一種為《帝鑑圖說》這樣圖文並茂的白話解說本。這些《蒙求》類著作均列於存目中，表明《總目》對蒙學著作大體仍持貶抑態度，而能收入總目的《蒙求》類作品多數內容不似《鑑略》這樣過於簡單。

　　收入《總目》的敘史詩內容較豐富，文采較佳，有些會有注文，有些有很明確的作者主觀色彩，而未收入《總目》者則文采平平，僅敘大事，主觀色彩不強。在此舉一些書敘及武則天時的例子來作一對比。未收入《總目》的《鑑略》云：

> 廢正皇后王，寵立昭儀武。鴆殺太子弘，因為恥其母。唐禍自
> 此萌，朝綱歸女主。中宗皇帝立，卻被武后廢。謫為盧陵王，而復
> 立其弟。后名武則天，臨朝自稱制。淫亂無所規，寵愛僧懷義。昌
> 宗張易之，出入皇宮裏。內臣不敢言，外人以為恥。李敬業起兵，
> 直入京城地。越王貞亦起，同救唐宗室。謀復立中宗，忤觸武后肺。
> 大殺唐子孫，改國號周氏。若非狄仁傑，唐室絕後裔。〔註 90〕

〔註 88〕《四庫全書總目》卷一百三十五子部類書類一。
〔註 89〕其提要稱：「曰『蒙拾』者，取劉勰《文心雕龍·辨騷》篇『童蒙者拾其香草』句也。」（《四庫全書總目》卷六十五史部史鈔類存目。）
〔註 90〕〔明〕李廷機：《積經堂增訂課兒鑑略妥注》卷四，《四庫禁燬書叢刊補編》第 18 冊，北京出版社，2005 年，第 47 頁。

收入《總目》的《史學提要》則云：

> 武氏一入，廢后奪嫡。倡自義府，成於李勣。天皇風眩，則天
> 專制。裴炎密謀，繼廢中、睿。改唐為周，遂自稱帝。告密羅織，
> 委用酷吏。亦有權數，善於用人。徐、婁、姚、魏，皆為名臣。仁
> 傑一語，遂定太子。繼薦柬之，滿門桃李。中宗久廢，五王匡復。
> 惡本不除，反受其戮。〔註91〕

相較而言，雖然《鑑略》內容更多，但多數內容都在談高宗時期武后所參與
的權力鬥爭、諸王反叛，並未涉及武后稱帝後的施政措施。《史學提要》內容
雖然精簡，但敘述重心在於概括武后稱帝前後的政策及介紹賢明大臣。總體
而言，從《史學提要》處更易較全面瞭解歷史。清代朱昌琳所作《史學提要
序》亦曰：「而村塾中通行《五言鑑略》一書，既疏略不足觀，且時雜以稗官
小說，多不雅馴，識者病之。夫讀書而不通古今，烏可言學？史書浩博，未易
卒讀，苟非得其大要，亦焉能遽語博通？」〔註92〕如《鑑略》「周紀」曰：「穆
王得駿馬，天下任遨遊。」其內容來自《穆天子傳》。〔註93〕又「東晉紀」曰：
「王猛捫虱談，不受桓溫聘。」〔註94〕王猛捫虱的內容取自《世說新語》，皆
所謂「雜以稗官小說」者。

另如葛震《詩史》敘及武后時事曰：

> 昭儀殺女，王后見廢。斷去手足，妃亦何罪。投酒甕中，二嫗
> 骨醉。東封泰山，社首稱禪。天皇初獻，天后亞獻。……
>
> 中宗嗣位，宗廟不修。太后持權，呂氏危劉。壞土未乾，殺子
> 何仇。帝甫二月，廢徙房州。立豫王旦，別殿以幽。稱制七年，改
> 唐為周。自稱皇帝，袞冕垂旒。建元更制，渙號九州。子賜姓武，
> 嗣立豫王。除唐屬籍，大殺諸王。立武七廟，祖考追皇。姚皆皇后，
> 侄皆封王。銅匭告密，羅織肆殃。懷義巧思（薛懷義），蓮花六郎（張
> 昌宗）。初除試官，薰猶同芳。補闕車載，拾遺斗量。櫃槌御史，濟

<hr>

〔註91〕〔宋〕黃繼善：《史學提要》明抄本卷三，《四庫全書存目叢書》，史部第280
　　　冊，第806頁。
〔註92〕〔清〕朱昌琳：《〈史學提要〉序》，《晚清四部叢刊》第四編，第39冊，第1
　　　頁。
〔註93〕〔明〕李廷機：《積經堂增訂課兒鑑略妥注》卷二，《四庫禁燬書叢刊補編》
　　　第18冊，第26頁。
〔註94〕〔明〕李廷機：《積經堂增訂課兒鑑略妥注》卷三，《四庫禁燬書叢刊補編》
　　　第18冊，第41頁。

濟蹌蹌。盌脫形似，校書為郎。翹心存撫，睞目聖皇。鐘鳴漏盡，
反周為唐。……○仁傑（狄仁傑）女主，蒙恥奮忠。母子天性，感
動於中。廟不祔姑，引義從容。取日虞淵，洗光咸池。潛授五龍，
夾之以飛。天下桃李，悉在其門。藥籠參術，不廢於言。〔註95〕

與《鑑略》對比來看，葛震《詩史》敘事更加詳細，且文筆相對《鑑略》要更
好一些：首先，《鑑略》讀起來就不通順，如「廢／正皇后／王，寵立／昭儀
／武」，或「李敬業／起兵，直入／京城／地。」與傳統詩律中的節拍不太合。
《詩史》的四字句則少有此問題；其次，《鑑略》基本直敘其事，《詩史》則常
常使用一些修辭手法，如「衰冕垂旒」、「濟濟蹌蹌」等；其三，《詩史》中尚
有個別史論，並不全然敘史而不論，如敘狄仁傑部分前面三句話敘狄仁傑諫
武后立自己兒子為太子之事，後面幾句實際是議論。從這點上講《詩史》列
入史評類亦有些許道理；而《鑑略》則幾乎談不上有史論。

其餘如趙南星《史韻》提要曰：「後人重其忠義，因錄而傳之。」〔註96〕
可見《總目》在編修過程中，收錄敘史詩類史評著作時大體有一定的質量要
求，或是對作者品德學識有要求，完全不提及質量較次者。

《帝鑑圖說》屬另一種蒙學類史評，是張居正等人為了給年幼的明神宗
講授歷史而作〔註97〕，而非給普通幼童作歷史啟蒙用。張居正、呂調陽《進
圖疏》介紹此書曰：

謹自堯舜以來，有天下之君，撮其善可為法者八十一事，惡可
為戒者三十六事。善為陽，為吉，故用九九，從陽數也。惡為陰，
為凶，故從六六，從陰數也。每一事前各繪為一圖，後錄傳記本文，
而為之直解，附於其後。〔註98〕

「直解」即以白話作解釋之意，張居正還主持編修了《書經直解》《通鑑直解》
等書，來給明神宗作「教材」。不過《帝鑑圖說》比「直解」類著作簡單，如
同今日小學課本一樣，既有簡要文字又有配圖。錢謙益為孫承宗所作行狀引

〔註95〕〔清〕葛震：《詩史》卷七，《四庫全書存目叢書》史部第291冊，第662～
663頁。
〔註96〕《四庫全書總目》卷九十史部史評類存目二。
〔註97〕據張居正、呂調陽《進圖疏》，進此書時間為隆慶六年，即明神宗初即位之時。
而明神宗即位時剛十歲。
〔註98〕〔明〕張居正、呂調陽：《進圖疏》，《四庫全書存目叢書》史部第282冊，第
306頁。

孫承宗之語曰：「講《帝鑑圖說》，指圖畫像，如民間詞話演義之比。俾聖心與臣下日親日熟，入而後說之，此啟沃之要也。」〔註99〕其中《通鑑直解》被列入禁燬書中〔註100〕，《帝鑑圖說》則列入存目中。大體《帝鑑圖說》內容不似敘史詩那樣，要敘及全部或大部分歷史，而是擇重點的可資借鑑的人事來講道理。

二、對蒙學類史評的俚俗與理學化的批評

《總目》對史評類中這些蒙學類著作大體持貶抑態度，其緣由有二層：第一層是顯性的，即認為此類作品太過俚俗。首先，所有蒙學作品在《總目》史評類中皆入存目。其次，對個別作品的評價亦不算高。如《史韻》提要曰：「詞簡而該。蓋其讁戍代州以後，藉以遣日之筆。後人重其忠義，因錄而傳之。」〔註101〕雖然對《史韻》總體評價有「詞簡而該」這樣的褒揚，但強調其「藉以遣日之筆」，指出《史韻》並非趙南星創作中的精品。又如唐汝詢《詩史》提要云：「然是書以列朝紀傳編為韻語，各為之注，以便記誦，不過《蒙求》之類，不知正誼何取而竊據之也。」〔註102〕又《事偶韻語》提要云：「蓋即《蒙求》而稍變其體耳。」〔註103〕將《事偶韻語》與《蒙求》相對照，是借機稱其不足論。

與《總目》的評價相反，敘史詩的序文中常強調甚至讚賞敘史詩的蒙學功效。如顧正誼《詩史自序》曰：「余所詠史，聊綜敘古昔，以資童子詠歌，非真妄有揚挖，以自附騷人野史之流，而至于自用之戒。」〔註104〕又如宋犖《四言史徵敘》云：

> 萵氏《史徵》雖佳，得芷園注乃益明。今夫史乘之多，汗牛充棟，黃吻呀唔，白首不能罄其詞。於是畏難而阻者，反藉口宋儒玩

〔註99〕 錢謙益：《特進光祿大夫左柱國少師兼太子太師兵部尚書中李殿大學士孫公行狀》，《初學集》卷四十七，上海古籍出版社，2009年，第1163頁。

〔註100〕 見乾隆四十六年六月初十日《隸總督袁守侗奏匯繳應禁書籍情形折（附清單一）》，《纂修四庫全書檔案》，第1372頁；另見乾隆四十六年九月二十八日《署雲南巡撫劉秉恬奏遵旨查繳應禁書籍並請展限一年折（附清單一）》，《纂修四庫全書檔案》，第1402頁。

〔註101〕 《四庫全書總目》卷九十史部史評類存目二。

〔註102〕 《四庫全書總目》卷九十史部史評類存目二。

〔註103〕 《四庫全書總目》卷九十史部史評類存目二。

〔註104〕 〔清〕顧正誼：《詩史自序》，《四庫全書存目叢書》史部第288冊，第7頁。

物喪志之說，高束不觀，往往不知自古至今，帝王幾統，南北幾朝，
制度文章，蒙然雲霧，學問日入於荒陋。豈若於毀齒就傅時，即授
以此編讀之，有韻之言，尋行朗誦，既易於成熟而先人之所睹記，
又可歷久而弗忘，其有功蒙養不小也。〔註105〕

此敘文大體講明了敘史詩所作之緣由，即簡要介紹歷史脈絡，以「有功蒙養」。
其中「葛氏《史徵》」當為《詩史》之誤，以曹荃作注後改為《四言史徵》之
故。

　　雖然有人指出敘史詩有資蒙養的功效，然而《總目》仍指出敘史詩的一
種必然困境，即敘史詩意在使兒童便於記誦歷史，但其內容卻往往不那麼通
俗，會超過兒童理解範圍。如其論葛震《詩史》曰：

然讀史之學，在於周知其原委。此書如為童稚設，則事無注釋，
斷乎不解為何語，誦之何益？如曰成人讀之，可不須注，世烏有已
成人尚誦此種書者乎？所謂進退無據也。〔註106〕

此雖評《詩史》一書，但實際上也指出了絕大多數敘史詩的困境。敘史詩便
於記誦，但多數兒童即使能記誦，也不好完全理解其中細節。其中的注文雖
然有助理解，但內容之豐富，已超過了蒙學教材所要達到的高度。而已有一
定學養的人讀敘史詩著作又會覺得其內容過於簡單，不須注釋也可以看懂。
所以《總目》認為此等敘史詩在通俗化上自陷於矛盾境地。曹荃為《詩史》作
注，仲宏道增補《史韻》，在《總目》看來便更顯不必要了。

　　對於直解類蒙學讀物《帝鑑圖說》，《總目》亦認為其過於「俚俗」：「書
中所載皆史冊所有。神宗方在沖齡，語取易曉，不免於俚俗。」〔註107〕此處
說其「俚俗」，指其用白話解史論史而言。可見《總目》對白話作品有所貶抑。

　　《總目》除在通俗性上對史評類中的蒙學作品加以批判外，第二層原因
可能還在於蒙學類作品普遍帶有比較僵化的程朱理學色彩。此在《總目》各
書提要中未明確提及，但結合《總目》史評類對程朱理學式評論的貶抑，大
體可推論出來。

　　就這些作品理學化的色彩而言，大體宋、元時尚未至僵化，至明清時則

〔註105〕〔清〕宋犖：《四言史徵敘》，《四庫全書存目叢書》史部第 291 冊，第 720
　　　　頁。
〔註106〕《四庫全書總目》卷九十史部史評類存目二。
〔註107〕《四庫全書總目》卷九十史部史評類存目二。

已呈僵化之勢，各書的歷史褒貶沒有很大差異。如以正統觀而論，各書多遵照效法《春秋》筆法的《資治通鑑綱目》來寫。如《〈顧氏詩史〉凡例》曰：「標題命篇，悉法《綱目》。」〔註108〕《〈四言史徵〉凡例》（即葛震《詩史》詳注本）中亦云：「正統之君國名首標之，僭竊國名加一『附』字，漢末、三國以昭烈帝承正統，附魏、吳者，遵紫陽《綱目》也。」〔註 109〕故此如《顧氏詩史》、趙南星《史韻》、葛震《詩史》、在三國均以蜀漢為正統，在南北朝中皆以南朝為正統，在遼、金與宋對峙的敘述中皆以宋為正統。這其中《史韻》更甚，都不列漢以前的歷史，王爕所作《史韻序》中如此解釋此種做法：

> 其首漢者，去秦也。曷去秦？曰存周。其惟蜀系代者，黜魏也。
> 曷黜魏？曰存漢。其列東西魏者，削元也。曷削元？曰存晉。〔註110〕

《史韻序》的解釋話語亦用《春秋公羊傳》的語調，足見對《春秋》筆法之遵循。

此外，這些敘史詩著作極力倡導夷夏大防，如唐汝詢《顧氏詩史》在「元紀」中所言則極為激烈：

> 三千六百載，腥羶方橫流……華夷混無分，普天盡披髮。陸沉
> 晉神州，猶為百王羞。鯨吞宋九有，獨非中國醜……夷人王中壤，
> 古今亂無兩……鄙哉夷虜轍，奚足書篇末……〔註111〕

《總目》的提要中雖然未提及此類作品中於夷夏大防之立場，但館臣們當不至於不知其內容。

敘史詩還有一個問題是喜言災祥，經常將小說家語或神怪之事寫入其中。這種情況不僅《鑑略》這樣更為俚俗的作品有，被《總目》所收錄的作品也難免這一問題。如《史韻》敘及司馬睿生平時，採納當時民間讖語云：「牛係馬後，民謠有憑。」〔註112〕此處取自《晉陽秋》這部小說類書籍，與嚴格的史

〔註108〕〔明〕顧正誼或唐汝詢：《〈詩史〉凡例》，《四庫全書存目叢書》，史部第 288 冊，第 8 頁。

〔註109〕〔清〕曹荃：《〈四言史徵〉凡例》，《四庫全書存目叢書》史部第 291 冊，第 724 頁。

〔註110〕王爕：《〈史韻〉序》，《四庫全書存目叢書》史部第 285 冊，第 681 頁。

〔註111〕〔明〕唐汝詢：《顧氏詩史》卷十五，《四庫全書存目叢書》，史部第 288 冊，第 298～299 頁。

〔註112〕〔明〕趙南星：《史韻》卷上，《四庫全書存目叢書》史部第 285 冊，第 703 頁。

實無關。〔註113〕又如《顧氏詩史》「王安石」一篇中概括云:「烈風千里驚,華嶽同時崩。太陰星失度,水旱復相仍。」〔註114〕再如葛震《詩史》中稱劉邦起兵一條:「是年九月,兵起劉邦。龍顏隆準,狀貌異常。雲成五色,為龍為光。名飛帝錄,詳發中陽。」〔註115〕此等災詳之事與嚴格的史學相距較遠,卻倒更像小說家語。而在講求精練的敘史詩中還要花如此多的筆墨來敘述這些災詳,可能一來由於作者本人的史學素養有限,如葛震未曾見有其他史學成就,也未曾擔任史官;唐汝詢是鄉村文士,其成就多在詩文方面;趙南星雖然曾經官職不小,但史學並非其長項;二來由於此類書本為蒙學而作,講求通俗易懂,引人入勝,而非要藉此機會精研史學。所以《總目》稱蒙學類史評著作「俚俗」,或總是稱之為「《蒙求》之類」而加以貶抑,大體並不算過分。但是《總目》對這些蒙學類史評只是一味批判,對於幼童之史學教育當如何進行,怎樣做更容易為幼童接受,則尚未給出答案。

第四節　史評與辭章之學

　　《文心雕龍·論說》中即有對史論文體之評論,其曰:「哲彝訓曰經,述經敘理曰論。論者,倫也;倫理無爽,則聖意不墜。……辨史,則與贊、評齊行。……陸機《辨亡》,效《過秦》而不及;然亦其美矣。……言不持正,論如其已。」〔註116〕持論要正,亦可作為《總目》史評類於史評辭章之學之概括。

一、持論適中

　　《總目》史評類既然講求在論述時得義理之正,要合於清高宗之史觀,那麼在評論史論文筆時,自然儘量希望論述中正平和,反對辭氣過激。如《綠萍灣史論》本為反駁胡寅《讀史管見》而作,其凡例云:

〔註113〕《三國志·蜀書·諸葛亮傳》裴松之注引《晉陽秋》稱:「有星赤而芒角,自東北西南流,投於亮營,三投再還,往大還小。俄而亮卒。」(〔晉〕陳壽撰,〔晉〕裴松之註:《三國志》卷三十五《諸葛亮傳》註,中華書局,1959年點校版,第926頁。)

〔註114〕〔明〕唐汝詢:《顧氏詩史》卷六,《四庫全書存目叢書》史部第288冊,第278頁。

〔註115〕〔清〕葛震:《詩史》卷二,《四庫全書存目叢書》史部第291冊,第615頁。

〔註116〕〔梁〕劉勰著,范文瀾注:《文心雕龍注》卷四,人民文學出版社,1958年,第327~328頁。

是書惟擇論斷中苟謬者正之，而胡致堂為最。吾友戴子田有以致堂負大名，欲去其一二已甚之辭，此自屬田有忠厚存心，但致堂不愛千古忠臣孝子之名而刻責之，直又何愛其欺世橫議之名而姑息之？〔註117〕

《綠萍灣史論凡例》將《讀史管見》視作「最為苛謬」者，憤懣之情已躍然紙上，其立論自然難免在評論上會有所偏激。故《綠萍灣史論初集》提要云：

然而詞氣太激，動乖雅道。每詆寅為腐儒，為濛濛未視之狗，為雙目如瞽，滿腹皆痰，為但可去注《三字經》《百家姓》，不應作史論，為癡絕、呆絕、稚氣、腐臭。雖寅書刻酷鍛鍊，使漢、唐以下無完人，實有以激萬世不平之氣。究之讀古人書，但當平心而論是非，不必若是之毒詈也。〔註118〕

雖然胡寅《讀史管見》頗受《總目》之貶抑，然而《總目》並不主張以詈罵之語來對待此類著作（《總目》自己例外）。《總目》史評類大體主張史評著作指明義理不足之處即可，在文風上「過猶不及」。故而與《綠萍灣史論》不同，《涉史隨筆》則在辭氣上受《總目》襃獎，其提要云：「而持論和平，不似寅之苛刻偏駁。」〔註119〕即以議論平和為勝。

其主張辭氣當平和而不當過激，與主張義理當合於正統而無所違背，正是內容與形式當合一之論。大概在《總目》看來，辭氣「平和」，則所論不易乖於雅道，也不易因個人情緒左右而使所論脫離官方正統義理。

二、雅俗適中

《總目》史評類對史評辭章之另一主張是難易當適中，既不當過於晦澀，亦不當過於俚俗。如《讀史書後》提要云：

是書皆讀《史記》而跋其後。文體晦澀，幾不可讀，殆亦劉鳳之流。又有文德翼序，語意亦相類。蓋明季偽體橫行，士大夫以是相高。而不知故為詰曲，適為後人笑也。〔註120〕

此處借文體貶低明人史論，其中提到的劉鳳即喜晦澀之語。劉鳳著有《子威

〔註117〕〔清〕朱直：《綠萍灣史論初集凡例》，《四庫全書存目叢書》史部第291冊，第476頁。

〔註118〕《四庫全書總目》卷九十史部史評類存目二。

〔註119〕《四庫全書總目》卷八十八史部史評類。

〔註120〕《四庫全書總目》卷九十史部史評類存目二。

集》，其提要云：「其文皆僻字奧句，尤澀體之餖飣者。」〔註121〕《總目》以劉鳳與《讀史書後》的作者胡夢泰相類比，足見對其文筆貶抑之深。其以「偽體」論之，即指明代文章復古之風。而此處亦見《總目》史評類中已注意到史論之筆法與時代文風之關係。

當然，《總目》史評類對過於俚俗之作亦加貶抑，如《帝鑑圖說》提要云：「神宗方在沖齡，語取易曉，不免於俚俗。」〔註122〕又兼對史評類中其他蒙學讀物之貶抑，大體可見《總目》對史論文筆「雅」的要求，此乃《總目》史評類不脫士人文化的一種表現。

此外，《總目》史評類還主張嚴明史評與子部小說家用語之區別。小說家用語常常求新奇，如鍾惺《致譚友夏書》云：「奇俊辨博，自是文之一種，以施之書牘題跋語林說部，當是本色。至於鴻裁大篇深重典雅，又當別論。」〔註123〕其中「說部」大體指小說而言。如《史義拾遺》提要曰：

> 有作擬辭者，如孫臏《祭龐涓文》，梁惠王《送衛鞅還秦文》是也。有作設辭者，如毛遂《上平原君書》，唐太宗《責長孫無忌》是也。大都借題游戲，無關事實。考同時王褘集中，亦多此體。蓋一時習尚如斯，非文章之正格，亦非史論之正格，以小品視之可矣。〔註124〕

此類擬辭只是設想一種歷史場景下所作的虛構文章而已。而在《總目》看來，史論當依據史實而立論，因而既不將其不視作「文章之正格」，亦不視為「史論之正格」，此為從文章內容上對史論的史學本體要求。

三、不應沾染時文之風

明清時科舉需寫八股時文，這種情況難免影響到文人其他類型作品的寫作。時文本來就是一種議論文，史論亦是議論文，在此大環境下，史論亦容易沾染時文風氣。《總目》總體上貶低時文，故而亦以是否用時文筆法判斷史論水平之高下。如《孟叔子史發》提要云：

> 其文皆曲折明暢，有蘇洵、蘇軾遺意，非明人以時文之筆論史

〔註121〕《四庫全書總目》卷一百七十八集部別集類存目五。
〔註122〕《四庫全書總目》卷九十史部史評類存目二。
〔註123〕〔明〕鍾惺：《與譚友夏書》，《隱秀軒集》卷第二十八，上海古籍出版社，2017年，第537頁。
〔註124〕《四庫全書總目》卷八十九史部史評類存目一。

者。〔註125〕

蘇洵、蘇軾為宋代散文大家，其文變化多端，而明清時形成的時文則在體裁上受一定束縛。此處以文風有二蘇遺意而褒獎，並借機攻擊明人史論多用時文筆法。《總目》以此來說明，史論亦當儘量如前人散文中的論說文一樣，要有文采而不過於華麗。又如《蘭曹讀史日記》提要云：「全類時文評語，頗乖著書之體。」〔註126〕又《五代史肪截》提要云：「又論昭宗椒蘭殿何后積善宮事，曰椒蘭不以延嗣，積善不以流慶，置其本事而旁論宮殿之名，不幾時文之掉弄筆墨乎？」〔註127〕均明確反對華麗之文采。可見《總目》較傾向於在史論寫作中遵唐宋散文之筆法。

總體而言，《總目》史評類主張史評在辭氣上當中正平和，內容當去俗存雅，又不應過於詰曲晦澀，作文當依史實而論，文筆當宗唐宋而去明代時文之風。此類主張大體表現出《總目》史評類在史評辭章上的「中庸」主張。這一主張與其義理、考據方面的主張表裏相應，《總目》主張以中庸之辭章表達中庸之義理（實際上是遵當朝皇帝的義理），去除各種可能起煽惑作用的「過激」文風。

小結

由上所述，其一，《總目》崇漢抑宋的總原則導致《總目》史評類中重考證輕義理，重史考輕史論，《總目》還分析了史評中影射時事的現象，貶抑史評類中的蒙學作品等，均可看出《總目》史評類在發展一種史學本體認識，已開始區分史學本身與史學其他功能，這種看法與近代史學頗為接近。其二，《總目》有條件地褒貶義理化史論，目的是實現對史論義理闡述的鉗制，希冀士人在論史時當以當朝皇帝的意旨為宗旨，不應隨意越界。《總目》在史評中批判了從程朱理學、陽明心學及其他各派理學所影響的史評，重構了符合當時皇權統治的史學義理。其三，《總目》史評類注意到了史評的創作動機之一——影射時政。《總目》通過對映像時事的史評進行分析，表明史評當「經世致用」。《總目》貶抑映像朝政和涉及黨爭的史評，並批判其他辭氣過激的

〔註125〕《四庫全書總目》卷九十史部史評類存目二。
〔註126〕《四庫全書總目》卷九十史部史評類存目二。
〔註127〕《四庫全書總目》卷九十史部史評類存目二。

史評，均在警示臣子不得從事黨爭。《總目》史評類通過這些史學批評給史評
劃定嚴格的界限，以圖「折衷眾論」，「爝火可熄」，實現帝統對道統的嚴密控
制與壓制。

結　語

　　《四庫全書總目》史評類為乾隆以前大量史評著作撰寫了提要，通過這些提要，可對乾隆前的史評發展史有一定瞭解，對研究中國古代史評及歷史理論均有重要的意義；且《總目》史評類本身亦算是一種史評，是對史評著作的再評論，對研究清代官方史學觀點有重要意義。

　　首先，史評類發端於先秦至兩漢的經史書籍，從《詩經》《尚書》中的一些祖先頌辭，發展到《易傳》《詩序》《書序》中還只是零星的評判，至《左傳》而有較完整的評論，先秦諸子學的發展又增加了史評的論述深度，至《史記》之「太史公曰」，《漢書》之「贊曰」而臻於成熟，至諸葛亮《前漢史論》、譙周《古史考》而獨立成書，其後此類書籍的發展為目錄學中史評類的設立奠定了基礎。

　　其次，通常認為在目錄學分類中史評類起源於集部文史類或史部史鈔類，但如果考察一些史評著作在「史評類」產生前的歸類可知，像《史通》這樣的史學義例著作起源於集部文史類，史論與史考部分起源於雜史類，部分評論、考證、注釋某部正史的著作起源於正史類。《郡齋讀書志》設立史評類後，在書目中設史評類並沒有很快成為一種風氣，宋代至明代中期多將史評類置於雜史類，或與史鈔合為一類。至明代中後期至清初，又有書目（如《澹生堂藏書目》《千頃堂書目》）獨立設立史評類，這為《總目》設立史評類提供了重要的參考意義。

　　第三，《總目》對哪些史評著作當入史評類劃定了界限。如為某部或某幾部正史、編年體史書作評論、考辨或注釋的著作多數都劃出史評類而歸入正史類、編年類；過去史評與史鈔常常合為一類，而置於《總目》史鈔類中的個

別著作亦有評論，《總目》通過是否以史評為主，史評文字所佔比重如何，創作目的是評論還是抄錄等為劃分史評類與史鈔類的依據；《澹生堂書目》將敘史詩與詠史詩均列入史評類中，而《總目》則將詠史詩歸入集部，這樣便使《總目》史評類史學專門化傾向更濃；而一些考論經、史、子、集各部內容的著作（即使其中史評占較大比重）則不歸入史評類，而入子部雜家類，這樣《總目》史評類則專收全書（或幾乎全書）為史評之著作。

第四，通過對《總目》史評類進行歸類，可以瞭解乾隆時官方如何界定史評這一史學體裁：《總目》史評類大體上包含史學義例、史考、史論與敘史詩四類內容，雖然敘史詩與其他三類內容稍有距離，但這四類內容總體上講互相關聯，不可截然分開，不少史評類著作兼論兼考。通過《總目》史評類所包含的四類內容，也可以大體確定古代史評研究的界限與範疇。

第五，《總目》將所收著作分為著錄與存目兩部分，雖然《總目》主要以書籍質量作為歸類於著錄還是存目的標準，但在史評類中，除了質量方面的考慮外，政治上的考慮亦不少，尤其是以清高宗的史觀為評判標準，通過對史評著作的直接褒貶來申明官方意識形態在史評方面的立場。

第六，在《總目》崇漢抑宋之大背景下，以義理史論為主的史評類多數都遭到《總目》的貶抑。不過《總目》史評類並不全然否定每部史評作品，大體而言，對考證較佳之作多予以褒揚，總體上重考證輕義理；在義理上以清高宗史論為標準，並刻意通過頌揚北宋時一些史論，攻擊胡寅等與朱熹有較近的學術傳承關係的人來貶低程朱理學一派的史論；此外大力貶斥受陽明心學、佛學等觀點影響的史論。這樣做一方面是乾隆以來漢學日漸發展的反映，反映了史學專業化水平提升；另一方面則表明官方以自己的義理鉗制天下史論，使人不得隨意論史的目的。

第七，《總目》史評類通過對一些史評依時事而發論的創作動機進行評論，在此一方面表明其認為史學當經世致用，另一方面也批判了一些牽涉黨爭的史評著作，褒揚了一些反對黨爭的著作，表明了官方嚴防黨爭的態度。

第八，《總目》史評類收錄一些蒙學作品，《總目》總體上對其加以貶抑，顯示出其對蒙學教育的輕視。不過史評類中的蒙學作品多依陳說，於史學發展無補，亦顯示出《總目》史評類重史學內在發展的特點。

第九，《總目》史評類也論及史評著作的辭章，大體要求歸於雅道，崇尚唐宋散文文法，反對明代以來的時文之風，並主張辭氣不當過激，而應平和，

不當俚俗，亦不當晦澀。《總目》認為偏激之辭氣容易使史論內容偏激，有違中和之道，危及統治秩序。

　　總體而言，《總目》史評類以一種史學本體意識來整理與分析歷代史評，無論在分類原則上，還是對考證工夫的重視上，均有益於史評之史學專業化；不過另一方面，於義理上橫設限制，以政治因素強加於史觀評議之上，又是對史學本身發展的一種阻礙，不利於史觀的發展。

　　本書所論，多集中在《總目》史評類的政治與學術密切交匯之處，以提示政治高度干預之下的史評學術生態，然而在其他很多方面的論述難免不足，如《總目》史評類同《總目》中其他一些部類，如經部春秋類，史部正史類、別史類、編年類、史鈔類，子部儒家類、雜家類，集部諸史家文集之提要的具體關係，及《總目》對於此類關係之理論思考，這些在將來均多加討論與研究。

參考文獻

一、史料

1. （漢）班固：《漢書・藝文志》，《漢書》，北京：中華書局，1962 年。

2. （漢）何休注，（唐）徐彥疏：《春秋公羊傳注疏》，臺灣藝文堂影印阮刻本。

3. （漢）賈誼撰，閻振益、鍾夏校注：《新書校注》，中華書局，2000 年。

4. （漢）孔安國傳，（唐）孔穎達等正義：《尚書正義》，臺灣藝文堂影印阮刻本。

5. （漢）毛公傳，（漢）鄭玄箋，（唐）孔穎達等正義：《毛詩正義》，臺灣藝文堂影印阮刻本。

6. （漢）許慎：《說文解字》卷三，中華書局，1963 年。

7. （漢）荀悅、（晉）袁宏：《兩漢紀》，中華書局，2002 年。

8. （漢）趙岐注，（宋）孫奭疏：《孟子注疏》，臺灣藝文堂影印阮刻本。

9. （魏）王弼、韓康伯注，（唐）孔穎達疏：《周易正義》，臺灣藝文堂影印阮刻本。

10. （晉）杜預注，（唐）孔穎達疏：《春秋左傳正義》，臺灣藝文堂影印阮刻本。

11. （晉）范寧注，（唐）楊士勳疏：《春秋穀梁傳注疏》，臺灣藝文堂影印阮刻本。

12. （晉）李瀚撰，（宋）徐子光集注：《蒙求集注》卷上，中華書局，1985 年。

13. （南朝‧梁）劉勰著，范文瀾注：《文心雕龍注》，北京：人民文學出版社，1965 年。

14. （南朝‧梁）蕭統著，（唐）李善注：《文選》，北京：中華書局，1977 年。

15. （唐）劉知幾撰，浦起龍通釋：《史通通釋》，上海：上海古籍出版社，2009 年。

16. （唐）劉知幾撰，程千帆箋記：《史通箋記》，北京：中華書局，1980 年。

17. （唐）魏徵等：《隋書‧經籍志》，《隋書》，北京：中華書局，2020 年。

18. （後晉）劉昫等：《舊唐書‧經籍志》，《舊唐書》，北京：中華書局，1975 年。

19. （宋）曹彥約：《經幄管見》，文淵閣《四庫全書》本。

20. （宋）晁公武撰，孫猛校注：《郡齋讀書志校注》，上海：上海古籍出版社，1990 年。

21. （宋）陳瓘：《四明尊堯集》，《四庫全書存目叢書》，濟南：齊魯書社，1997 年，第 279 冊。

22. （宋）陳振孫：《直齋書錄解題》，上海：上海古籍出版社，1987 年。

23. （宋）程大昌撰，劉尚榮校證：《考古編、續考古編》，中華書局，2008 年。

24. （宋）范祖禹撰，陳曄校釋：《帝學校釋》卷三，華東師範大學出版社，2015 年

25. （宋）范祖禹：《唐鑑》，上海：上海古籍出版社，1984 年。

26. （宋）費袞：《梁溪漫志》，光緒丙申武進盛氏刻本。

27. （宋）葛洪：《涉史隨筆》，《全宋筆記》第六編第九冊，大象出版社，2013 年。

28. （宋）洪邁：《容齋隨筆》，中華書局，2005 年。

29. （宋）胡寅：《讀史管見》，長沙：嶽麓書社，2011 年。

30. （宋）黃繼善：《史學提要》，《四庫全書存目叢書》，濟南：齊魯書社，1997 年，第 280 冊。

31. （宋）黃震：《黃氏日抄》，《全宋筆記》第十編第六～十冊，大象出版社，2018 年。

32. （宋）黃埴：《木鍾集》卷十一，國家圖書館出版社影印元吳氏堂刻本。

33. （宋）李燾等：《六朝事蹟類編、六朝通鑑博議》，南京：南京出版社，2007 年。

34. （宋）李心傳：《舊聞證誤》，北京：中華書局，1985 年。

35. （宋）劉羲仲：《通鑑問疑》，文淵閣《四庫全書》本。

36. （宋）劉壎：《隱居通議》，中華書局，1985 年。

37. （宋）羅泌：《路史》卷七，中華書局，1985 年。

38. （宋）羅璧：《羅氏識遺》卷一，中華書局，1991 年。

39. （宋）呂夏卿撰，王東、左宏閣校證：《唐書直筆校證》，吳縝撰，王東，左宏閣校證：《新唐書糾謬校證》，成都：四川大學出版社，2014 年。

40. （宋）呂祖謙：《類編皇朝大事記講義 類編皇朝中興大事記講義》，上海：上海人民出版社，2014 年。

41. （宋）呂祖謙：《歷代制度詳說》，《呂祖謙全集》第九冊，上海古籍出版社，2008 年。

42. （宋）呂祖謙：《麗澤論說集錄》卷第八，《呂祖謙全集》第二冊，浙江古籍出版社，2008 年

43. （宋）南宮靖一：《小學史斷》，明成化十三年（1477 年）序刊本。

44. （宋）歐陽修等：《新唐書·藝文志》，《新唐書》，北京：中華書局，1974 年。

45. （宋）錢時：《兩漢筆記》，文淵閣《四庫全書》本。

46. （宋）孫甫：《唐史論斷》，北京：中華書局，1985 年。

47. （宋）唐庚：《三國雜事》，文淵閣《四庫全書》本。

48. （宋）王觀國：《學林》卷四《八陣》，中華書局，1985 年。

49. （宋）王應麟著，（清）翁元圻輯注：《困學紀聞注》，中華書局，2016 年。

50. （宋）王應麟：《通鑑答問》，《周易鄭康成注 六經天文編 通鑑答問》，北京：中華書局，2006 年。

51. （宋）吳枋：《宜齋野乘》，光緒丁酉武進盛氏刻本。

52. （宋）吳箕《常談》：《常談序》，《常談》，中華書局，1985 年。

53. （宋）項安世：《項氏家說》卷九，中華書局，1985 年。

54. （宋）葉適：《習學記言序目》，中華書局，1977 年。

55. （宋）佚名：《愛日齋叢鈔》卷一，中華書局，1985 年。

56. （宋）尤袤：《遂初堂書目》，北京：中華書局，1985 年。

57. （宋）趙與峕：《賓退錄》，中華書局，1985 年。

58. （宋）真德秀：《西山讀書記》，《全宋筆記》第十編第四冊，大象出版社，2018 年。

59. （宋）朱黼：《三國六朝五代紀年總辨》，《四庫全書存目叢書》，濟南：齊魯書社，1997 年，第 280 冊。

60. （元）陳櫟：《歷朝通略》，文淵閣《四庫全書》本。

61. （元）陳世隆：《北軒筆記》，中華書局，1985 年。

62. （元）黃溍：《日損齋筆記》，中華書局，1985 年。

63. （元）馬端臨：《文獻通考》，北京：中華書局，1986 年。

64. （元）脫脫等：《宋史‧藝文志》，《宋史》，北京：中華書局，1977 年。

65. 佚名：《歷代名賢確論》，文淵閣《四庫全書》本。

66. （明）陳敏政：《宋紀受終考》，《四庫全書存目叢書》，濟南：齊魯書社，1997 年，第 281 冊。

67. （明）陳霆：《兩山墨談》，中華書局，1985 年。

68. （明）陳耀文：《學林就正》，《四庫全書存目叢書》子部第 96 冊。

69. （明）程至善：《史砭》，《四庫全書存目叢書補編》，濟南：齊魯書社，1996 年，第 94 冊。

70. （明）池顯方：《經史耨義序》，《四庫全書存目叢書》子部第十七冊。

71. （明）戴璟：《漢唐通鑑品藻》，《四庫全書存目叢書》，濟南：齊魯書社，1997 年，第 281 冊。

72. （明）馮柯：《宗藩訓典》，國家圖書館出版社影印明萬曆三十年襄藩貞白書院刻本。

73. （明）高拱：《本語》，中華書局，1985 年。

74. （明）顧應詳：《靜虛齋惜陰錄》卷九，《四庫全書存目叢書》子部第 84 冊。

75. （明）郭孔延撰：《史通評釋》、（明）王惟儉撰：《史通訓故》、（清）黃叔琳撰：《史通訓故補》，上海：上海古籍出版社，2006 年。

76. （明）胡袞：《東水質疑》，《四庫全書存目叢書》子部第 87 冊。

77. （明）胡應麟：《少室山房筆叢》，中華書局，1958 年。

78. （明）黃生：《義府》，中華書局，1985 年。

79. （明）霍韜：《兀涯西漢書議》，桂林：廣西師範大學出版社，2016 年。

80. （明）焦竑撰，李劍雄點校：《焦氏筆乘》，中華書局，2008 年。

81. （明）李贄：《初潭集》卷四，中華書局，2009 年。

82. （明）林有望：《史綱疑辯》，《四庫全書存目叢書》子部第 96 冊。

83. （明）茅元儀：《青油史漫》，《四庫全書存目叢書》，濟南：齊魯書社，1997 年，第 288 冊。

84. （明）祁承㸁：《澹生堂藏書目》，上海古籍出版社，2015 年。

85. （明）丘濬：《大學衍義補》，海南書局，1931 年。

86. （明）邵寶：《學史》，文淵閣《四庫全書》本。

87. （明）宋徵璧：《左氏兵法測要》卷三，《四庫全書存目叢書》子部第 34 冊。

88. （明）唐汝洵：《詩史》，《四庫全書存目叢書》，濟南：齊魯書社，1997 年，第 288 冊。

89. （明）王世貞：《史乘考誤》，《弇山堂別集》，上海古籍出版社，2017 年。

90. （明）吳崇節：《古史要評》，《四庫全書存目叢書》，濟南：齊魯書社，1997 年，第 284 冊。

91. （明）吳宏基：《史拾載補》，《四庫全書存目叢書補編》，濟南：齊魯書社，1996 年，第 94 冊。

92. （明）熊尚文：《蘭曹讀史日記》，《四庫全書存目叢書》，濟南：齊魯書社，1997 年，第 286 冊。

93. （明）楊慎撰，豐家驊校證：《丹鉛總錄校證》，浙江古籍出版社，2019 年。

94. （明）楊時偉：《狂狷裁中》，《四庫全書存目叢書》，濟南：齊魯書社，1997 年，第 289 冊。

95. （明）于慎行：《讀史漫錄》，《四庫全書存目叢書》，濟南：齊魯書社，1997 年，第 285 冊。

96. （明）張居正：《帝鑑圖說》，北京：中國社會出版社，2009 年。

97. （明）張溥：《歷代史論二編》，《四庫全書存目叢書》，濟南：齊魯書社，1997 年，第 289 冊。

98. （明）張燧撰，朱志先校釋：《〈千百年眼〉校釋》，武漢大學出版社，2018年。

99. （明）張志淳《南園漫錄校注》，雲南民族出版社，1999年。

100. （明）趙弼：《雪航膚見》，《四庫全書存目叢書補編》，濟南：齊魯書社，1996年，第94冊。

101. （明）趙南星：《史韻》，《四庫全書存目叢書》，濟南：齊魯書社，1997年，第285冊。

102. （明）鄭賢：《人物論》，《四庫全書存目叢書》，濟南：齊魯書社，1997年，第286冊。

103. （明）鍾惺：《史懷》，《四庫全書存目叢書》，濟南：齊魯書社，1997年，第286～287冊。

104. （明）周琦：《東溪日談錄》卷十三，《景印文淵閣四庫全書》第714冊。

105. （明）周嬰《巵林（附補遺)》，中華書局，1985年。

106. （明）朱明鎬：《史糾》，文淵閣《四庫全書》本。

107. （明）朱權：《通鑑博論》，濟南：齊魯書社，1997年，第281冊。

108. （明）祝允明：《祝允明集》，上海古籍出版社，2016年。

109. （明）鄒泉：《尚論編》，《四庫全書存目叢書》，濟南：齊魯書社，1997年，第282冊。

110. 清聖祖：《御批資治通鑑綱目》，文淵閣《四庫全書》本。

111. 清高宗：《御製評鑑闡要》，文淵閣《四庫全書》本。

112. 清高宗：《乾隆朝上諭檔》，檔案出版社，1991年，第6冊第896～897頁。

113. 清高宗：《欽定古今儲貳金鑑》，文淵閣《四庫全書》本。

114. （清）程樹德撰，程俊英、蔣見元點校：《論語集釋》，中華書局，2016年。

115. （清）丁立中：《八千卷樓書目》，北京：國家圖書館出版社，2009年。

116. （清）丁日昌：《持靜齋書目》，上海：上海古籍出版社，2008年。

117. （清）范邦甸：《天一閣書目》，上海：上海古籍出版社，2010年。

118. （清）葛震：《詩史》，《四庫全書存目叢書》，濟南：齊魯書社，1997年，第291冊。

119. （清）葛震撰，曹荃注：《四言史徵》，《四庫全書存目叢書》，濟南：齊魯書社，1997 年，第 291 冊。

120. （清）耿文光：《萬卷精華樓藏書記》，哈爾濱：黑龍江人民出版社，1992 年。

121. （清）顧炎武著，陳垣校注：《日知錄校注》，安徽大學出版社，2007 年。

122. （清）郭慶藩撰，王孝漁點校：《莊子集釋》，中華書局，2012 年。

123. （清）黃烈：《江蘇採輯遺書目錄·史部·史評類》，《四庫全書提要稿輯存》第 4 冊，北京圖書館出版社，2006 年。

124. （清）焦循撰，沈文倬點校：《孟子正義》，中華書局，2015 年。

125. （清）陸隴其：《子海精華編·問學錄、三魚堂賸言》，山東人民出版社，2018 年。

126. （清）陸心源編：《皕宋樓藏書志》，杭州：浙江古籍出版社，2016 年。

127. （清）沈初等：《浙江採集遺書總錄》，上海古籍出版社，2010 年。

128. （清）四庫館臣編纂，趙望琴、李月辰、李雲飛、孫師師、馬君毅校證：《四庫全書初次進程存目校證》，西安：陝西師範大學出版社，2016 年。

129. （清）四庫館臣編纂：《四庫全書薈要總目》，《景印摛藻堂四庫全書薈要》第 1 冊，臺灣世界書局，1988 年

130. （清）孫承澤：《藤陰箚記》，《四庫全書存目叢書》子部第 19 冊。

131. （清）孫廷銓：《漢史億》，《四庫全書存目叢書》，齊魯書社，1997 年，第 290 冊。

132. （清）王先謙撰，沈嘯寰、王星賢點校：《荀子集解》，2013 年。

133. （清）王先慎撰，鍾哲點校：《韓非子集解》，中華書局，2017 年。

134. （清）翁方綱：《翁方綱纂四庫提要稿》，上海科學技術文獻出版社，2005 年。

135. （清）姚覲元編，孫殿起輯：《清代禁燬書目（補遺）清代禁書知見錄》，商務印書館，1957 年。

136. （清）永瑢等：《四庫全書總目》，《景印文淵閣四庫全書》，臺灣商務印書館，1983 年。

137. （清）永瑢等：《四庫全書簡明目錄》，上海古籍出版社，1985 年。

138. （清）張篤慶：《五代史肪截》，《四庫全書存目叢書》，齊魯書社，1997

年，第 292 冊。

139. （清）張烈：《讀史質疑》，《四庫全書存目叢書》子部第 23 冊

140. （清）張廷玉等：《明史・藝文志》，《明史》，中華書局，1977 年。

141. （清）章學誠撰，葉瑛校注：《文史通義校注》，中華書局，2014 年。

142. （清）張彥士：《讀史矕疑》，《四庫全書存目叢書》，齊魯書社，1997 年，第 290 冊。

143. （清）仲宏道：《增定史韻》，《四庫全書存目叢書》，齊魯書社，1997 年，第 286～292 冊。

144. （清）周池：《唐鑑偶評》，《四庫全書存目叢書》，齊魯書社，1997 年，第 286～292 冊。

145. （清）周象明：《事物考辨》卷十一「國史」，《四庫全書存目叢書》子部第 98 冊

146. （清）周中孚：《鄭堂讀書記》，上海書店出版社，2009 年。

147. 王雲五主持：《續修四庫全書提要》，臺灣商務印書館，1972 年。

148. 楊伯峻撰：《春秋左傳注》，中華書局，2016 年。

149. 趙爾巽等：《清史稿・藝文志》，《清史稿》，中華書局，1977 年。

二、專著

1. 白壽彝主編：《中國史學史》，上海：上海人民出版社，2006 年。

2. 杜維運：《中國史學史》，北京：商務印書館，2010 年。

3. 郭合芹：《〈四庫全書總目〉史部研究》，蘭州：蘭州大學出版社，2016 年。

4. 胡寶國：《漢唐間史學的發展（修訂本）》，北京大學出版社，2014 年。

5. 胡玉縉撰，王欣夫輯：《〈四庫全書總目〉提要補正》，北京：中華書局，1984 年。

6. 李裕民：《四庫提要訂誤》，北京：書目文獻出版社，1990 年。

7. 廉敏：《明代歷史理論研究》，北京：中國社會科學出版社，2012 年。

8. 梁啟超：《中國近三百年學術史》，北京：商務印書館，2011 年。

9. 劉咸炘：《劉咸炘論目錄學》，上海：上海科學技術文獻出版社，2008 年。

10. 劉咸炘：《劉咸炘論史學》，上海：上海科學技術文獻出版社，2008 年。

11. 劉咸炘著，黃曙輝編校：《劉咸炘學術論集・校讎學編》，廣西師範大學

出版社，2010 年。

12. 羅振玉：《增訂殷虛書契考釋》，《羅振玉學術論著集》第一冊，上海古籍出版社，2013 年。

13. 呂思勉：《史籍與史學》，《呂思勉全集》，上海：上海古籍出版社，2016 年。

14. 錢穆：《中國近三百年學術史》，北京：九州出版社，2011 年。

15. 喬治忠：《清代官方史學與私家史學相互關係研究》，新北：花木蘭文化出版社，2016 年。

16. 瞿林東主編：《中國古代歷史理論》，合肥：安徽人民出版社，2011 年。

17. 瞿林東：《中國古代史學批評縱橫》，重慶：重慶出版社，2016 年。

18. 饒宗頤：《國史上之正統論》，《饒宗頤二十世紀學術文集》第六卷，北京：中國人民大學出版社，2009 年。

19. 司馬朝軍：《〈四庫全書總目〉研究》，北京：社會科學文獻出版社，2004 年。

20. 司馬朝軍：《〈四庫全書總目〉編纂考》，武漢：武漢大學出版社，2005 年。

21. 謝保成：《增訂中國史學史》，北京：商務印書館，2016 年。

22. 謝貴安：《中國史學史》，武漢：武漢大學出版社，2012 年。

23. 王國維：《觀堂集林》卷六《釋史》，中華書局，1959 年。

24. 王勇：《四庫提要叢訂》，濟南：齊魯書社，2018 年。

25. 王重民：《中國目錄學史論叢》，北京：中華書局，1984 年。

26. 吳懷祺：《中國史學思想史》，北京：北京師範大學出版社，2016 年。

27. 吳懷祺主編：《中國史學思想通論》，福州：福建人民出版社，2011 年。

28. （美）伊格爾斯、王晴佳：《全球史學史》，北京：北京大學出版社，2011 年。

29. 余嘉錫：《四庫提要辯證》，北京：中華書局，2007 年。

30. 趙濤：《〈四庫全書總目〉學術思想與方法論研究》，北京：中國社會出版社，2016 年。

31. 《中華大典》工作委員會：《中華大典・文獻目錄典・古籍目錄分典・史》，桂林：廣西師範大學出版社，2016 年。

32. 周一良：《魏晉南北朝史學著作的幾個問題》，《魏晉南北朝史論集》，商務印書館，2020 年。

三、期刊論文

1. 陳文新：《「小說」與子、史——論「子部小說」共識的形成及其理論內涵》，《文藝研究》，2012 年第 6 期。

2. 葛兆光：《明清之際中國史學思潮的變遷》，《北京大學學報（哲學社會科學版）》，1985 年第 2 期。

3. 顧紅：《〈四庫全書總目〉史部類目的設置》，《廣東圖書館學刊》，1985 年第 3 期。

4. 洪世昌：《清代官修典籍之史學批評思想及其意涵》，《興大歷史學報》，2013 年，總第 26 期。

5. 賈連港：《簡論史部目錄分類中「史評類」的設立》，《圖書館理論與實踐》，2014 年第 10 期。

6. 李程：《〈四庫全書總目〉明代史評提要論述》，《華中師範大學學報》，2010 年第 1 期。

7. 李萬營：《由史部目錄的流變看經學與史學的互動——以〈漢書·藝文志〉〈隋書·經籍志〉〈四庫全書總目〉為考察對象》，《南昌航空大學學報（社會科學版）》，2015 年第 2 期。

8. 廉敏：《明人史論專書敘錄》，《學術研究》，2002 年第 9 期。

9. 劉德明：《史部史鈔類的發展與標準——以〈四庫全書總目〉為核心》，《興大人文學報》，2008 年，總第 41 期。

10. 羅炳良：《〈四庫全書總目〉史部提要的理論價值》，《史學月刊》，2006 年第 9 期。

11. 馬志超：《古代譜牒類專著在古典目錄中的歸屬演變》，《懷化學院學報》，2017 年第 4 期。

12. 瞿林東：《談中國古代的史論和史評》，《東嶽論叢》，2008 年第 4 期。

13. 史麗君：《管窺〈四庫全書總目〉校刊的內容、方法和特點——以史部提要為中心》，《四川圖書館學報》，2004 年第 6 期。

14. 吳海蘭：《〈四庫全書總目〉的史學思想初探》，《古籍整理研究學刊》，2000 年第 5 期。

15. 翟蕾：《〈山海經〉從子部入史部考證》，《文學界（理論版）》，2010 年第 12 期。

16. 張千帆：《拾遺記由史入子考》，《圖書館理論與實踐》，2018 年第 1 期。

17. 張晚霞：《「文史類」流變的目錄學審視》，《大學圖書情報學刊》，2017 年第 3 期。

18. 張永瑾、張子俠：《史部類目淵源商榷》，《文獻季刊》，1999 年第 3 期。

19. 張永紅：《〈四庫全書總目〉清代普及性史書提要訂誤六則》，《天中學刊》，2017 年第 3 期。

20. 張維屏：《從〈四庫全書總目〉史部史評類對於所錄明代著作的評述分析明人的史評論著》，《政大史粹》，第 4 期。

21. 趙濤：《〈四庫全書總目〉史學思想研究——以其史部提要與分纂稿比較為中心》，《史學月刊》，2014 年第 10 期。

四、學位論文

1. 劉海波：《清代〈史通〉學研究》，武漢大學博士學位論文，2014 年。

2. 王獻松：《〈四庫全書總目〉儒家類研究》，武漢大學博士論文，2017 年。

3. 楊睿：《史評類目源流考》，蘭州大學碩士學位論文，2012 年。

4. 苑高磊：《〈四庫全書總目提要〉史部提要辯證》，蘭州大學碩士學位論文，2012 年。

5. 張岩：《明末清初史論文獻研究》，河北師範大學博士學位論文，2014 年。

後　記

　　2016 年 4 月被武漢大學錄取時，對「四庫學」尚無任何瞭解，對於將來畢業論文要做哪一方面更是毫無概念，甚至有一絲對未知領域的恐懼感。不過在入學之前，司馬朝軍老師即讓我校對殿本《四庫全書簡明目錄》，其後又校對過殿本、文淵閣本、文瀾閣本、文溯閣本《四庫全書總目》集部總集類，讓我逐步入了目錄學與「四庫學」的門徑。

　　在對《總目》的閱讀中，我漸漸對史評類產生了興趣。加之有次聽瞿林東先生關於史評的講座，得知關於史評的研究尚少，因此覺得史評研究還有不小的空間，遂決定選擇《總目》史評類為碩士論文的研究對象。

　　之後便常常翻閱史評類著作，通讀了《史通通釋》《唐鑑》《三國紀年》、趙南星《史韻》、張居正《帝鑑圖說》、葛震《詩史》、王夫之《讀通鑑論》等書。同時整理《總目》史評類所錄各書的序跋，大體能夠找到的序跋都儘量收集。

　　不過在正式動筆時仍感覺一絲茫然，畢竟自己之前沒有寫過這樣規模的論文，有些懷疑自己能否把握得了這樣的論題。在實際動筆後，隨著自己的想法漸漸形諸文字，逐漸開始有了些成就感。當然此文倉促完成，回頭一看仍有很多不足，可謂改不勝改。此文的完成與逐步完善正是要感謝很多人的幫助與指導，謹列之於下：

　　首先，感謝導師司馬朝軍老師。正是司馬老師帶我瞭解「四庫學」，使我能夠有如今的論文選題。此文正是在司馬的督促下完成的；我個人有較嚴重的拖延病，正是司馬老師的時時督促才促使我能夠拋棄雜念，一心撲在論文寫作上，並按時完成論文。此外，從開題時起一直到論文初稿完成，司馬老

師還對文章結構布局提了很多中肯的意見，沒有這些意見，本書現在一定還是混亂不堪的。

其次，要感謝同師門的王獻松、曾志平、邱勳聰、柯麗玉。在論文寫作之前，王獻松、曾志平師兄曾為本書結構、內容等提出了不少意見。在論文寫作過程中我們三人交流想法與心得，這對於論文的寫作起了很大幫助。邱君還為本文寫作提供了一些資料方面的幫助。

還要感謝華中科技大學的夏增民教授與華中師範大學的張固也教授，二位老師認真閱讀了本書，匡謬指瑕，多所郢正。

還要感謝武漢大學中國傳統文化中心的聶長順教授，他為我們畢業論文答辯的舉行提供了很多幫助。中心的洪均老師則在本書正式動筆之前提過一些建議，在此並致謝意。

最後，要感謝我的父母與我的妹妹，感謝他們在我考研與讀研期間給我了盡可能的支持，也在我面臨挫折時給了我最及時的安慰。